図書館の倫理的価値
「知る自由」の歴史的展開

福井佑介

松籟社

目　次

序　章 ･････････････････････････････････ 3
　1節　図書館の存在と当為：問題の所在Ⅰ ･･･････････････ 3
　2節　「知る自由」の保障の理論構成：問題の所在Ⅱ ････････ 7
　3節　図書館史研究と本研究の位置 ･･････････････････ 11
　4節　本研究の射程と構成 ･･･････････････････････ 14

第1章　図書館の倫理的価値としての「知る自由」の成立 ････ 19
　1節　はじめに ････････････････････････････ 19
　2節　時代背景と「中立」および「自由」 ･･･････････････ 24
　3節　破防法と図書館の中立性に関する議論 ･････････････ 30
　4節　図書館憲章の検討と「図書館の自由に関する宣言」の採択 ･･････ 41
　5節　1954年版「図書館の自由に関する宣言」の位置 ･･･････ 59

第2章　図書館問題研究会と権利保障の思想の展開 ･･････ 65
　1節　はじめに ････････････････････････････ 65
　2節　図書館問題研究会の結成と展開 ･････････････････ 68
　3節　教育法学における教育権論争と「学習権」 ･･･････････ 86
　4節　図書館界における「学習権」 ･･･････････････････ 93
　5節　図書館問題研究会にまつわる権利保障の思想と実践 ･････ 100

第3章 「図書館の自由に関する宣言」の改訂と法学的「知る権利」論の受容 ・・・ **103**

- 1節　はじめに ・・・・・・・・・・・・・・・・・・・・・・ 103
- 2節　「図書館の自由に関する宣言」の改訂 ・・・・・・・・・ 107
- 3節　法学的「知る権利」論の展開 ・・・・・・・・・・・・ 118
- 4節　「知る自由」の理論構成と「知る権利」 ・・・・・・・・ 123
- 5節　図書館の規範における「知る権利」論の受容と最適化 ・・ 125

第4章 「図書館員の倫理綱領」における志向性 ・・・・・・ **129**

- 1節　はじめに ・・・・・・・・・・・・・・・・・・・・・・ 129
- 2節　「図書館員の倫理綱領」の採択 ・・・・・・・・・・・・ 131
- 3節　「図書館員の倫理綱領」と権利保障の思想 ・・・・・・・ 151
- 4節　「図書館員の倫理綱領」の性質について ・・・・・・・・ 155

第5章 権利保障の思想と判例法との接近 ・・・・・・・・・ **159**

- 1節　はじめに ・・・・・・・・・・・・・・・・・・・・・・ 159
- 2節　「公の施設」としての公立図書館 ・・・・・・・・・・・ 162
- 3節　「公的な場」としての公立図書館 ・・・・・・・・・・・ 176
- 4節　図書館裁判の系譜と権利保障の思想 ・・・・・・・・・ 185

終章 ・・・・・・・・・・・・・・・・・・・・・・・・・・・ **191**

- 1節　はじめに ・・・・・・・・・・・・・・・・・・・・・・ 191
- 2節　権利保障の思想の歴史的展開：これまでの章で得た知見 ・・ 191
- 3節　図書館の自律的規範と権利保障の思想に関する考察 ・・・ 195

注 ・・・・・・・・・・・・・・・・・・・・・・・・・・・・・ 199
あとがき ・・・・・・・・・・・・・・・・・・・・・・・・・・ 239
索引 ・・・・・・・・・・・・・・・・・・・・・・・・・・・・ 247

図書館の倫理的価値「知る自由」の歴史的展開

序章

1節　図書館の存在と当為：問題の所在 I

　図書館に関する研究や実践報告などによって、図書館の実態解明が蓄積されている。ただ、そうした業績の射程は、必ずしも存在 (Sein) の解明に止まるわけではない。図書館という、実践を伴う社会施設を対象とするため、各研究には、なんらかの当為 (Sollen) が影響していたり、研究の動機として肯定的にも否定的にも意識されていたりする。さらに、言説レベルでは、図書館に関する問題や、図書館をとりまく環境などに触れた上で、これからの図書館がどうある・べきか、どのようなサービスを提供する・べきか、ということを直截に語るものは多い。しかしながら、存在への言及が当為の提示に必ずしも直結するわけではない。このことは、存在と当為の峻別という哲学的命題に関係するが、ここでは特に、倫理学におけるデイヴィッド・ヒュームの言及を図書館の文脈に即して表現したものである。メタ倫理に先鞭をつけたヒュームが提示したとされる「ヒュームの法則」は、端的に、事実から当為を導出することは不可能とする見解と説明される。ヒュームがこれを提示した『人間本性論』を参照すれば、次のように記述されている。

　　『である』(is) や『でない』(is not) という命題の普通の繋辞に代わって、私が出会う命題は、どれも『べきである』(ought) や『べきでない』(ought not) という語を繋辞とするものばかりになるのである。この変化は目に

つかないが、きわめて重大である。この「べきである」や「べきでない」という語は、新しい関係ないし断定を表わすのだから、その関係ないし断定がはっきり記され、説明される必要があり、同時に、この新しい関係がそれとは別の、まったく種類の異なる関係からの演繹であり得るとは、およそ考えられないと思われるのだが、いかにしてそうであり得るのか理由が挙げられる必要があるからである[1]。

このヒューム自身の記述に従えば、いかにして当為が存在から導き出され得るのか、その理由に注意を払うべきであるということになろう。そこで、図書館研究をみてみれば、図書館の方針やサービスに関する議論の衝突は、当為に関係しているといえるが、図書館の規範を研究主題として採用し、包括的に検討した業績はない[2]。

この当為や、規範、そして倫理といった言葉の用法について、説明を行っておきたい。さまざまな言説において、これらの語彙の用法は多様であり、哲学や倫理学では、これらの語彙の把握そのものが大きな研究領域を形成している。ここでは、当為を、「べき」論を提示するものと把握する。規範は、当為に属し、特定の文脈の中で一定の具体性を伴うものとする。当然に、他律的な規範が提示されることもあれば、自律的な規範が生成されることもある。本稿では、この自律的な規範を、倫理と呼ぶ。また、本稿の扱う議論において特に区別がされていないため、倫理と道徳を区別しない。

このことを踏まえた上で、図書館に関わる規範として、どのようなものがあるのかということを、それに関する先行研究と共にみておく。まず、法規範として、本書が検討対象とする公立図書館の運営には、図書館法や、地方自治法、地方教育行政の組織及び運営に関する法律が関係する。

それぞれの法律には逐条解説があり、図書館法についても、研究に一定の蓄積がある。例えば、制定過程を扱った裏田武夫・小川剛『図書館法成立史資料』[3]（1968年）や、立法者による逐条解説である西崎恵『図書館法』[4]がある。さらに、その後の法改正を踏まえた解説として、森耕一『図書館法を読む』[5]（1990年）や、それを継承する塩見昇・山口源治郎の著作[6]がある。

また、政策文書も図書館に対する規範を示すものといえよう。図書館法では、第7条の2（2008年の法改正以前は第18条）において、文部科学大臣が、図書館の健全な発達を図るために、「図書館の設置及び運営上望ましい基準」を定めることが規定されていた。当該条項は1950年の制定当初から存在していたのであるが、策定に関わる動きが幾度か生じたものの、正式な告示には至らなかった[7]。1998年、生涯教育審議会に図書館専門委員会が設置され、2001年に「公立図書館の設置及び運営上の望ましい基準」（2012年に改正）として、文部科学大臣名で告示された。さらに、電子図書館機能や情報サービスに焦点をあてた提言[8]などを経て、2006年に、『これからの図書館像：地域を支える情報拠点をめざして』が出された[9]。このような政策について、研究動向のレビューを行った松本直樹が「公共図書館政策の研究が十分にない」[10]と指摘するように、今後の研究の発展が期待されている。

　ただ、これらの法規や政策は、図書館の在り方を方向付けているのであるが、一定の枠組みを提示するものであり、基準としての性格が強い。そして、法規では、行政の判断の余地である裁量権があらかじめ設定されている。

　そもそも、行政の行為は法律に基づいて行われなければならない。これは、行政の諸活動の基礎を成すものであり、「法律による行政の原理」と呼ばれる。つまり、行政は、現行の法律に則り、その定めに違反してはならない[11]。これは、国民が行政活動を予測できること（法的安定性確保）と、民主的な手続きで作成されるものである法律によって、行政をコントロールできるという2つの利点がある。しかし、法律を詳しく定めずに、「必要があるとき」や「正当な理由」などといった、包括的な表現（不確定概念）を用いることがある。このとき発生する行政の判断の余地を、裁量権（または自由裁量権）という。また、裁量権に基づいた行為を、裁量行為という[12]。

　裁量の必要性の根拠として、すべての行政活動に関して、法律を定めておけないことが挙げられる。なぜなら、行政活動が多種多様であり、そのすべてを予め把握し、成文化することが不可能だからである[13]。さらに、市民と直接関わる第一線の公務員（street-level bureaucracy）には、それぞれの状況に応じて、

執行の優先順位の決定や適用する法律の選択などに、柔軟な判断が求められるからである[14]。これは当然のことながら、行政サービスとしての図書館についても同様であり、公立図書館には一定の裁量権が設定されている。その具体的な内容や限界は本書の第5章で述べる。

さて、裁量行為の決定には、具体的状況や専門的技量も関与すると思われるが、その根本には、活動を自律的に規定する原理が存在している。そのような自律的規範に関して、医者や弁護士などの専門職を念頭に置けば、各職能団体が作成する倫理綱領が想起される。しかし、図書館界の社会的立場を表明する際に、「図書館員の倫理綱領」(1980年採択)が使用されることは少ない。むしろ、「図書館の自由に関する宣言」(1954年採択、1979年改訂)が使用されることが多い。例えば、当該宣言に言及しながら日本図書館協会の委員会が社会的立場を表明したものとして、近年の声明を挙げれば、特定秘密保護法案[15]や、中沢啓治著『はだしのゲン』への閲覧制限[16]に関するものがある。また、間接的に同宣言に触れたものや、図書館員の個人加盟の団体である図書館問題研究会などの図書館関係団体によるものに範囲を広げれば、同様の声明は多数ある。

前述の法規や政策文書は枠組みを設定し、図書館のあり方を方向付けるものであった。一方で、当該宣言は、職能団体によって採択されたものであり、社会との関係で図書館の立場を表明する際に使用されている。また、1960年代後半から、当該宣言が図書館の現場で日常的に生かされるようになったことが指摘されている[17]。このことから当該宣言は、法規や政策文書と共に図書館のあり方に影響を及ぼしているものであり、事実上、図書館界において最もオーソリティのある自律的規範のひとつであるといえよう。

現行の「図書館の自由に関する宣言」(1979年改訂版)の主文は次のようであり[18]、それぞれの項目に副文が付されている。

> 図書館は、基本的人権のひとつとして知る自由をもつ国民に、資料と施設を提供することを、もっとも重要な任務とする。
>
> この任務を果すため、図書館は次のことを確認し、実践する。

第1　図書館は資料収集の自由を有する。
第2　図書館は資料提供の自由を有する。
第3　図書館は利用者の秘密を守る。
第4　図書館はすべての検閲に反対する。
　図書館の自由が侵されるとき、われわれは団結して、あくまで自由を守る。

　ここに述べられる、資料の自由な収集・提供、利用者のプライバシーの保護、検閲への反対は、前文の表現を踏まえれば、利用者の基本的人権としての「知る自由」の保障のために行われる。この「知る自由」とは、何を指すのであろうか。また、「知る自由」を基本的人権と表現しているように、ある種の権利保障を図書館が行うべきなのは、どのような理由によるのであろうか。次節では、この立場を解説する、前文に付された副文と、それにまつわる研究状況をみる。

2節　「知る自由」の保障の理論構成：問題の所在Ⅱ

　前文に付された副文は、5項目からなり、最初の項目において、「知る自由」の理論構成が示されている。

> 日本国憲法は主権が国民に存するとの原理にもとづいており、この国民主権の原理を維持し発展させるためには、国民ひとりひとりが思想・意見を自由に発表し交換すること、すなわち表現の自由の保障が不可欠である。
>
> 知る自由は、表現の送り手に対して保障されるべき自由と表裏一体をなすものであり、知る自由の保障があってこそ表現の自由は成立する。
>
> 知る自由は、また、思想・良心の自由をはじめとして、いっさいの基本的人権と密接にかかわり、それらの保障を実現するための基礎的な要件である。それは、憲法が示すように、国民の不断の努力によって保持されなければならない[19]。

　このように、「図書館の自由に関する宣言」は、「知る自由」を憲法規範か

ら導出する理論構成を採用している。「憲法が国家権力を制限する基礎法である」[20]という性質に鑑みれば、本稿が主な検討対象とする公立図書館[21]も当然に、憲法の規制に服する。

ただし、「図書館の自由に関する宣言」で述べられる「表裏一体」には注意を要する。なぜなら、表現の自由を定めた憲法21条には、「知る自由」という表現はないからである。このことを問題視しているのは、筆者が実定法中心主義を採用しているからではない。権利とは、新たに発見され、獲得されていくという性質があることを十分に認識している。その顕著な例として、ここではプライバシーの権利や、アメリカにおける人種の平等を挙げておく。現在では基本的人権のひとつとしてみなされることに異論のないプライバシーの権利は、1890年に、ウォーレンとブランダイスによって定義づけられ[22]、日本においては、1964年9月の『宴のあと』事件第一審判決[23]から人口に膾炙した。また、人種の平等は、アメリカにおいて、公民権運動を経て、分離すれども平等という司法判断から、分離自体が人種差別に該当すると判じられるようになった。権利がそのような性質を有するからこそ、その前提や理論構成を的確に把握すべきであると考えているのである。この見地から、「知る自由」の理論構成に関する先行研究をみておきたい。

これまでの研究では「知る自由」の性質は、法学の議論、特に、表現の自由の論理的帰結と位置付けられる「知る権利」論との関係性の中で検討されてきた。その先駆的な業績は、渡辺重夫の『図書館の自由と知る権利』(1989年)[24]である。渡辺は議論の冒頭部分で、「図書館の自由、あるいは図書館の社会的機能の根底に位置付けられている知る自由・知る権利概念を、極めて包括的な形で明らかにすることによって、図書館と知る権利との関連について若干の素描を試みようとするもの」[25]と述べている。そして、両概念の関係性について、改訂の以前と以後の宣言それぞれから論じている。

まず、1954年の採択時の「図書館の自由に関する宣言」は、「今日からみても極めて重要な視点を含んでいる」[26]として、3点を指摘した。

(1)「知る自由」を基本的人権として捉えていたこと

(2) 抽象的権利ではなく、保障のための社会制度としての図書館の基本的任務と結びつけていたこと
(3) 公権力等の介入や干渉の排除と結び付けていたこと

さらに、1979年改訂版の宣言における「知る自由」に関して、法学の「知る権利論の発展の系譜を基本的に受け継ぐ形で登場」したという[27]。その理由は、大要次の3点にあった。

(1) 1954年版では括弧つきで表現されていた「知る自由」が、改訂によって括弧が外されたことで、知る権利概念の市民権化を読み取ることができる
(2) 実定法(憲法)上の根拠について明文をもって規定していること
(3) 図書館資料に対する接近の権利を国民の権利として規定したこと

このようなことを指摘した後に、図書館の自由の基礎としての知る権利の具体的意義について論を展開し、渡辺独自の見解として、図書館資料請求権に「図書館資料の構成に参加する権利」[28]まで含めること等を主張した。

また、両概念の関係性を明示的に取り扱った文献として、中村克明の『知る権利と図書館』[29]がある。ここでも、基本的に渡辺の研究を踏襲して、「1979年『自由宣言』における知る自由がすでに知る権利と"同一の概念"(=「国家等に対し作為義務を課する積極的な意味合いを含む概念)となっていた」[30]という立場をとる。また、「新たな『自由宣言』における知る自由は(中略)受け手の自由(権利)=『消極的・受動的権利』のみならず、『積極的・能動的権利』をも包含する概念、すなわち知る権利と同概念となるに至った」[31]とも表現している。

このような研究状況に鑑みれば、両概念を同一視する見解が主流であり、その判断に際して、自由権や請求権といった、権利の性質に着目するのが一般的な傾向であった。なお、この場合、自由権とは、情報の受領を妨げられない権利である。請求権とは、情報への接近を請求するものであり、その名宛人には情報開示の法的義務が生じることまでを含む。さらに、このような研究は、本書の第3章で詳述するように、理論がある程度成熟した、現在の「知る権利」

論から検討するものであり、両概念の歴史的展開から解明する視点は希薄である。例えば、渡辺は先駆性や継承を指摘しており、「わが国における知る権利論の展開」という節も用意しているのであるが、簡略な記述にとどまっている。すなわち、渡辺は、法学における「知る権利」論の発生を、本書の第3章の3.1「表現の自由における主客逆転」で示すような、表現の自由の捉え直しから説明しているものの、その後の展開については、「1970年代初頭にかけて、知る権利論は更に多面的な内容を盛り込んで新たな展開を見せることになる」[32]と指摘して背景を述べるにとどまり、展開の内容には踏み込んでいない。

また、渡辺や中村は、「知る自由」と「知る権利」を同一視し、憲法論として「知る権利」が図書館の文脈で成立することを自明視しているが、その妥当性には疑問が呈される。例えば、憲法学者の堀部政男は、請求権的「知る権利」の実現には情報公開法などの具体的法規を要するという通説[33]を踏まえた上で、図書館関係法規は「広義の情報公開に役立つとしても、知る権利・情報アクセス権そのものを承認しているものとは解することができない」[34]と述べている。

よって、「図書館の自由に関する宣言」が表明する立場は、憲法論として当然に要請されているわけではない。たとえ、法学の「知る権利」論に従って、憲法21条の規定する表現の自由から知る権利が導かれるとしても、図書館にその実現が委ねられているということには、必ずしもならないのである。ただ、渡辺による次の記述からは、このようなことに自覚的であったことが読み取れる。

> 一九七九年における『図書館の自由に関する宣言』の改定作業を一つの契機に、その後「読む権利」「知る権利」「知る自由」等に代表される概念を援用しつつ、住民（国民）と図書館との関係を権利の側から把握しようとする考え方が、図書館界においても次第に登場するようになってきたように思われる。もちろん、住民（国民）の図書館利用を権利として捉えるというこうした考え方は、実定法上の明文規定がない中にあっては、一つの考え、一つの解釈の域を出るものではない。が、住民にとって、図書館の

充実・整備は、国や自治体に対する「お願い」の範疇に押し込められるべきものでないことも多くの人々の共通項であると思われる[35]。

権利保障の思想が1979年の「図書館の自由に関する宣言」の改訂時から登場したのかどうかはさておき、渡辺の議論は、憲法論的に自明の要請を論じたというより、図書館の文脈で法学的「知る権利」論を活かす試みである。これは、図書館の自律的規範で述べられた理念を補強する、倫理の領域に属するものである。

そして、この「自主的な」権利保障の試みは、憲法論的基礎を十分に満たしていないという理由をもって、即座に否定されるわけではない。前述の堀部政男は、「『一九七九年改訂』のようなコンテクストでは、『知る権利』という、国家に対し作為義務を課す積極的な意味合いを含む概念を用いてもよかったのではないか」[36]と述べるように、図書館と「知る権利」を結びつけることに積極的な評価を下している。また、この権利保障の動きは、「知る自由」や「知る権利」との関係だけで行われてきたわけではない。渡辺も言及していた「読書権」や「学習権」にかかわる動きがあったということが指摘されている[37]。

以上のことから、利用者の権利を保障するという図書館界の思想は、図書館の自律的規範を表明する文書の中核に位置し、図書館の表明する社会的立場とも深く関係している。そこで、本研究は、これまでは研究の対象とされていなかった、図書館の規範の実態を包括的に明らかにし、現在の立場や議論を相対化させるために、歴史的視座から当該思想の展開を検討する。

3節　図書館史研究と本研究の位置

図書館史研究の潮流は、三浦太郎によってまとめられている[38]。それによると、図書館史研究が意識されるようになったのは、戦後からであった。そして、1950年代から、主要図書館が設立からの節目を迎えるようになり、単館史が記されるようになった。その中で特色があったのは、石井敦が中心となった『神奈川県図書館史』[39]（1966年）であり、そこでは社会構造との関係で図書館を位置付けるという意識が示されていた。1960年代から1970年代にかけて、

この意識が焦点化されるようになり、これを強く意識したものとして、石井敦『日本近代公共図書館史の研究』[40]（1972年）や永末十四雄『日本公共図書館の形成』[41]（1984年）などの著作が上梓された。1980年代には、図書館史研究に特化した研究団体である図書館史研究会が発足（1982年）し、方法論的な深化に向かった。具体的な変化としては、史料の制約を打開するため、史料の発掘や、オーラルヒストリー研究が行われるようになったのである。また、2000年以降には[42]、こうした流れを継承して、1990年代後半から本格化した占領期研究が盛んになったり、戦後の図書館サービス実践を歴史的に評価する動きが生じたりしている。

　このような三浦がまとめる図書館史の動向を踏まえた上で、本稿の研究対象が含まれる戦後史の範囲で、規範に関わる議論は、どのように扱われてきたのかをみておきたい。1960年代から1970年代に上梓された、公共図書館に関する歴史記述を強く志向した文献では、草野正名『図書館の歴史』[43]（1966年）や小野則秋『日本図書館史』[44]（1973年）などのように文字の発生から論を始めたり、石井敦『日本近代公共図書館史の研究』[45]（1972年）のように明治期からの図書館の歴史を記述したりするものがあり、戦後史には、わずかな紙幅が割かれる程度であった。ただ、1970年代後半になると、一定の発達史観から戦後の図書館界の動きを総括する言説が現れる。例えば、『図書館白書 1980』[46]は、副題の通りに、「戦後公共図書館の歩み」をまとめている。そこでは、大要以下のように、4つの時代区分を示している。1950年の図書館法制定を図書館界における戦後のはじまりとして、1962年までの模索期には、移動図書館や、読書普及運動、レファレンスなど、一部の優れた取り組みはあったが、全体として予算やサービスは貧弱なものであった。1963年の『中小都市における公共図書館の運営』の刊行から、飛躍期に入る。同書では、中小図書館中心主義やサービスの重視などが打ち出された。そして、同書の理論は、日野市立図書館によって実践に移され、そこから全国に波及していったという。さらに、『中小都市における公共図書館の運営』及び日野市立図書館の活動を基にした『市民の図書館』（1970年）の刊行以降を、展開期と呼んでいる。ここでは特に、

1970年代の貸出冊数や公立図書館数の伸びが強調される。

　この種の言説は、薬師院はるみが「定番の物語」と呼ぶように[47]、様々な論者によって、再生産され続けてきた。そのこと自体、「定番の物語」において時代区分のメルクマールとして使用された『中小都市における公共図書館の運営』や『市民の図書館』の高い規範性の証左といえよう[48]。

　ただし、そのような言説の大半は、概説にとどまっていたことを指摘しておかなければならない。「定番の物語」の成立過程を実証的に明らかにする動きが生じたのは、三浦のまとめにあったように、ごく最近のことである[49]。オーラルヒストリー研究会による『『中小都市における公共図書館の運営』の成立とその時代』[50]（1998年）では、一次史料の発掘や、インタビュー調査が行われている。さらに、薬師院はるみは、「定番の物語」に埋没していた名古屋市の1区1館計画について、徹底した文献研究を行い、名古屋という地域の文脈から検討を加えている[51]。また、『現代日本の図書館構想』[52]（2013年）は歴史研究を志向するものであり、「戦後改革とその展開」と副題にあるように、占領後も扱われている。しかしながら、同書の書評[53]で、根本彰が論難するように、収録論文の多くが占領直後までを扱い、その後の歴史を扱うのは、「図書館問題研究会」や「TRC（図書館流通センター）」に関する章のみである。あわせて、占領期研究を主導した評者の根本は、「占領終了後の図書館史についてはまったく個別的な研究しかないというのが現状ではなかろうか。それは『現代史』というものの限界でもあり、日本の歴史学自体がようやく占領期を実証的に進めるだけの史料が得られるようになってきたところである。図書館史も例外ではなく、1955年（昭和30年）以降については仮説的な論が存在しているにすぎない」[54]と述べている。

　以上の研究状況をまとめれば、社会との関係性を主題化した図書館史研究は、戦後史に向けられていなかった。さらに、占領期を除いて、戦後史では、実証的研究は端緒についたばかりであった。これらのことを受けて、本研究は、占領終了後の図書館の規範に関わる動きについて、一次史料を用いた実証的研究を試みる。また、権利保障の思想が、図書館の社会的立場に関わるもの

であるため、本研究は必然的に、社会との関係性を扱うものとなる。

4節　本研究の射程と構成

　本研究の目的は、戦後図書館界における、利用者に対する権利保障の思想の歴史的展開を実証的に明らかにすることである。当該思想は、図書館の規範を示したり、図書館の社会的立場を表明したりする文書の中核をなすものである。そのため、本書で着目するのは、まず、そのような文書の成立過程や、社会との関係、特に、図書館が採用した社会的立場や他の学問分野から受けた影響である。なお、権利に着目するという議論の性質上、法学の議論に触れることが多い。この領域では、評釈や研究において、判例の流れが言及されることは多いが、学説の歴史的展開が記述されることは比較的少ない。そこで、適宜法学の議論をまとめ、それと図書館界の認識を比較検討する。

　使用する主な史料は、図書館の職能団体である日本図書館協会の機関誌である『図書館雑誌』や、図書館員の個人加盟の団体である図書館問題研究会の『会報』である。さらに、その他の媒体に現れる証言を活用する。また、必要に応じて、当事者へのインタビュー調査を行い、その結果を用いる。

　本論では、「知る自由」を軸に、図書館界における権利保障の思想について、時系列的に論を展開する。構成は以下のとおりである。

　第1章では、「図書館の自由に関する宣言」が、いかなる時代背景や、議論、認識のもとで採択されたのか検討する。前述のように、同宣言は、後の改訂を経て、現在でも高い規範性を有するものであり、1954年の採択時から、利用者である民衆が「基本的人権のひとつとして『知る自由』をもつ」と認めていた。ここでは、戦後図書館界の規範の起点となる文書の位置づけを明らかにする。

　採択後、「図書館の自由に関する宣言」は、改訂の動きが生じる1970年代まで、社会的な問題との関係で何度か確認されるにとどまった。しかしながら、1960年代から1970年代前半には、「定番の物語」を構成する書籍の中で、宣言の作成者たちが依拠した概念である「知的自由」が用いられたり、それとは異

なった教育の文脈から「学習権」論が図書館界に導入されたりした。第2章では、そうした動向に、全般的に関与した、図書館問題研究会に着目することで、権利保障の思想の展開をみる。

　1980年前後には、図書館の自律的規範を表明する文書に大きな動きが生じた。すなわち、1979年の「図書館の自由に関する宣言」の改訂と、1980年の「図書館員の倫理綱領」の採択であり、これらは、そのまま現行の規範的文書となる。第3章と第4章では、それぞれの作成過程を詳述しながら、これらの文書の位置づけや、そこでの権利保障の思想の理論構成を分析する。

　第3章では、「図書館の自由に関する宣言」の中核をなす「知る自由」と法学的「知る権利」論を比較検討することで、改訂版の宣言が採用する思想の射程を明らかにする。

　一方、「図書館員の倫理綱領」は、これまで研究対象となることがほとんどなかった。それに加えて、本書の第1章から第3章で得られる知見を踏まえると、明らかにすべき論点が2つ導き出される。第1に、「図書館の自由に関する宣言」と「図書館員の倫理綱領」は、表裏一体のものとされるが、2つの文書がどの程度まで立場を同じくし、何のために別々の文書として存在するようになったのかということである。第2に、綱領案の段階では、図書館の目的として「知る権利」と「学習権」が並置されていたのに対して、最終的に「知る自由」に収斂したのは、どのような思想に基づく判断なのかということである。第4章では、「図書館員の倫理綱領」の採択過程を解明しつつ、上記の論点を検討する。

　第4章までで論じるのは、図書館界による「自主的な」権利保障の思想の展開についてであった。第5章では、21世紀から生じるようになった、図書館の運営や利用に関する裁判の流れを検討することで、図書館界の思想としての「知る自由」に判例法が接近したことを明らかにする。

　最後に、本書の射程と使用する語句について説明しておく。本書が検討対象にする議論や動向は、基本的に公立図書館に関係したものに限定する。「図書館の自由に関する宣言」や「図書館員の倫理綱領」は、あらゆる館種に適用可

能なものとして記述されている。しかし、ひとつの論文において、あらゆる館種に関わる規範の展開を扱うのは、容易ではなく、適切でもないと判断した。

ここでいう「公立図書館」は、基本的に、図書館法に依拠するものとする。図書館法2条では、次のように定められている。

> 第二条　この法律において「図書館」とは、図書、記録その他必要な資料を収集し、整理し、保存して、一般公衆の利用に供し、その教養、調査研究、レクリエーション等に資することを目的とする施設で、地方公共団体、日本赤十字社又は一般社団法人若しくは一般財団法人が設置するもの（学校に付属する図書館又は図書室を除く。）をいう。
>
> 2　前項の図書館のうち、地方公共団体の設置する図書館を公立図書館といい、日本赤十字社又は一般社団法人若しくは一般財団法人の設置する図書館を私立図書館という。

この規定からは、図書館の設置主体として、個人や、法人格をもたない団体、特定の法人、および国が除外されている。そのうち、国や教育機関によって設置されている国立図書館や学校図書館には別途法律の定めがある。また、図書館法29条は、図書館と同種の施設を設置することを認めている。

なお、「公立図書館」に類似する表現として、「公共図書館」がある。これは、図書館法で使用されている表現ではない。図書館界の慣例として、公立図書館と私立図書館を含めた、図書館法でいう「図書館」に相当するものとして「公共図書館」が使用されている。

また、旧仮名遣いは現代仮名遣いに改めた。さらに、本書では、第1章を中心に、アメリカ図書館協会の原則を提示する文書であるLibrary Bill of Rights（1939年の採択から1948年の改訂まではLibrary's Bill of Rights）に言及している。この文書の訳名として、第1章で扱う1950年代には「図書館憲章」が用いられていたが、現在では「図書館の権利宣言」が用いられる。本書が検討対象とする期間で呼称が変化したことを踏まえて、本書では、LBRと表記することとする。

ここで、本書で「障害者」という表現を用いていることについて説明してお

く。現在では、「『障害』の『害』の字は、『害悪』『公害』等『負』のイメージが強く、別の言葉で表現すべきとの意見」[55]があることを理由に、行政文書において「障がい者」という表記が用いられるようになっている。また、「障碍者」という表記を推奨する者もいれば、社会的な「障害」を解消するべきであるという意識から「障害者」という言葉を用いる者もいる[56]。これらのことを認識したうえで、本書が歴史研究であり、視覚障害者読書権保障協議会が中心となって図書館界で障害者サービスを推進した、1970年代の表記に鑑みて、「障害者」という表記で統一する。

1 図書館の倫理的価値としての「知る自由」の成立

1節　はじめに

　利用者に「知る自由」を認めるという図書館界の見解が初めて表明されたのは、1954年に採択された「図書館の自由に関する宣言」においてであった。同宣言は、「基本的人権の一つとして、『知る自由』をもつ民衆に、資料と施設を提供することは、図書館のもっとも基本的な任務である」[1]という一文からはじまる。

　宣言採択を全般的に記述する文献は、1951年のサンフランシスコ講和条約の締結による占領法規の失効から治安立法に至る流れに触れた上で、図書館界の動きをたどることが多い。特に、1950年に勃発した朝鮮戦争に前後して生じた、レッド・パージ、公職追放の解除、警察予備隊の創設などのいわゆる逆コースが取り上げられる。そして、このような状況下で、1952年の全国図書館大会において、水面下で破壊活動防止法（以下、破防法）への反対決議の採択を求める動きがあったものの、表面化するには至らなかった。この動きについて、当時、日本図書館協会の常務理事であった有山崧が、『図書館雑誌』上で、図書館の中立性を破棄するものとして苦言を呈した。続けて、「図書館の中立性論争」が始まり、宣言の採択につながっていった。先行研究の多くは、このような流れを概説するにとどまる傾向にあり、当時の議論を丹念に追い、宣言の思想を検討するという意識は希薄である[2]。

管見の限り、「図書館の自由に関する宣言」の採択過程の全体を記述するものとして最も詳細なものは、塩見昇の「『図書館の自由に関する宣言』の成立と進展」である。塩見は、特に、宣言の採択直前の全国図書館大会および日本図書館協会総会の議論を重点的に取り上げている。しかしながら、対照的に、それ以前の議論については、深く内容に踏み込むことはなく、上に示した経緯をやや詳しくたどるのみである[3]。また、谷口智恵は、一定程度、中立性論争における各投稿者の見解に触れている。しかし、「図書館の自由」という概念に着目して当時の議論をまとめるという論旨のために、各見解のうち、谷口がまとめる当該概念の構成要素に関係する部分しか取り上げていない[4]。

　次に、「図書館の自由に関する宣言」の性質が、どのように理解されてきたのかをみておきたい。司書課程の教科書では、例えば、北島武彦編著『図書館概論』のように、採択過程を踏まえ、「『宣言』は採択当時の厳しい政治的・社会的状況を反映しており、図書館活動に対する外部からの不当な干渉を排除して、人びとの知る自由を保障しようという図書館の決意を明らかにするもの」[5]という記述がある。一方で、「宣言採択をめぐる討論のなかでは必ずしも明確に言及されているとはいえないが、戦前における公権力による思想統制の一環として出版物の検閲が強化され、既刊の図書にさえ閲覧規制の措置がとられ、図書館の資料提供機能を著しく阻害し、図書館員の自主規制を余儀なくされ、結果的に『思想善導』の機関としての役割を果たすことになった歴史に対する反省がその基盤となっていることも認識しておかなければならない」[6]と述べられる場合もある。同様の見解として、Wikipediaに「戦前に思想善導機関として機能した図書館の歴史を反省し、1954年（昭和29年）に打ち出された」[7]とある。ウェブ上の百科事典という、アクセスが容易な媒体であることに加え、当該宣言をモチーフとした有川浩の小説『図書館戦争』[8]に始まるシリーズによって宣言の知名度が増したとすれば、この見解はある程度人口に膾炙していると思われる。

　また、安里のり子らは「小説『図書館戦争』と『図書館の自由に関する宣言』の成立」（2011年）において、図書館員が武装して戦闘を行う当該小説の筋書

第1章 図書館の倫理的価値としての「知る自由」の成立　**21**

きとの関係で、「図書館の自由に関する宣言」の採択時期の議論を扱っている。そこでは、図書館員の心性が示されているとして、宣言案における「抵抗」の文言に着目しながら、宣言の制定過程、特に、塩見と同様に、全国図書館大会および日本図書館協会総会の議論をまとめている。安里らは、論の結びで「本稿では、『図書館戦争』の作者有川浩にこのような物語を書かせた作家的想像力の源泉が1954年の『宣言』の際の議論に求められることを検証してきた」と総括している[9]。しかしながら、論考内では、当時の議論そのものと有川の何らかの意図とが比較検討されたわけではなく、論題において併記されている小説と「図書館の自由に関する宣言」の有機的関係が十分に示されているわけではない。両者の関係性についての具体的な指摘として存在するのは次の部分になろう。結論部分で、当時の図書館員には、自由にこだわったものの「抵抗」という文言にはためらう心性があったとして、その妥協の産物として制定された宣言の「言葉の裏にある残余の部分こそ有川によって『正化』のパラレルワールドでの出来事として描かれた」と措定している。なお、この「正化」とは、小説の著者が作中で使用した架空の元号である。論考の本論部分においては、須永和之の「戦闘のない平和な民主主義の時代を希求する人々の願いが込められたものである。『図書館の自由に関する宣言』を盾に戦闘が引き起こされるというのは腑に落ちない」[10]という感想に対して、次のように述べている。「小説世界の出来事に対して現実の世界に身を置くものが自らの立場から批判することに大きな意義を見出すことはできない。むしろここで読み取るべきは、『宣言』が潜在的に包摂しているある原理を作家がその自在な想像力と物語の構成力で改めて表現してみせたこと」として、「その原理とは、自由を守ることあるいは獲得することに潜在する暴力性ということ」であるという[11]。なお、安里らの論考についての疑問として、作家論、作品論、読者論などの文学研究の視座を持たない議論の中で、ひとりの小説家が注目した点を論の主軸に据えることの学術的意義の存否が挙げられよう。さらに、論考の序盤で言及されるように、「図書館の自由に関する宣言」に関する追体験のために、当時の図書館員の心性としての「抵抗」観を明らかにするという点に意義を見出すとすれば、

小説を議論の足掛かりにすることの必然性が問われる。

　一方で、安里らの文献が発表される以前に、「抵抗」を基点として宣言を検討することに注意を促す文献も存在する。山下信庸は、1954年版の「図書館の自由に関する宣言」や、前述の中立性論争の一部を扱いながら、「図書館の自由も、抵抗原理として把握されるのみで、図書館機能の本質に由来する中立性によって裏づけられないと、とんだ脱線を演ずる結果となる」と述べている[12]。図書館の自由について、その中立の問題と関連して考えなければその本質を理解することはできない旨を指摘するように、山下は「中立」を検討対象とした。そして、図書館の自由を、特定の思想的立場、例えば図書館の近代化や民主化を推進する立場と考えた場合には、図書館が中立的ではいられなくなるとして、次のように論じた。

　　　図書館の中立性が、どうして社会主義とか反戦的とかの、特定の思想と結びつくのか、そこには色々の理由や動機があると思われるが、最も大きい原因としては、「図書館の自由」がいつも図書館に加えられる外圧を退けるための抵抗原理として取り上げられるという事実をあげることができると思う。この場合抵抗は、図書館が外圧を受ける以前の状態に戻ればよいというのが本来の目的であって、それ以上に、外圧の動機となっている思想そのものを完全に抹殺するところまで求めることは、自由の主張の行き過ぎであり、却って図書館の中立性を崩す結果をもたらすと思われる[13]。

続けて、山下は、図書館の自由と図書館員個人の自由とは別物であることや、上記の中立の論理も含めて、こうしたことへの自覚を持つ必要性を指摘した。これらのことを踏まえれば、山下の論文は、1954年版の「図書館の自由に関する宣言」の中核をなす「中立」の考え方として、より適切な論理を提示しようとする哲学的議論を目的としているといえる。安里らのような、制定時の議論やそこに現れる図書館員の認識を解明するといった、記述的な研究を目指しているわけではない。

　また、本書の議論にとって重要な、「知る自由」や権利論に関連するものと

して、1997年の「図書館の自由に関する調査委員会」の指摘がある。それによれば、「『宣言』が作成される過程で知る自由という概念が形成されたプロセスは今日必ずしも明らかではない」。アメリカ図書館協会のLBRをモデルとしながらも、「構想にあたり、おそらく当時しばしばマスコミなどで使用されていた報道の自由、あるいは表現の自由、言論・出版の自由など『……の自由』という言い方で新憲法において初めてひとびとが手にすることのできた権利が表現されていたことを踏まえて知る自由という表現が生み出されたのであろうと推測」できるという[14]。確かに、制定担当者たちの認識を明らかにする内部資料が現在のところ発見されていないため、このような推測を行うしかない。同時に、この見解のような、権利や自由に関する当時の認識から宣言の指示内容を明らかにする研究が深められているわけでもない。

ただし、法学的見地から、「図書館の自由に関する宣言」の冒頭で示された「知る自由」という概念を評価する文献もある。堀部政男は、日本において、新聞週間の標語や1958年の判例などから、1950年代にはある程度「知る権利」に関心が寄せられていたにもかかわらず、学会ではほとんど知られていなかったことを指摘している。その上で、「このような状況のなかで、『宣言』が一九五四年段階で『知る自由』という概念を用いしかもそれを基本にすえていることの先駆性と正当性に注目しなければならない」と評価している[15]。

以上のことを踏まえて、本章では、まず、採択される「図書館の自由に関する宣言」やそれに至る議論において頻出する「中立」や「自由」、「権利」といった言葉が、宣言の背景をなす社会情勢の中でどのように使用されていたのかを概観する。その上で、「図書館の自由に関する宣言」の採択へと至る経緯を検討する。ここでは特に、採択過程に現れた議論を詳細に検討する。この作業は、先行研究にかけていた部分を補填するとともに、当時の議論を相対化することで、宣言の作成者の認識や、宣言自体の採用する立場を明確にするものである。

また、「図書館の自由に関する宣言」が、図書館外部に対する宣言とともに倫理綱領の側面も有していたことを明らかにする。当該宣言は、全体として外

部に向けたものであり、先行研究でも、「抵抗」や「中立」という論点が重点的に取り上げられてきた。ここでは、これらの外部に向かう力学にだけ注目するのではなく、本書全体の議論にとって重要な、図書館界の内部に向けた自律的規範としての性質にも着目するのである。あわせて、当該宣言が職員の地位の問題は取り扱わない立場を採用していたことを指摘する。

2節　時代背景と「中立」および「自由」

2.1　時代背景と社会的な争点としての講和問題

1948年にアメリカの国家安全保障委員会の「米国の対日政策に関する勧告」の採択を契機に、占領政策は非軍事化から経済復興へと転換した。そして、1950年の朝鮮戦争の勃発に前後して、レッド・パージ、公職追放の解除、警察予備隊の創設など、いわゆる逆コースが生じることとなる。その中のひとつとして、1949年には、「団体等規正令」（昭和24年4月4日政令第64号）が制定された。これは、ポツダム命令のひとつとしての「政党、協会その他の団体の結成の禁止等に関する件」（昭和21年勅令第101号）を改正するものであり、「政治団体の内容を一般に公開し、秘密的、軍国主義的、極端な国家主義的、暴力主義的及び反民主主義的な団体の結成及び指導並びに団体及び個人のそのような行為を禁止することを目的とする」ものであった[16]。

そして、1952年の「日本国との平和条約」、いわゆるサンフランシスコ講和条約の発効によって、ポツダム命令としての当該政令は廃止されることとなった。これは、各種の命令に関して、法律で廃止または存続の措置がなされない場合には180日間に限り法律としての効力を有することを定める「ポツダム宣言の受諾に伴い発する命令に関する件の廃止に関する法律」（昭和27年法律81号）によるものである。団体等規正令を継承したのは[17]、1952年の破防法（昭和27年7月21日法律第240号）であった。同法の目的は、「暴力的破壊活動」を行った団体に対する必要な規制措置を定めることなどであった。制定をめぐる論議では、左派社会党や労働者農民党が言論・表現の自由から反対の立場をとっていた。さらに、日本共産党は、破防法を「売国的弾圧法」や「日米反

動の恐怖の表現」として反対するに際して、「抵抗なくして自由なし、抵抗なくして平和なし、抵抗なくして生活なし、抵抗こそ民族解放の道」と述べている[18]。そして、次節でみるように、この破防法をめぐって、その成立（1952年7月）の2か月前の全国図書館大会から図書館界でも議論が生じ、図書館の中立性に関する誌上討論へとつながっていくこととなる。

さて、法律形式の破防法制定の契機になった講和に関する問題は、当時の日本における最大の社会的争点であった。資本主義陣営と共産主義陣営との冷戦や、代理戦争としての朝鮮戦争の勃発という国際情勢の中で、具体的な争点は、講和の形態および安全保障の問題であった[19]。前者は、「早期独立回復のために、東側陣営を排除して、西側陣営のアメリカなどの多数国との間で講和を求める立場」[20]である単独講和論と、「全ての連合国との講和を求める立場」[21]である全面講和論との対立である。後者は、アメリカに軍事基地を提供するか否かについての問題である。

このうち、「中立」という立場は、全面講和論の文脈で頻出する。例えば、東京大学総長の南原繁は、1949年12月6日に、アメリカでの占領地教育会議において、講和の即時締結と厳正な中立の保持を主張した。加えて、1950年3月の東京大学の卒業式における訓示でも、全面講和は恒久平和の一歩であり、それを達成するためには日本国民がポツダム宣言で決定された国際的中立を掲げて団結することであると訴えた[22]。

さらに、全面講和論を強く主張する知識人の集団として、岩波書店の吉野源三郎の主導で結成された平和問題談話会がある。平和問題談話会は、吉野が編集長を務める総合雑誌『世界』を意見発表の媒体としていた。『世界』は、同会の結成やその第二次声明を契機に現実政治と直接対峙する運動的メディアとなり、破防法反対闘争や原水禁運動から60年安保闘争まで運動の理論を主導するメディアとなっていった。このことは、佐藤卓己『物語岩波書店百年史2：「教育」の時代』に詳述されている[23]。同会は、1948年の「戦争と平和に関する日本の科学者の声明」に続く第二次声明「講和問題についての平和問題談話会声明」（1950年1月15日付）において、全面講和、中立不可侵、国連加盟、軍

事基地反対の4原則を提示した[24]。さらに、「三たび平和について」[25]でも再軍備と単独講和の拒否を示していたが、このころには「主要新聞各社も政治的リアリズムから平和条約支持に転じていた」[26]。しかしながら、平和問題談話会の声明が他の政治団体へ影響を与えていった。

　国政に直接関わる政治勢力の中で、中立主義に基づく全面講和論を唱えたのは社会党であった。1951年の日本社会党大会で、同党は平和4原則を採択していた。これは、前年の「全面講和、中立堅持、軍事基地反対」を内容とする平和3原則に「再軍備反対」を加えたものであった。さらに、GHQの主導で1950年7月に結成された、労働組合の全国中央組織である「総評」(日本労働組合総評議会)も、社会党左派の平和4原則を支持するようになる。久野収の回想によると、総評の進路を左旋回させた決定的転換点は、1951年の国鉄労組新潟大会での平和4原則の正式決議であった。この決議において、当時の国鉄青年活動家たちが、平和問題談話会の声明を用いて、決議成立の方向に動かしていったという[27]。

2.2　ジャーナリズムをめぐる「自由」と「権利」

　次に、ジャーナリズムをめぐる「自由」の問題としての「新聞の自由」や、「知る自由」との関連が指摘されていた「知る権利」という言葉の使用状況を確認しておく。これらの言葉は、戦後初期から、すでに使用されていた。

　特に前者は終戦直後から使用されていた。早くも、1945年9月10日には、「言論及新聞ノ自由ニ関スル覚書」が出されている。これは、第2項に「連合国最高司令官ハ言論ノ自由ニ関シテハ最小限度ノ制限ヲ為スベキ旨ヲ命ジタリ」とあるものの、第5項には「真実ニ符号セズ又ハ公安ヲ害スルガ如キ報道ヲ為ス出版物若ハ放送局ニ対シテハ発行禁止又ハ業務停止ヲ命ズ」とあるように、検閲の基準として用いられるようになった[28]。そして、その内容および性質は、全10項目からなる「プレス・コード」(日本新聞規則に関する覚書)へと受け継がれる。プレス・コードの内容を端的にまとめるならば、禁止事項の列挙とジャーナリズム活動の規律から構成されていた[29]。例えば、前半では、「真

実ニ符号スルモノタルベシ」という記述を引き継いでいたり、公安を害する惧れのある事項の印刷や連合国に対する虚偽または破壊的批評を禁じていたりした。後半では、報道と意見の峻別が記されている。

さらに、総司令部民間情報教育局（CIE）の局長であったケン・R. ダイク代将は、1946年5月の帰国を前に、「日本の新聞界に望みたいこと」として次の3点を挙げた。それは、(1)「『新聞の自由』を確立発展せしめること」、(2)「自発的に新聞連合会（アソシエーション・オブ・ザ・プレス）の如きものを組織し早急に『新聞信条』等を選定すること」、(3) 養成機関の設置であった[30]。これを受けて、共同通信社の伊藤正徳が中心となり、日本新聞協会が設立された。1946年7月23日の設立総会で定められた定款によれば、同協会の目的は、「全国日刊新聞の倫理水準を向上維持し兼ねて新聞共通の利益を擁護すること」である。さらに、事業の第一には、「新聞倫理の昂揚と新聞教育の普及」とある[31]。これらのことから、日本新聞協会の設立は、ジャーナリズムの倫理に関する志向性と切り離すことはできないといえよう。この理解を裏付けるように、『日本新聞協会十年史』には「『新聞倫理綱領』は協会の創立に際して、もっとも重要視されたもの」[32]とある。作成にあたり、日本独自のものを検討したのであるが、CIEのインボデン少佐は「報道の自由」を第1条に掲げるべきであると主張した。その結果、「多分にアメリカのものをとり入れた折衷案を作るほかなかった」[33]として、新聞倫理綱領（1946年7月23日）が制定された。

新聞倫理綱領は、「日本を民主的平和国家として再建するに当り、新聞に課せられた使命は真に重大である」という一文から始まる前文に続いて、7つの条項から構成される。順に、(1) 新聞の自由、(2) 報道評論の限界、(3) 評論の態度、(4) 公正、(5) 寛容、(6) 指導・責任・矜持、(7) 品格である。ここでは、後の議論との関係で、(1) と (2) を以下のように抜粋しておく。

　　第一　新聞の自由　公共の利益を害するか、または法律によって禁ぜられている場合を除き、新聞は報道評論の完全な自由を有する。禁止令そのものを批判する自由もその中に含まれる。この自由は実に人類の基本的権利として、あくまでも擁護されねばならない。

第二　報道、評論の限界　報道評論の自由に対し、新聞は自らの節制により、次の如き限界を設ける。

　　イ、報道の原則は事件の真相を、正確忠実に伝えることである。
　　ロ、ニュースの報道には、絶対に記者個人の意見を挿入してはならない。
　　ハ、ニュースの取り扱いに当っては、それが何者かの宣伝に利用されぬよう厳に警戒せねばならない。
　　ニ、人に関する批評はその人の面前において、直接語り得る限度に止むべきである。
　　ホ、故意に真実から離れようとする偏頗な評論は、新聞道に反することを知るべきである。

　また、「知る権利」という言葉は、新聞週間において用いられていた。日本における新聞週間の開始もインボデン少佐の助言によるものであった[34]。第1回（1948年）の新聞週間では、日本側の代表標語は「あなたは自由を守れ、新聞はあなたを守る」であったが、これに並んで、全米新聞週間標語「あらゆる自由は知る権利から」があらゆる行事で使用された[35]。この新聞週間は現在に至るまで継続している。占領終了後の第6回（1953年）では、公募の結果、「報道の自由が守る"知る権利"」[36]が標語として採用されている。

　以上のことに加え、1952年には蠟山政道や宮沢俊義などを執筆者に、日本新聞協会から『新聞の自由』[37]が出版されるなど、「新聞の自由」や「知る権利」という文言は、占領下および占領終了後初期の段階で、すでに一定程度語られるものであった。

2.3　教育における「中立」

　本章2.1「時代背景と社会的な争点としての講和問題」において、「中立」という言葉が、講和をめぐる議論にまつわる語彙であったことを確認した。ただ、本章の検討対象である「図書館の自由に関する宣言」が成立した1954年前後には、特に教員の政治的「中立」の問題として、教育二法に関する議論が衆

目を集めていたことに触れておかなければならない。教育二法とは、「教育公務員特例法の一部を改正する法律」と「義務教育諸学校における教育の政治的中立の確保に関する法律」を指す。同法と当時の政治状況との関係について木田宏は、次のように述べている。

> 教育の政治的中立確保に関する二法律は、激しい対立構造の中での成立であった。米ソの冷戦に二極化する中で、当時の日本は単独講和か全面講和かという抗争をそのまま引きずっていた。憲法改正、再軍備をめぐる論争も激しかった。独立後の新しい局面に、どう対処していくかが、大きな課題であったのである。
>
> こうした状況を直接、学校に持ち込むことで起こったのが、山口日記事件や旭丘中学校事件であった。(中略) 文部省と日教組という図式で、教育の問題を割り切るとらえ方が、長い間、広く行われてきたものだった。この教育二法の立法前後の状況は、そうしたとらえ方の一つの頂点だったともいえよう[38]。

教育二法の制定の契機となったのは、1953年に発生した山口日記事件であった。これは、山口県教職員組合文化部が自主教材として編集した「小学生日記」と「中学生日記」の欄外記事が反米親ソ的であると、政治問題に発展したものである。これを受けて、文部次官名での通達「教育の中立性の維持について」(1953年7月8日)、中央教育審議会の「教員の政治的中立性維持に関する答申」(1954年1月18日)が出された。それと共に、1953年に大達茂雄文部大臣が当該事件を批判し、立法措置を講じる可能性を示唆したことから、教育二法の立法作業が進められることとなった。

このような教育二法の成立を包括的に扱う歴史研究に、藤田祐介・貝塚茂樹『教育における「政治的中立」の誕生』[39]がある。同書は、森田尚人による「この法案は戦後教育改革の是正、つまり『逆コース』を端的に示す反動立法として位置づけられ、法案内容を具体的に吟味することなく『一種の推測または先入観に基づいた』議論が広くおこなわれて、戦後日本の教育をめぐる階級対立とイデオロギー闘争の一環を構成することになった。(中略) 当時の政治状況を

媒介にして、その目的と内容を理解するという作業がまったくといっていいほど果たされないまま、多くのイデオロジカルな歴史叙述がいまだに流通している」[40]ことを批判的に捉える立場と問題意識を共有し、教育二法の成立過程を実証的に検討している。そして、リベラルな立場をとる大達文部大臣は、日教組の影響を強く批判しながらも教育現場への直接規制に反対していたことを明らかにしたり、日教組や世論の動向を詳細にたどったりした。ただ、本書の議論にとって重要なのは、森田や藤田らが批判の対象とするように、制定当時から最近に至るまで、教育二法は教員の政治的「中立」に関わってなされた、イデオロギーの対立の問題として捉えられてきたという認識そのものを押さえておくことである。

3節　破防法と図書館の中立性に関する議論

3.1　破防法と議論の喚起

　1952年5月20日から5月23日にかけて、九州大学医学部中央講堂を会場に、昭和27年度日本図書館協会総会と第5回全国図書館大会が開催された。これらの会に先駆けて、開催の数日前に死去した中井正一・日本図書館協会理事長への黙禱が行われた。そして、前者では、協会運営に関する報告が行われたり、協会の刊行物や年鑑作成事業について話し合われたりした。後者で議論されたのは、図書館法改正や職員養成の問題、国庫補助、文部省における図書館行政の強化の要望、図書館学会の設立などについてであった[41]。

　大会の特集が掲載された『図書館雑誌』1952年7月号において、当時、日本図書館協会の常務理事であった有山崧が明らかにするには、同大会において、破防法への反対決議を求める緊急動議を出そうという話が内々に交わされていた。その動機は、破防法が成立すれば、戦時中のように、ある種の資料の入手や公開に圧力がかかり、図書館の中立性、自由が侵されること必然だからというものであったという。有山は、破防法が政治問題であり、思想問題に関係しているとした上で、資料の取り扱いとの関係で図書館に影響するために、直接的な意思表示を試みようとする動きが生じることに一定の理解を示した。

しかしながら、「図書館界が『破防法』について直接発言することは、厳々戒むべきことであると信ずる」と述べた。なぜなら、図書館がinformation centerとして客観的に資料提供を行うことを本質とするなら、一切の政治や思想から中立であるべきだからである。「この中立性を破って直接政治や思想の問題に口を出すことは、それ自身図書館の中立性の自己侵犯で自殺行為である」という。そして、破防法の賛否は国民が判断するべきことであり、図書館は、様々な情報を国民に提供することで、国民の判断に資するよう努力すべきであると論じた。最後に、「この所論に対しては、多くの意見が存するであろう。賛否を問わず、大いに表明されて今後の図書館界の進路を誤たないようにして頂きたい」(原文ママ)とまとめた[42]。

有山の主張や議論の喚起にいち早く反応したのは[43]、『図書館雑誌』の編集を手伝っていた[44]、まだ若い、武田八洲満[45] (1927-1986) と石井敦[46] (1925-2009) であった。彼らは、図書館と中立性についての誌上討論を計画し[47]、『図書館雑誌』1952年8月号において、編集部名義で原稿を募集した[48]。この討論について、有山や、当時の編集委員長であった武田虎之助からの指示があったというわけではないという[49]。

討論の提案の冒頭部分では、自由や平和の問題は具体的な形で語られない限り有効ではないということを先の戦争から学んだのであり、「図書館が、図書館員が、何に対して、どのように"中立"であるのか、あるいは"中立"であり得ないのか、具体から出発することによって解決されねばならない」と述べ、次のような、いくつかの状況を提示していく。すなわち、選挙に関連して、候補者相互の見解をどのように扱うのか、資料について、地域の有力者からの圧力や官憲からの閲覧票の調査や、特に共産党機関紙への圧力があった場合にいかなる対処を行うのか、といったことを問うていた。さらに、「われわれの欲すると欲せざるとにかかわらず、日本はいまあきらかに軍事基地化しつつある。ふたつの世界のいずれかに協力している」という政治的状況を確認した[50]。

ここでは、随所に、有山とは異なる路線の論調がみられる。すなわち、政治的文脈の上に中立の問題を設定した上で、積極的な活動を期待していたのであ

る。例えば、選挙の公示事項の提供を行うのみならば、「図書館の活動の冬眠を意味するものではないか。これが許さるべきであろうか」(傍点、福井)と述べ、「ある立候補者の政見ビラを、頼まれれば拒まず撒布するような無感動な行為が"中立"を意味するか」(傍点、福井)としている。また、提案の最後にある、広い討議を求める根拠に関連して、「その人の意識する、しない、に拘らず沈黙を守ることもひとつの回答になってしまうのだ。沈黙は現実への服従を意味する」という記述[51]も、積極的な活動を期待するものであるといえよう。さらに、これらの記述の基になった武田や石井の見解は、次の号の自由投稿欄における匿名原稿において、顕著に表れている。

　1952年9月号の自由投稿欄には、阿羅厳(アラゴン)と諸尾露夫(ショーロホフ)という2名の見解が掲載されている。これは、武田と石井によるものであった[52]。まず、阿羅厳こと武田八洲満は、「中立を守る権利がある」で、「近代社会においては、"知る権利"こそ、基本的な人権のひとつになってしまいました。図書館が、この人々に、その権利を行使させるべく存在しています」という認識を示した。さらに、図書館には、その権利に対応するものとして、知らせる権利を有し、それは「中立の権利」と言い換えることができるという。ただ、破防法には「『中立』を許さないものがある」のであり、「図書館の中立を侵すものとはあくまで闘わねばならない」という[53]。また、石井敦による諸尾露夫名義の「平和擁護と図書館」でも、破防法への反対運動が提案された。純粋に客観的な資料提供などありえず、「すべてのことが政治につながっている」という。さらに、図書館法に言及しながら、近代図書館の使命が「文化の発展に寄与すること」であるとした。加えて、「日本の軍国基地化、植民地化に反対しない限り、思想・学問の自由等を維持することは出来ない」と述べ、政治問題や思想問題という烙印に恐れずに反対運動を行うべきであると主張した[54]。

　なお、石井の回想によれば、彼らは後の宣言作成に関与することは全くなかった。作成された「図書館の自由に関する宣言」について石井は、「僕としては生ぬるいと思ってました。当時の若い者の一般的な考え方というのは、中立

第1章 図書館の倫理的価値としての「知る自由」の成立　**33**

を言うだけでは、戦争から逃れられないというものだったのです。ないよりはあったほうがいい、そんな感じでした」[55)]という認識を示している。また、中立性論争の提案の意図は、あくまで討論を起こさせること自体にあったという[56)]。

　石井が日本図書館協会の事務局で働いていたのは、図書館職員養成所を卒業する直前である1952年1月から、神奈川県立図書館設立準備事務局へ移る1954年7月までであった。そして、第2章で取り上げるように、日本図書館協会を離れた翌年に、石井が中心となり、図書館界の中で政治問題を積極的に取り上げる、図書館問題研究会を結成することとなる。武田八洲満は1960年3月まで日本図書館協会事務局に所属していた。職を辞したのは、その頃に、関西の役員が有山崧を辞めさせ、かわりに武田を事務局長にしようという動きの影響であるという[57)]。このことに関する証言内容の真偽を実証することはできないが、その指摘自体、後述する東西の対立の延長にあることを想起させる。その後、武田は小説家となり、歴史小説で1963年にオール読物新人賞を受賞し、1970年から75年にかけて4度にわたって直木賞候補となる。

3.2　図書館の中立性に関する誌上討論

　武田や石井の匿名原稿が掲載された次の号である1952年10月号には、「終戦第7年の8月15日を期しておこなった『図書館と中立について』のアッピールは、会員諸兄姉の積極的な支持を得て、ほとんど全国を蔽う分布を以て投稿が集」[58)]まったとある。そして同号から、投稿原稿が順次掲載されていくこととなった。このとき、誌上討論の題目が「図書館の抵抗線：中立についての意見」と定められた。この名称は、石井敦の証言によれば、総合雑誌『潮流』の「日本ファシズムとその抵抗線」[59)]という特集を参考にしたものである[60)]。そして、1952年10月号から1953年3月号まで、5回にわたり、21人分の見解が掲載された。なお、「投稿者の半数以上は若い世代」[61)]であったという。

　1953年1月号では、編集部が、中立性の問題に関連する具体的事例を募集したが、こちらへの反応は大きくはなかった。同年2月号には、朝日新聞に掲載

された、図書館の中立性に関する齋藤毅(国立国会図書館)と弥吉光長(日本図書館協会常務理事)の議論を収録している[62]。これは、もともと掲載されたのが東京本社印刷の紙面だけであったため、地方の会員に便宜をはかったものである。また、1953年3月号には、「警察の雑誌読者調査」についての投書を朝日新聞から転載している[63]。

ここからは、誌上討論の内容についての分析を行う。各自の議論に共通するのは、図書館の中立性が民衆のために存在するという主張を含むということである。ただし、この民衆という語について、「現在公共図書館で呼んでいる、中・高校生を含めての民衆であるならば、意味が違ってくる。それならばむしろ離れるほうが図書館の勝利であって、逆に支持されようとも敗北であろう」[64]と述べる投稿があるように、必ずしも利用者一般ばかりを指すとは限らない。

また、以下に示していくように、図書館の中立性を政治的文脈のなかで検討する点も、多くの議論に共通している。これは、前項で示した、石井らによって設定された討論の枠組みに起因しているといえよう。ただ、前節で指摘したように、当時は「中立」という言葉は東西冷戦の文脈で使用されていた。この文脈が中立性論争の当事者たちにも共有されていたことは容易に読み取ることができる。例えば、らいぶらりあん生(関東地方某図書館)は次のように述べている。図書館の中立性に関する問題は「現在の日本の国民、及び将来の国民の運命を左右する"戦争"と"平和"即ち"中立"について日本人がいかに考えねばならないかと言う問題の枝葉である」[65]。このように、図書館の中立性論争においても「中立」という言葉は、政治的文脈との密接な関係の下で使用されていた。

これらのことを踏まえた上で、以下では『図書館雑誌』の誌上討論の内容を、3つに分けながらみていくこととする。分析の結果を先取りしていえば、「中立」の理解には幅があった。同誌上討論において、石井らの見解に近い「積極的中立」を採用する立場、すなわち、政治的に一方の立場を採用すべきであると主張する者は少数派であった。むしろ、掲載された原稿の多くは、政治的文

脈のなかで、対立する意見の両方を提供するという論理を内包する限りにおいて、一定の「政治的中立」を主張するものであった。これは、有山の見解と相対的に近い。ただ、政治的文脈で論じることを拒否する見解も少数ながら存在した。それらは、言論の自由を軸に、国内ジャーナリズムやアメリカの図書館界の動きを参考にしながら、図書館の自律的規範を提案していくのである。

3.2.1 積極的中立の主張

　山口県立図書館の永芳弘武によれば、中立とは傍観することではなく闘うことである。そして、人権の擁護を目的とする中立の闘いでは、戦争に反対するだけではなく、社会の不公平や生活の不安のために、不自由に反対することになる。その具体例として、再軍備やインフレ経済、不平等条約、帝国主義などへの反対を挙げ、これらが当面の日本人の中立性の問題であり、図書館の中立はこれらの精神を生かす試みであるとした。ここから導かれるものとして、「図書館では戦争を少しでも希うような図書は購入しないのである」と述べた。さらに、「図書館の存在意義も館外活動も閲覧規定も総てSocialismの立場であり決してCapitalismの立場ではないのである」と主張した[66]。

　資料の取り扱いや思想的立場について、次のような投稿が、永芳と同様の見解を表明した。まず、横須賀市立図書館の安藤正信は、論題を「再軍備資料の不買を」としているが、これは安藤自身の主張内容というわけではなく、安藤自身は特定の意見を表明してはいない。安藤は、神奈川県の図書館職員定例研究会で行われた、軍国調図書の不買をめぐる議論について、賛否が半数ずつであった採決結果も含めて紹介している。一方の側は、文化擁護の見地から導かれる図書館の抵抗は、火炎瓶を投げたりデモを行ったりすることではなく、軍国調資料の不買であると主張した。これに対して、意識的な不買は図書館の中立な立場を危うくするという反論がなされたのであるが、出版界やジャーナリズムが一方的な偏りをみせていると応じ、「民衆に真実を提供する立場こそ私は中立的な立場であると思う」という認識が示された[67]。

　また、山本行男は社会主義の立場を明確に表明しながら、図書館の中立性を

論じた。すなわち、資本主義という「不健全な社会制度」を採用する「日本の社会制度に限定してのみ真実の図書館の発展を考えるのは不可能としか思えない」という認識の下で、ソ連の図書館の状況を詳細に紹介している。ここでの主張をまとめれば、ソ連において図書館は重要な役割を有しており、何にも妨げられることなく図書館活動を推進できるために、中立がそもそも問題とならないというものであった[68]。なお、これについて、池口勝三が反論を行っている。端的にいえば、山本の中立論が意味するところは必ずしも明確ではなく、また、諦念をもって現状を把握するよりもむしろ、図書館の中立性を認めさせる努力と闘いが必要になるといったことを論じた[69]。

3.2.2　消極的中立：一定の「政治的中立」

中村光雄は、一切の権力に巻き込まれないようにするという中立は、結果的に支配階級に便宜を与えることになると主張した。さらに、図書館は民衆と離れることはできないことや、いろいろな圧迫はファシズムによるものであると述べた。その上で、「民衆への利益を最大に考えた上で"自主的な中立"」とでも呼ぶべきものを主張した。これは、「政治権力に結びつかず、平和を破るものに利用されず、民衆の利益、権力をぶちこわすものに対しては抵抗すべきもの」を指す。ただし、「抵抗は挑戦ではありません」と断るように、特定の思想的、党派的立場の採用とは異なった論理を提示していく。中村は、アメリカの最高裁判事であったホームズの「嫌悪する思想の自由」を思想の自由および民衆への中立であると捉えた。そして、「図書館には民主主義の理論も、帝国主義の理論も同居する」と述べ、さらに、「それのどちらがよいかということは利用者自身で判断すること」という見解を示した[70]。

大阪府立天王寺分館の南論造も、問題は戦争と平和であるとしながらも、「図書館が図書館資料を収集し、一般公衆の利用に供するに際し、一のイディオロギーを以て押しつけるが如きことがあってはならない」と述べた。さらに、再軍備、破防法への賛否によらず、反対意見に耳を傾けることは必要であり、ここに図書館の重要な役割が存在すると主張した[71]。雲野散歩名義で投稿した

関西地方のある図書館員も同様の見解を示している。そこでは、結びの部分で「現在の右翼転換への風潮を是正しなければならない」と述べながらも、「中立性を左や右に偏らない中道として規定」し、図書館内外の圧力を視野に入れつつ、資料の購入、保存、奉仕の各段階における中立性を論じた。そして、具体例として、読売新聞とアカハタといった資料の購入に関して、「二者を大衆に批判させる事は望ましい事」であるとした[72)]。佐賀大学図書館の宮原賢吾[73)]や東京医科歯科大学図書館の雨宮祐政[74)]も、図書館の自主性や自律性に焦点をあてながら、同様の見解を述べている。

このように、対立する見解の両方を提供すべきであるという主張が多くなされていた。ここには、対立する党派やイデオロギーに関する陣営それぞれの見解を提供するという点において、政治的に中立な論理が内包されているといえる。ただし、基本的な論調として、資料への圧迫への反対にとどまらず、再軍備や逆コースへの反対までもが含まれていたということには注意を要する。この論理との関係で、池口勝三の主張を取り上げておきたい。「図書館には『民主主義の理論も、帝国主義の理論も並置され』てよく、そうあっても利用者自身の判断は、必ず正しい理論の把握に進み、現実社会変革の理論の勝利に帰する（中略）。一方を棄て、他方のみをとる態度は、性急な改革論であり、『人間革命』による『社会革命』の否定であり、暴力肯定の理論にさえ通ずる。憲法19条、23条の精神は亦図書館の精神である。図書館は（中略）『人間革命』の最もよき場でなければならぬと信ずる」[75)]とある。このように、逆コースが進められている状況下で両方の立場の資料を提供することについて、その結果、利用者の認識が逆コースへの反対に至るはずであるという期待の下で語られていた側面もあろう。同様の論理構造が、第7回全国図書館大会（1954年）における決議「原子兵器禁止に関する各国図書館への訴え」[76)]をめぐる議論にもみられる[77)]。

3.2.3 中立性とジャーナリズムおよびアメリカ図書館協会のLBR

「図書館の自由と責任」と題する投稿で、K生[78)]は最初に、中立性という言

葉から想起される政治的な問題から論を展開することを拒否し[79]、問題の本質をなすと考える「基本的人権につらなる『言論出版の自由』」から論を展開している。それは、「『新聞に要求される中立性』の中に『図書館の中立性』が確認できると考えるから」である。そして、日本の新聞が占領期に、プレス・コードによって客観主義をたたきこまれ、「評論と報道の峻別」や「報道における真実の追及」などの要素からなる「新聞の自由と責任」を新聞倫理要綱の中に結晶化させた、という認識を示した。その上で「図書館倫理要綱」の作成を提案した。その内容として、まず、最大限の資料収集の自由を挙げた。続けて、自由の限界もしくは責任を負わねばならないとして、提供する資料は「真実を追求するものであること」や「個人の意見を付け加えないこと」、「批判の書は被批判者が読むに耐え得る程度のものであること」、「『声なき民の声』を無視しないこと」などの制限を設けた。さらに、ジャーナリズムの客観主義の荒廃を指摘するとともに、法治国家の国民として憲法規範の観点から世論をチェックするべきであるということも論じた[80]。

伊藤旦正は、K生の提案した図書館倫理要綱を、アメリカ図書館協会のLBRと結びつけた。伊藤は、LBRについて、「図書館の自由」を守るために考え出されたものと位置付けた。そして、それに対立する動きがアメリカで生じているとして、『世界』1953年11月号の記事をもとに、アメリカにおける左翼的出版物の摘発に言及した。この状況は決して対岸の火事ではないという意識から、倫理綱領の作成にとどまることなく、遵守の必要性を説いている。具体的な議論は新聞業界との対比で展開した。すなわち、新聞業界が公正と報道の自由を主張した新聞倫理綱領に自ら背いているとして、自主的な規定を遵守することの重要性を指摘した。また、「常に公衆と接触し、彼等に知識を提供し啓蒙性を備えているインフォメーション・センターとして活動している現在では、図書館は民衆の『知る権利』を擁護するために支配階級の一機関から脱皮するべきである」とも主張した[81]。

LBRには、中立性論争の中で、伊藤のみならず、埼玉県立図書館の草野正名も言及していた。草野は、1951年の慶應義塾大学図書館職員指導者講習に

おいてLBRを入手していた[82]。そして、上記の伊藤旦正の投稿と同じ号に、草野による「そうや生」名義の投稿が掲載されている。そこで「そうや生」は、図書館の中立性を考える前提として、図書館の主体性を検討するよう呼びかけた。続けて、中立性の問題に関連するという認識から、LBRの全訳を示し、そこに示される「崇高にして自由なる知的精神は絶対に堅持されなければならないものであると確信している」とまとめた[83]。

　伊藤や草野が言及した1951年版LBRの内容をみるまえに、LBRの歴史的展開を概観しておく。この展開を以下のように簡潔にまとめている川崎良孝の指摘を踏まえれば、LBRは資料選択の原理として出発し、社会の動きに対応しながら、包括性を求めて徐々に拡大してきたといえる[84]。

　最初に、1939年版LBRがアメリカ図書館協会によって採択されたのは、ナチスによる焚書や、スタインベックの『怒りの葡萄』への検閲に象徴される偏狭な姿勢に対抗するためであった。LBRの内容は、従来の教育主義、道徳主義による図書選択を拒否し、幅広く見解を包含するという図書選択の原理を正式に表明するものであった。1944年には、「事実に照らして正確と信じられる図書は、単に一部分の人が賛成しないとの理由で、図書館から禁止されたり、取り除かれたりすることがあってはならない」という一文の追加が承認されるが、後に表現は修正された。そして、冷戦からマッカーシズムの時代に入り、アメリカ図書館協会は、ニューヨーク市の公立学校での『ネイション』の禁止に対抗して、図書館外部の団体と共闘する。ここから、1948年版LBRは、図書選択の原理から展望を広げ、検閲への反対と対処法を示す二つの条項を含めるようになった。さらに、1951年には、フィルムへの検閲を契機に、脚注が追加された。これによって、LBRの対象は、従来からの読書資料のみならず、映像資料を含めたあらゆる図書館資料へと拡張した。

　その後、1961年に新設された条項によって、LBRは図書館の利用を組み込むようになる。この新設第5条は、「図書館の利用に関する個人の権利は、その人の人種、宗教、出生国、あるいは政治的な見解のゆえに、拒否されたり制限され」たりしてはならないというものであった。当時、「人種統合条項」と

呼ばれたように、当該条項の作成の契機は、南部での黒人差別にあった。1967年には、ここに「年齢」と「社会的見解」が加えられた。

さらに、1980年の改訂は、LBRから特定の価値と結びつく表現を取り去ることで、いっそうの包括性を目指すものであった。例えば、「コミュニティ」という言葉を「図書館が奉仕するコミュニティ」に修正することで、公立図書館のみならず、大学図書館や学校図書館をも組み込むこととなる。また、1939年版から一貫して図書館を「民主的な生き方を教育する」機関としてきたが、これを「情報と思想のひろば（forum）」に修正した。これは、「民主的」「教育」といった言葉から連想されるイデオロギーを認識し、政治的意味合いを含む語句を取り去ることで、あらゆる価値を取り込むという姿勢を徹底させたということである。

このような流れを踏まえれば、伊藤や草野が言及した1951年版LBRの本文は、1948年版LBRの本文に、対象を拡大する脚注が追加されたものということになる。その歴史的位置づけとしては、利用全体を主軸とする以前のものであるが、図書選択の原理のみならず検閲への対処をも視野に入れた段階のものであった。具体的な内容は、次のようであった[85]。

アメリカ図書館協会評議会は、以下の基本方針が、すべての図書館のサービスに及ぶべきであるとの信念を再確認する。

第1条：図書館サービスの責任において、選択される図書およびその他の読書資料は、コミュニティのすべての人びとの関心、情報、啓蒙に役立つかどうかという価値によって選ばれるべきである。いかなる場合にも、著者の人種、国籍、あるいは政治的、宗教的な見解を理由として、資料が排除されてはならない。

第2条：国際的、全国的、地方的な問題を問わず、現代の問題や争点に関して、どのような観点に立つ資料であっても、それらを可能な範囲で最大限に備えるべきである。しっかりした事実にもとづく典拠を持つ図書あるいはその他の読書資料は、党派あるいは主義の上から賛成できないという理由で、図書館の書架から締め出されたり取り除かれることがあっては

ならない。

　第3条：道徳的、政治的な意見の自発的な決定者や、アメリカニズムを強制しようとする団体が、主張したり実践したりする図書への検閲は、活字を通じて住民に情報を提供し、啓蒙を行うという図書館の責任を果たすために、図書館によって拒否されなければならない。

　第4条：図書館は、アメリカ人の伝統であり遺産でもある、思想へのフリー・アクセスや表現の完全な自由にたいするあらゆる制限に抵抗するために、科学、教育、出版の分野における盟友グループに協力を求めるべきである。

　第5条：民主的な生き方を教育する一つの機関として、図書館は、社会的に有用な活動や文化的な活動のために、また現今の公共の問題を討論するために、集会室の利用を歓迎すべきである。そのような集会の場は、コミュニティのすべてのグループにたいして、構成員の信条や所属関係にかかわりなく、平等に提供されなければならない。

4節　図書館憲章の検討と「図書館の自由に関する宣言」の採択

　前節で示したように、K生は、「資料提供の自由」などの内容をもった「図書館倫理要綱」の作成を提案していた。これは、「戦後はじめて倫理綱領の必要性を正面から提起したもの」[86]である。そして、アメリカ図書館協会のLBRの紹介や、伊藤旦正の議論もそれに続いている。このように、「図書館の自由に関する宣言」の採択に関連する動きは誌上討論の頃から始まっていた。しかし、直接の発端となったのは、埼玉県図書館協会が日本図書館協会に向けて行った、図書館憲章を作成することについての申し入れであった。ここから、採択に向けた動きが具体化し、最終的に、「図書館の自由に関する宣言」という名称で採択されることとなる。それと共に、図書館の中立性に関する議論の文脈は変容することになる。

　そこで、本節では、まず第1項において「図書館の自由に関する宣言」の採択に至る動きを概説する。そして第2項で、その時期の議論の内容をみていく。

4.1 「図書館の自由に関する宣言」の採択経緯の概要
4.1.1 埼玉県図書館協会の申し入れから第7回日本図書館協会総会まで

　宣言の採択経緯で必ずといってよいほど言及されるのが、1952年11月30日に、熊谷市立図書館で開催された埼玉県図書館大会の決議である。そこでは、図書館の中立性に関する具体的方策が検討された。埼玉県立図書館の副館長格であった草野正名がアメリカ図書館協会のLBRを研究しており、日本図書館憲章を作成してはどうかと提案した[87]。そして、この提案を日本図書館協会に申し入れることを決定したのである。

　ひと月後、埼玉県立図書館館長の韮塚一三郎は、有山崧に「日本図書館憲章（仮称）制定促進について」という文書を手交した。そこには次のようにある。アメリカ図書館協会のLBRを踏まえて検討した結果、図書館の中立性に関して「政治的、思想的情勢と図書館奉仕との間に間隙と疑点が事実に於て種々起こっていることが判明した」という。これを、埼玉県下の図書館のみならず、図書館界全体の問題と捉え、「吾々の図書館奉仕の倫理綱領ともなり外部圧力への抵抗ともなるべき日本図書館憲章の制定」を埼玉県公共図書館全員の賛同の下に日本図書館協会に上申すると述べた[88]。

　提案を受けた協会では、12月16日の常務理事会において制定の申し入れを採択し、検討を小委員会[89]に委ねた。7名の構成員とその当時の役職は次のとおりである（なお、※印の者が、最終的な「図書館の自由に関する宣言」の策定者となる）。
- 韮塚一三郎（1899-没年不明）・埼玉県立図書館館長※
- 中村祐吉（1901-1985）・大阪府立図書館館長
- 廿日出逸暁（1901-1991）・千葉県立図書館館長
- 武田虎之助（1897-1974）・東京学芸大学附属図書館館長
- 竹田平（1909-没年不明）・横須賀市立図書館館長[90]
- 佐藤忠恕（1904-没年不明）・武蔵野市立図書館館長※
- 有山崧（1911-1969）・日本図書館協会※

1953年5月19日に、小委員会は、日比谷図書館で会合をもち、日本におけ

る図書館憲章の作成を支持するという結論に至った[91]。そして、6月1日の第7回日本図書館協会定期総会で、図書館憲章の作成が可決されることになる。

そこでは、図書館憲章の制定が協会自体からの議案として出され、小委員会を代表して韮塚一三郎が説明を行った。これまで述べてきたような経緯に触れ、図書館憲章の性質や内容、実行の問題などについて述べていった。

まず、「必要性の問題」という表現で語られた憲章の性質として、新しい憲法の精神を図書館活動の面から実践しようとするならば、図書館員は決意や心構えを固める必要があるとした上で、次のように述べている。

> 従って直接的には憲章そのものはどういうものであるかというと、図書館職員の道徳的な一つの規定であります。図書館道徳ともいわるべきものだと考えていいかと思います。それに何故に憲章という文字を使うか、或は申合、宣言という言葉でもいいのじゃないかという意見もあったのですが、最近は日本においても児童憲章などといって、憲章という文字を使ってこれを行っておりますから、法律的な拘束力はないものでありますけれども、憲章という名前をつけても差支えないのじゃないだろうかという考を致したわけでございます。従ってこの図書館憲章はこれを制定した人達にとっては道徳的な拘束力はもっているわけですが、法律的な拘束力は考えておらないわけです[92]。

このように、図書館憲章は自律的規範としての性格を与えられていたことがわかる。特にここでは、「憲章」と名のつく文書について、道徳的な規範を定めるものという理解がなされていたことをおさえておきたい。この認識は、実行の問題として、図書館関係者の自主的な遵守を訴えている部分[93]にも共通している[94]。

次に、盛られるべき内容として、憲法やユネスコの公共図書館宣言、世界人権宣言といったものに規定されている精神を図書館の文脈で具体的に定めるものと説明した。特に、ひとつの例として、「アメリカの図書館協会が1951年に実施した5カ条の憲章」、すなわちLBRを重点的に取り上げている。ここでは、その内容について、次の4つの要素という形で、簡潔に表現された。

（1）図書館資料選択の自由
（2）資料提供の自由
（3）図書の検閲に対する抵抗の精神
（4）出版の自由を確保するという立場から、これに緊密な関係をもった団体との協力

また、これらの制定担当者側からの説明に加えて、会場からの質問に答える形で、図書館憲章が想定する対象が示された。学校図書館には教育基本法があり、大学図書館には学問の自由が認められているため、「対象としては、直接的な図書館である公共図書館」と考えているという。続けて、会場からは、賛否両論および延期を求める意見などが出された。そして、出席者のみで採決を行うことになり、賛成92名、反対57名で、憲章の制定を提案する議案が可決された。

4.1.2　図書館憲章の検討と「図書館の自由に関する宣言」の採択

その後、7月の日本図書館協会定例常務理事会では、図書館憲章拡大委員会の結成が議題にのぼった。委員の選任は、図書館法改正委員および中立性論争の参加者の中から、土岐善麿理事長が指名することになった。また、9月に成案を得るという予定も示された[95]。8月の定例常務理事会では、14名からなる図書館憲章拡大委員会[96]の設置が報告された。そして、委員会の会合が1953年9月25日に上野の図書館職員養成所で開催されることとなる[97]。

その間の動きを報じるものとして、『埼玉新聞』の記事（9月6日付）がある。それによると、「読書の自由を守りぬく図書館人の倫理綱領というべき『図書館憲章』の制定案」は、韮塚らを中心とする起草委員会で検討が行われている。そして、25日の委員会は「最終的な決定をみる段階」であり、「来春の総会をまたず二十五日の委員会では今秋の読書週間を期して発効するよう準備が進められている」という。あわせて、同記事にも、憲法やユネスコ、世界人権宣言の精神を図書館で実践することが制定の狙いであることや、LBRの要約として上記の4つの要素が紹介された[98]。

ただ、この記事にあるような、読書週間(10月27日から11月9日まで)に憲章を発効するという計画通りには進まなかった。そのかわり、『図書館雑誌』1953年10月号の特集「読書の自由を守るために」において、「図書館憲章(委員会案)」が示され、図書館界の意見を広く問うことになった[99]。同特集にはアメリカ図書館協会などが採択した「読書の自由」宣言[100]や、ユネスコの「民衆教育の生きた力」[101]も掲載されている。委員会案の全文は次に示すとおりであり、この時点では副文はなく、「法、三章的な簡潔のものになっているが、これには解説も必要であろう」という認識が示されている[102]。

　　基本的人権の一つとして、知る自由を持つ民衆に、資料と施設を提供することは、図書館のもっとも重要な任務である。
　　われわれ図書館人は、その任務を果すため、次のことを確認し実践する。
　　　1. 図書館は資料収集の自由を有する。
　　　2. 図書館は資料提供の自由を有する。
　　　3. 図書館はすべての検閲を拒否する。
　　図書館の自由がおかされる時、われわれは団結して抵抗し、関係諸団体との協力を期する。

図書館憲章拡大委員会の議論に関して、「最初はアメリカと同じようなものをつくろうということだったのですが、反対意見も強くまとまらず、だんだん抽象化して」いき、最終的に事務局でまとめることになったという[103]。総会での認識や『埼玉新聞』の記事を踏まえれば、この委員会案は、LBRの要約と表現を同じくしており、「抽象化」した結果のものであるといえる。また、委員によっては、裏田武夫のように、上記の「法二章」の憲章案を一度しか検討せず終いであった者もいれば、弥吉光長のように、委員会に3～4回参加した者もいた。実質的に憲章案の作成および検討を担うようになっていったのは、憲章委員会内に設けられた小委員会の構成員である韮塚一三郎、佐藤忠恕、有山崧の3名であった。

ただし、拡大委員会の構成員が憲章に関する活動に全く関わらなくなったわ

けではない。例えば、弥吉光長は1983年の回想の中で、当時、憲章委員会の一員として、中之島（大阪）の公会堂で開催された日本図書館協会関係の会合において、法三章の憲章案の説明を行ったと述べている。それによると、関西の首脳部は憲章に反対しており、話はまとまらず、委員会にまかせるという姿勢をなんとか引き出したという。また、インタビュアーからの「宣言を出すなら、関西は協会から脱退するというような話は、聞いておられますか」という問いを受けて、「私はだいぶおどされました」と応じ、「有山さんも関西の人からは、一緒にやってゆけないなどと、だいぶ言われたようです」とも述べている。さらに、この関西との対立は、宣言の成立によって土岐理事長の辞任表明に結実したことも肯定している[104]。

さて、採択の日程に関して、委員会案の公表以降の検討の中で、1954年度の日本図書館協会の総会決議を目指すようになっていたのであるが、時勢に鑑みて、日本図書館協会の会員以外にも広く開かれている全国図書館大会で決議する方がよいと理事会が決定した[105]。そこで、1954年5月26日から28日にかけて行われる第7回全国図書館大会での採択を目指すこととなった。

大会までの期間には、意見の募集を行っていたこともあり、憲章の内容や図書館の中立性に関する議論が『図書館雑誌』に掲載された。会員による記事だけではなく、2号に渡って、教育の中立に関連する雑誌記事索引も掲載されていた[106]。当時の誌面における主要トピックは、憲章や中立性に関する議論と図書館法改正にまつわるものであったといってよい。

そして、1954年5月26日から28日にかけて開催された、第7回全国図書館大会および第8回日本図書館協会総会において、図書館憲章は「図書館の自由に関する宣言」と名称を変えて、採択されることとなる。ここでの議論の内容については、塩見昇による先行研究に、簡潔かつ的確なまとめがある。一部に中道としての中立観が示されることもあったが[107]、論点となったのは、図書館憲章拡大委員会の承認を得ずに小委員会のみで作成した副文をめぐる手続き的問題と、宣言における「抵抗」の文言の是非であった[108]。宣言について、大会と総会をまたいで、計3度、議論の場が設けられた。塩見のまとめと討議内

第1章　図書館の倫理的価値としての「知る自由」の成立　**47**

容を対応させれば、次のようになる。

　(1) 5月27日・全国図書館大会全体会議：憲章委員であった裏田武夫は、自身が副文の作成に関与していなかったどころか、これを初めて目にしたことを論難した。副文は、小委員会が作成したものであり、手続き面での不手際が認められた。これによって、副文を含めた議決は無理であろうと一部の参加者は判断した[109]。そして、副文を含めた「図書館の自由に関する宣言」案は、配布されたばかりであり、参加者に検討の時間を与えるため、翌日の全体会議で検討を行うことを決定した。

　(2) 5月28日・全国図書館大会全体会議：ここからの討議は、「抵抗」の文言をめぐるものである。冒頭で、討議の対象から副文を外し、主文のみに集中することを決定した。そして、宣言の趣旨には賛同するものの、遵守の方法の点から採択に否定的な見解が表明された。香川県丸亀市立図書館の亀井和は、「図書館には何らの政治的組織がない、ただ宣言に止まるならばやめたほうがいい」として「私は絶対反対です」と述べた。神戸市立図書館の志智嘉九郎も「一番最後にある抵抗ということが、私は問題となると思います（中略）こちらが不用意に抵抗すると宣言することなく、抵抗する準備をととのえてから」行うべきであると主張した。徳島県立図書館の浜元順悟もこれに同調し、雉も啼かずば撃たれまいとの諺を引き合いに、「これを発言してたたき潰されるような弱い組織では、無論、ここでたたき潰されるだけです」と主張した。このような見解はあったが、趣旨自体への反対は生じなかったので、ここで大会において「図書館の自由に関する宣言」を採択することが決定した。「抵抗」の問題を含めた内容面や、憲章に関する委員に関する組織面などの処理は、日本図書館協会総会に持ち越されることとなった[110]。

　(3) 5月28日・日本図書館協会総会：宣言の最後の一文「図書館の自由が侵されるとき、我々は団結して関係諸方面との協力の下に抵抗する」の修正が協議された。この「結びの字句をめぐるやり取りが続くが、なおその根底には宣言することへのためらい、慎重論も続いた」[111]。例えば、「抵抗という一字がどういう強い響を県の理事者、市の理事者に与え、そういうものを与えた結

果、私達が図書館を運営して行く上で、どういう面倒な問題を起こすかは、東京周辺で仕事をしておる方、理論的なことだけを考えておる方にはわからない」[112]といった「『地方』を代表するかの蒲池正夫の発言等」[113]があった。当該文章には、全面削除案以外に、弥吉光長や志知嘉九郎も代案を示した。最終的に、鈴木賢祐（山口県立図書館）の案を採用し、結びの一文は、「図書館の自由が侵される時、我々は団結して、あくまで自由を守る」になった。あわせて、宣言の実行についての委員は、理事長に一任されることになった。

4.1.3 「図書館の自由に関する宣言」採択以降

「図書館の自由に関する宣言」の採択後の、1954年6月10日の常務理事会では、「宣言の解説文と組織方法を審議する委員会を結成する」こととなった[114]。翌1955年3月18日の評議員会記録では、事務局長の有山崧がこれを再確認する他には、蒲池の「副文の審議はともかく、協会組織の強化が先決である」という発言が掲載される程度であった[115]。そして、5月27日の昭和30年度社団法人日本図書館協会総会は、土岐理事長の挨拶から始まっている。そこでは、「昨年、一昨年のいたしましたことに対しまして、理事長としては一身上の処理をすべきではないかと思いましたので、辞表を提出いたしましたところが、理事諸君の懇切なる慰留にあいまして、その辞表は撤回いたしました」[116]と述べた。理事長挨拶は、開催に触れる以外は、このように理事長としての力量不足と会員による支援の話題のみであった。ただ、会勢一般報告で「図書館の自由に関する宣言」の話題において、有山は、「先ほどの理事長のあいさつの中にもふれておりました」という表現で同宣言に触れており、理事長の辞表が同宣言に関するものであったことをうかがわせる。続けて有山は、同宣言の提出につき「在京一部のものの考えによってなされたというような誤解が一部にありまして、それからそういうことをする事務当局のところにまで批判されるところにまで発展し、協会のあり方についても考えた方がよいということに」なり、理事長の辞意表明とその撤回に至ったと説明している。また、同宣言を実施する委員会に関して、「委員会を編成する矢先に協会のあり方についての

問題が大きくもち上がりまして、そっちの方にいそがしくて、自由に関する委員会を結成してそれからある結果を生み出すというところまで行っておりません。それは今後至急にあと始末いたしたいと思います」と述べた[117]。

土岐理事長の辞意表明や、有山が言及する「協会のあり方についての問題」とは、同宣言の採択と無関係ではない。このことは、1954年8月の理事会に議論として現れていた。8月6日の理事会初日の冒頭で、土岐善麿理事長の辞意が表明された。これが最初の議題となったのは、同宣言に関係した第3の議題を含めた、その後検討する議題全体の根本にあるからであった。この理事会には、四国、九州、近畿地区の理事が欠席しており、理事長の辞任の原因の一つという指摘があった。そして、理事長自身が辞意表明の理由を語っているのであるが、その指示内容は必ずしも明確ではない。例えば、「協会はこの形でいいのか。仕事の限界がはっきりしない」ということなどであり、それに並んで、「自由宣言についても、理事長としてではなく皆と一緒に考えるべきもの」ということを挙げていた。さらに、「四国九州の動きは、宣言に対する不満か、協会に対するものか」という問いに対して、土岐理事長は、「どれとどれが条件となっているかは解らぬ。歴史的事実というよりも、感情的な要素もあるらしく、全体としての空気がそうなって来たもののようである」と応じた[118]。

翌日の理事会では、第3の議題である「『図書館の自由に関する宣言』提出手続と議決された効果に対する反省と、今後の処置」が取り上げられた。ここでは、土岐理事長が、手続き面での不手際を2点、認めている。まず、大会に日本図書館協会として提案するには、先に協会内部での議決を経るべきであるが、その手続きを省略したことである。さらに、大会での議題として、(1)宣言をするかしないか、(2)するならば守ろうという意識を持つ、(3)守る方法を確立する、という3要素があったが、議事進行の順序に問題があったことである。しかしながら、後者の不手際は大会中に釈明し、理解を得ていたことを強調した。さらに、反対意見は少数であり、宣言の趣旨は賛成で決定をみたことが議事録からもわかると念押しした[119]。

この議事録や、先に示した弥吉の回想からもわかるように、宣言をめぐって

協会内に東西対立が生じており、正式に採択されたという事実を再確認しなければならないほどであった。そして、前述の1955年5月27日の報告以降、宣言関連の委員会についての動きが報告されることはなかった。こうした委員会が具体化するのは、第3章で述べるように、1970年代に入り、具体的な事件から宣言の改訂へと至る過程の中においてであった。そして、先行研究において塩見昇が指摘するように、「宣言は、生みの親である協会の中で具体化の確かな手がかりを持たないままに、何かことが起こったときに思い出される程度のものとして、10年余、潜在することになる」のであり、日常の実践からは距離をおいた議論で扱われることとなった[120]。塩見が言及しているような、全国図書館大会において宣言が何度か再確認された以外では、1960年の安保をめぐる議論の中で、1954年版の「図書館の自由に関する宣言」の柱である中立性が再度論じられた程度であった。

4.2　中立性に関する特集以後の議論と制定された宣言の位置

　前項では、「図書館の自由に関する宣言」の採択に至る概要をみた。本項では、その時期に、中立性や宣言案に関する認識はどのようであったかを検討する。まず、『図書館雑誌』に現れる、そうした認識を表す議論の傾向をみる。次に、宣言作成者の見解や宣言案などから、「図書館の自由に関する宣言」の位置を確認する。

4.2.1　議論の重点の移行：政治的中立から資料の取り扱いにおける中立へ

　『図書館雑誌』1953年3月号を最後に、特集「図書館の抵抗線」は自然消滅している。それから数か月は、当時の大きな問題であった、図書館法改正についての議論が紙面の中心であった。そのような中で、前項で述べたように、1953年6月の日本図書館協会総会で図書館憲章制定への着手が決定され、同年10月に図書館憲章の委員会案が『図書館雑誌』に掲載された。この憲章案の提示に前後して、図書館の中立に関する記事が散見される。ただ、議論の中心は移行しており、憲章の制定との関係で、有山崧は次のように指摘している。

図書館の中立性を政治や思想上のことのみ解していた人が沢山いた。それがやっとインフォメーション・センターとしての図書館の根本機能から来る資料の問題であることに落ち着いて来て、その結果資料の収集と資料の提供が侵された時の予防措置として憲章制定まで進んで来た[121)]。

　このことを端的に表すものとして、蒲池正夫や猪元藤一の論考を挙げておく。蒲池は、図書館の中立に関して日米で問題が発生していることを簡潔に述べた上で、「すべての人間は性別、貧富、人種等の差別なく自己の知りたい情報と知識とを自由に要求しうる権利をもつものであり、図書館の資料提供の自由はこのような資料に対する民衆の関心の公共性に応ずるものでなければならない。(中略) この自由の行使をさまたげようとする権力と圧力とから自由であることが、図書館の中立性の根拠」となるとした。続けて、「図書館憲章制定は中立性論議のいわば総決算」と位置付けた。そして、近年の動きとして、閲覧票の検閲や私服警官が館内にまで尾行してきたといった事例や、図書館予算の削減などを踏まえて、図書館の危機への対処を呼びかけた[122)]。また、猪元は、図書館への圧力は資料をめぐるものであると指摘した上で、その圧力を図書館だけで背負いこむのではなく、大衆との協力の下で対応すべきであると主張した[123)]。

　なお、『図書館雑誌』に掲載された、図書館の中立性を論じる論稿の数そのものは、中立性論争時に比べて、そう多くはない。それらの論考について、文脈に即してみれば、(1) 図書館憲章案に関する意見と (2) アメリカの事例の報告に大別できよう。以下では、それをみることで、有山が述べるように、資料への圧力を議論の中心として取り上げるようになっていたことを確認する[124)]。

　まず、委員会による憲章案への反応をみてみよう。上記の有山や蒲池の見解からわかるように、図書館の中立性に関する議論は、憲章案にまつわる検討の一部になっていた。そして、憲章案が資料の取り扱いを中心に構成されていたことに鑑みれば、そこでの議論が資料の問題を中心に行われたことは当然のことといえよう。具体的な意見として、簡潔に賛同の意を表明するものもある一方で[125)]、憲章案の路線を踏襲しながら、表現を中心に、修正案を提示するも

のもあった。後者にあてはまるものとしては、熊本県公共図書館長会議の「意見」[126]や大分県公共図書館長会議の「代案」[127]、草野正名の「代案」[128]などがある。関正は、検閲への対処に関して、読書の自由や学問の自由の保障を憲章の基礎に据え、基本的人権の侵害への抵抗を強調するよう求めた[129]。

　委員会案に反対する見解も掲載されている。福岡県公共図書館協議会の「意見」では、第3項の検閲への反対との関係で、憲章案に反対する立場を表明している。そこでの論理とは、次のようであった。まず、憲章制定のねらいは第3項にあるとした上で、検閲的行為の拒否は憲法35条でも保障されている。そのため、重複した規定を持つことを無意味とはしないものの、不必要であるという[130]。また、K生の見解は、自身が中立性論争において提示していた倫理要綱の内容を踏襲しており、そこに「資料提供の自由」や「資料収集の自由」が含まれているために、委員会案と大きな開きはないように思える。しかしながら、「図書館憲章制定委員会は、徒らな作文委員会におわり、前々号のごときナンセンスな憲章案をつくり上げたに過ぎない」と述べるように、委員会案には非常に批判的である[131]。そして、K生による代案では、以前と同様、無制限の資料収集の自由を標榜する一方で、資料提供の自由には、「若干制限的相対的ならざるを得ない。図書館はその環境的時代、社会の中にある社会的機関の当然なる性格から、アナーキーな主張、狂信的行動に対してまでも自由を認めることはできない」と記した[132]。

　また、委員会案に対して新たな論点を提示しているという点でいえば、『図書館雑誌』1954年8号の森耕一の論考「自由を守るために」がある。これは、宣言を採択した全国図書館大会の議事録が掲載された翌月号に掲載されたものであるが、大会以前に執筆されたものである。そこで森は、将来的に、社会から意見の発表の自由が奪われることを懸念し、図書館の自由を守るための2つの方法を提示している。一点目は、図書館憲章を「『表現の自由』（憲法第21条）という基本的人権の一つをまもることにまで発展させるべき」ということである。二点目は、図書館奉仕の限界を取り除くことである。まず、図書館の考え方とは、利用者から持ち込まれた問題に対して、図書館員の口から解答するの

ではなく、資料を通じて解答することであるとした。そして、この考え方を、図書館員自らが設けた図書館奉仕の限界と位置付けた。この考え方が成立するのは、近代化された民主的な社会において、読者が判断力を持つ場合であると述べた。それに対して、破防法や教育二法が成立するような「反近代的な傾向」が進展する中で、「いまだ十分に近代化されているとは考えられない日本の現状においては、まず正しい判断力から育成しなければならないのである」と論じた[133]。

以上のことから、『図書館雑誌』に掲載された憲章案に関する意見は、賛否を問わず、有山の認識のとおり、資料の取り扱いをめぐるものであった。ただし、ここからは、弥吉が回想していたような、関西との対立を読み取ることはできない。また、検閲への抵抗が必ずしも表現の自由の保障と同義と把握されていたわけではない。確かに、検閲への反対と言論の自由は密接な関係を有する。当然に、表現の自由を保障することには、検閲への反対が含まれる。検閲への反対を表明することは、表現の自由を保障することになろう。さらに、このような論理的関係性のみならず、憲章に盛り込まれるべき精神として、世界人権宣言が挙げられていたことから、憲章制定の文脈は言論の自由に近いものであることは間違いない。しかしながら、憲章の主眼がどこにあったのかという観点からみれば、資料の取り扱いに関する自律性や検閲への反対を主張する憲章案であっても、憲法保障としての言論の自由を憲章の目的に据えていることには、必ずしもならないのである。このことは、森耕一が、言論の自由を図書館憲章の目的として明示するように主張していたということからも明らかである。彼は、「図書館の自由に関する宣言」の1979年改訂において、検討委員会の委員長を務めることになるのであり、本書の第3章の内容に照らして、森が1954年の時点で言論の自由を重視していたことは重要である。

次に、もう一つの論点である、中立性論争に前後して増加した、アメリカにおける資料への圧力に関連した動きを伝える記事をみてみよう。早い例では、1952年11月の海外ニュース欄において、「アメリカでも"中立"論」という小見出しでアメリカ図書館協会の知的自由委員会の動きが紹介されたり[134]、1953

年4月には、埴岡信夫によって、『ライブラリー・ジャーナル』の1952年11月号をもとに、ボストン公共図書館における共産主義資料の提供をめぐる事件の報告がなされたりした[135]。学術図書館としての性質も併せ持つボストン公共図書館に対して、マッカーシーを支持する『ボストン・ポスト』紙が、共産主義に関する情報が入手することができることを非難したことを発端とする。一方、『ボストン・ヘラルド』紙はこの報道を批判するなど、図書館内外を巻き込んだ論争になり、公聴会にまで発展した。館長は、評議員（図書館理事）を説得し、自由な研究が守られねばならないという請願書に署名をさせた。さらに、LBRを後ろ盾として、アメリカ図書館協会の支持を求めた。結局、すべての観点を提供する資料が公衆の利用に供されねばならないという文言を含む決議文が評議員会（図書館理事会）で採択されるに至った。

　その後も、マッカーシズムの報告は継続しており、男沢淳は、副題を「アメリカ版『図書館の中立性』」として、これを伝えている[136]。男沢は、翌月の特集「『読書の自由』を守るために」において、アメリカ図書館協会とアメリカ出版社協会の共同声明である「読書の自由」宣言を訳出しており、内容は次のようである[137]。

　採択された「読書の自由」宣言の前文は、読書の自由は、アメリカの民主主義に欠かせないという言及から始まる。続けて、全国各地の私的グループや公的機関によって、図書への検閲やラベリングが生じている現状を非難し、そうした試みの大多数は、民主主義の基本的前提を否定しているとした。さらに、アメリカ国民が、プロパガンダの識別や猥褻の拒否を自らの判断で行い得るという信念を表明し、アメリカの民主主義や文化が探究や表現の自由に基づくものであるため、読書の自由を保持するために、出版と流通の自由が保持されるべきであると主張した。そして、「憲法は読書の自由を保障している。自由な人間という信念を持つ人は、憲法が保障する基本的な権利を固守するであろう。また、この権利に伴う責任を実行するであろう」として、次の7点の命題を確認している。なお、ここでは省略するが、それぞれに解説が付されている。

(1) 出版者や図書館員は、最大限に多様な見解や表現を提供することで公益に資する。こうした見解や表現は、多数派にとって正統でないもの、評判の悪いものを含む。
(2) 出版者や図書館員は、提供する図書が含むすべての思想や意見を承認する必要はない。出版者や図書館員が、自分の政治的、道徳的、それに美的見解を唯一の基準として、図書の出版や流通を決定することは公益に反する。
(3) 出版者や図書館員が図書の受け入れを決定するに際して、著者の個人的な経歴や政治的な所属だけで決定するのは公益に反する。
(4) 猥褻についての現行法は、積極的に適用すべきである。しかしそれ以外、すなわち他人の好みを強制したり、成人を青少年向きの読書資料に拘束したり、芸術的表現を試みる作家の努力を禁じたりする超法規的な試みは、アメリカ社会と無縁である。
(5) 図書や著者に破壊的とか危険といったラベルを貼ることは、読者に先入観を強いることになり公益に反する。
(6) 個人やグループが、自分の基準や好みをコミュニティ全体に押しつけてくる場合がある。出版者や図書館員は、住民の読書の自由を守るために、こうした侵害と闘う責任がある。
(7) 出版者や図書館員は、思想や表現の質を豊かにする図書を提供することによって、読書の自由に完全な意味を与える責任を持つ。図書に携わる人は、この積極的な責任を果たすことで、悪書への答えは良書であり、悪い思想への答えは良い思想であるということを示すことができる。

なお、「読書の自由」宣言の訳文が掲載された特集には、図書館憲章委員会案が掲載されていた。「読書の自由」宣言と委員会案は併記されたことになる。
そして、1954年5月26日からの全国図書館大会を直前にひかえた、『図書館雑誌』1954年5月号にも、後述する有山の「火中の栗をいかにすべきか」[138)]と共に、ジョン・J・ボル「ALAと知的自由」[139)]が紙面の三分の一に相当する11ペ

ージにわたって掲載された。なお、ALAはアメリカ図書館協会を指す。これは、訳者の裏田武夫がイリノイ大学図書館学校に留学中に級友であったボルのレポート[140]であった。そこでは、1951年版に至るまでのLBRの変遷や知的自由委員会の取り組みなどが、詳細に記述されている。特にここでは、次の文章のように、利用者の読書の「権利」を図書館員が満たすことが論の前提に位置付けられていることを示しておく。

> 図書館員の全部が全部、あらゆる型の資料を、あらゆる種類の読者が利用できるようにするということについて、同意するとはかぎらない。しかしながら、読者が関心をもつ問題のあらゆる面について知る権利（reader's right to be informed）があるとは、大多数の図書館員は信じていると申して過言ではないだろう。そこで、図書館員が知的自由について語れば、その自由に対する読者の権利をさすのが普通である[141]。

以上のように、この時期に『図書館雑誌』に掲載された、アメリカの動きを伝える記事は、資料への圧力を中心としていた。そして、LBRや「読書の自由」宣言は、民主主義の観点から読書の自由を重視するという理論構成や、最大限の資料提供という原則、利用者に判断をゆだねるという考え方を採用していた。特に後者2つは、破防法との関係で提示した有山の見解と軌を一にしている。一方、K生による、ジャーナリズムの視点から提示された図書館倫理要綱とは路線を異にするものであったといえる。アメリカの原則と有山の考え方との近接は、「図書館の自由に関する宣言」の副文に、顕著に表れることとなる。

4.2.2　宣言作成者の見解

1954年の全国図書館大会を前にして、『図書館雑誌』には、「ALAと知的自由」と共に、有山崧による「火中の栗をいかにすべきか」という記事が、有山自身も述べるように「大会への予備工作」として掲載されている。有山によれば、日本人にはマスコミ報道を取捨選択して自己の判断形成の材料にするという民主的成熟を身に着けておらず、送り手もより巧妙になっていく。この、一方通行のマスコミが盛んになるにつれて、民衆の民主的成熟を育成するどころ

か、反対の結果に陥ることもありうる。このような前提のもと、図書館もマスコミュニケーションの重要な機関であるとすれば、「すべての種類のインフォメーションについて平等公平に客観的に対処しなければならない。ここに『図書館の中立性』があるのであって、図書館の中立性とは飽くまで資料に関することである」という。さらに、「図書館の立場は、或る事柄について直接的に意見を表明することではなくして、民衆の表明への奉仕にある」と述べるなど、破防法の時代からの一貫した認識を示した。そして、その中立の内容をなすものこそ、資料収集の自由と資料提供の自由であり、その発露が図書館憲章案である。結びの部分では、「決定した戦術を実践する肚なくして、火中の栗は拾うべきではない」、「欲すると欲せざるとにかかわらず栗は火中に投ぜられた」と檄を飛ばし、「決して政治や思想の問題ではなく、『図書館』の問題であることを重ねて附記して」全国図書館大会で憲章の決議を求めた[142]。

　宣言の採択に至る概要部分で、議論の場が、(1) 5月27日・全国図書館大会全体会議、(2) 5月28日・全国図書館大会全体会議、(3) 5月28日・日本図書館協会総会であったことを示した。ここでは、制定を担った小委員会の構成員が発言することは少なかった。特に、(2)と(3)では、議事録に発言の記録はない。もっとも、憲章拡大委員会の一員であった蒲池正夫や弥吉光長は発言している。しかし、前述のとおり、蒲池は宣言に否定的であったり、弥吉は結びの文章に代案を出していたりしたことから、制定者としての立場からの発言ではない。一方、(1) では、参加者に検討の時間を与えるため早々に討議自体が打ち切られたものの、小委員会の構成員による発言はわずかに存在する。ここに見られる制定担当者の見解を確認する。

　まず、大会では、委員会による「図書館の自由に関する宣言」案が配布された。図書館憲章委員会案は、表現そのままに、当該宣言の主文をなしており、それに副文が追加された形になる。ここでは、特徴的な部分に注目しておきたい。まず、利用者に基本的人権としての「知る自由」を認めた前文の副文は、次のようなものであった。

　　（一）近代民主主義社会の原則は、民衆の一人一人が自由な立場で自主

的に考え行うことによって、その社会の動向と進歩とが決定されることである。

　従って、社会の担い手としての民衆は、「知る自由」を基本的人権として保有している。

　それと共に、その権利を正しく行使する社会的責任をもっている。

　(二) 図書館は、民衆のこの権利と責任に奉仕するものであり、その収集した資料と整備した施設とを、民衆の利用に提供することを根本の任務としているところの、近代民主主義社会にとってその構造上不可欠の機関である[143]。

続けて、「図書館のこのような任務を果すため、我々図書館人は次のことを確認し実践する」として、資料提供の自由、資料収集の自由、検閲への反対、そして、自由が侵される時に自由を守ることが挙げられた。資料提供の自由の副文には、「民衆のいろいろの求めに応じられるように出来るかぎり広く偏らずに資料を収集しておく必要がある」のであり、「ここに資料に関する図書館の中立性の原則が存する」とした。そして、図書館人が注意すべき事柄が列挙されている。そこでは、個人的な関心による偏った資料収集や、著者の思想的、党派的、宗教的立場に即して好悪の判断を行うことなどが禁じられた。資料提供の自由の副文では、「原則として、何ら制限することなく自由に民衆の利用に提供されるべき」という立場を明らかにした。もちろん、貴重書などの公開がはばかられる資料は必ずしも無制限の自由に放任されるべきではないという但し書きもある。しかし、「思想その他の正当でない理由によって、或る種の資料を特別扱いに」することを禁じている。そして、第3項はもちろんのこと、すべての項目の副文において、検閲への反対や利用者個人の読書傾向の調査への拒否が基本的立場として言及された[144]。

　大会の討議で、憲章案の策定者のひとりとして議題を提出し、解説を行ったのは有山崧であった。有山は、図書館憲章が「図書館の自由に関する宣言」と名称を変えた点から説明を始めた。それによると、「憲章という言葉は、いろいろな意味に解されやすいので、その憲章の内容をとって自由の宣言」とし、

「中立性という言葉が近頃は曖昧で、どっちにもとれるので、中立性という言葉も避け」たのである。しかし、「本質的には憲章と同じもの」であり、「その根本は図書館の自由を守ろうということは、図書館のためとか図書館員のために自由を守るということではなく、民衆の知る自由を擁護するという意味で、図書館の自由を問題にしている」という[145]。

なお、最後の点について、菅野青顔（市立気仙沼図書館）は「図書館人の自由を守るものでないという風にも聞かれた」という認識の下、図書館実務の功労者にも解雇や左遷があるという状況を非難して、「図書館人はどうなってもよいという風に解釈されるのですが、それでよいのですか」と発言している。これに対して有山は、「それは常識的に、そうなっていいとは考えられない問題だと思う」とした上で、宣言が行政や職員の地位の問題を対象にしていないという旨の回答をした[146]。この姿勢は、副文でも確認することができ、「我々が図書館の自由を主張するのは、民衆の知る自由の権利を擁護するためであって、我々自身の自由の権利のためではない」[147]とある。

初日の主だった討議は、上記に加え、図書館憲章拡大委員会の一員であった裏田武夫から、副文を初めて見たことを論難する程度であった。宣言案の朗読の後に、参加者の検討のために時間をとることになり、討議は次の日にまわされた。議事録をみる限り、これ以降、有山をはじめ、小委員会の見解が現れることはなかった。

5節　1954年版「図書館の自由に関する宣言」の位置

5.1　宣言採択をめぐる議論の性質について

本項では、「図書館の自由に関する宣言」の採択過程における議論を基にして、(1) 宣言作成者たちの位置づけおよび、(2) 戦前の反省という宣言の理解の妥当性について検討する。そして、次項で、成立した宣言の性質を総括する。

まず、本章冒頭において示したように、これまで、中立性論争から宣言採択まで、連続的に語られてきた。これは、図書館の中立性が議論の中心にあったという限りにおいて、正当な記述である。しかしながら、議論の視座や当事者

という点からみれば、図書館の中立性に関する誌上討論と採択された「図書館の自由に関する宣言」は、必ずしも連続したものではない。

　石井らによって設定された中立性論争は、若手図書館員が投稿者となり、政治的文脈から図書館の中立性を論じるものであった。ただし、積極的、活動主義的な中立性を唱える者は少数派であり、多くの投稿は、対立する意見の両方を提供するべきであるという旨を述べるものであった。後者は、一定の政治的中立を主張している点で、宣言の作成者であった有山の見解に近いが、逆コースへの抵抗を唱導する点は、有山と異なる。

　一方、有山を含めた作成者たちは、ほとんどが40代後半から50代であった。また、有山は、一貫して図書館の中立性を資料の問題に限定しており、政治的文脈で議論することを論難していた。そして、図書館の中立性は資料の問題にあるという有山の思想がLBRと親和性の高いものであったように、有山を含めた宣言作成者たちは、アメリカの動き、特にLBRを念頭においていた。このことは、後の「図書館の自由に関する宣言」となる図書館憲章の申し入れからはじまり、1953年の日本図書館協会総会、委員会案、大会直前の『図書館雑誌』など、随所に表れていた。

　ただ、このように有山‐LBR‐「図書館の自由に関する宣言」の立場は政治的立場の表明よりも資料の取り扱いという文脈を強く打ち出していたのであるが、資料の取り扱いという視座においても、路線の対立は生じていた。すなわち、3.2.3「中立性とジャーナリズムおよびアメリカ図書館協会のLBR」および4.2.1「議論の重点の移行」で既に述べたように、K生は、資料の提供に一定の制限を設ける立場を採用していた。中立性論争において、伊藤はK生の提案する綱領をLBRと結びつけていたのであるが、K生の立場はあくまで、2.2「ジャーナリズムをめぐる『自由』と『権利』」で示した新聞倫理綱領を踏襲するものであった。これに対して、有山、韮塚、佐藤の三名からなる小委員会による副文の内容は明確に、全体的にLBRの記述を踏襲するものであり、資料提供に関しても、制限は限定的とする立場をとったのである。

　なお、採択時には、手続き面から副文の採択が見送られたものの、宣言の趣

旨には賛同するものが多数であったため、主文の採択が合意に至った。しかしながら、「抵抗」の文言をめぐる修正は、社会的な影響を念頭に置いた「政治的」判断からなされたものであることには注意を要する。

　以上のことをまとめると、若手による中立性論争と、指導者層によって進められた「図書館の自由に関する宣言」とは当事者が異なる。さらに、政治的文脈からなされた前者に対して、後者の内容は、それを拒否し、資料の問題を一義的な対象としていた。ただし、資料の取り扱いに関する文脈として、ジャーナリズムとアメリカ図書館協会の2つが登場したが、制定当事者は、資料の提供に関しても制限より公開の立場をとり、後者の文脈を一貫して採用していた。

　次に、「図書館の自由に関する宣言」に関する理解としての、思想善導に協力した戦前への反省についてである。本章で述べてきたことに鑑みれば、このような議論は「図書館の自由に関する宣言」の作成過程にはみられない。そもそも、当時の議論の中で、図書館関係者の戦争責任が追及された形跡がほとんどない[148]。『図書館雑誌』誌上で図書館関係者の戦争責任に論及したものとしては、裏田武夫の「図書館員の立場」と題する論考が存在する程度である。これが掲載されたのは、図書館憲章の制定への着手を議決した全国図書館大会の議事録が掲載されるひと月前の号であり、裏田は、ベテラン図書館関係者が思想的転向を行いながら戦後も活躍していることなどを念頭に、図書館人が、自らの戦争責任を追及するよう主張した[149]。先行研究では、塩見昇が、中立性論争に言及しながら、「この議論を通して、これまで不問にされていた図書館界の戦争責任についての発言もあり、図書館の本質、立脚点を問う端緒が開かれたことは、重要な成果であった」[150]と評価している。この記述は、裏田の論考などを念頭になされたと思われる[151]。しかしながら、「図書館の自由に関する宣言」の作成過程は、上述のように、冷戦という政治的文脈が色濃く出ていた中立性論争から、読書の自由の擁護を重視する、当該宣言の内容に関する議論へと移行した。いずれも、警察による閲覧票の調査などの、図書館に向けられた圧力への「抵抗」を志向するという点では共通しているのであり、議論

の性質に決定的な差異があるというよりも、議論の文脈の重点が移動したに過ぎない。ここで重要なのは、いずれの文脈においても、念頭にあったのは、喫緊の社会情勢への対応であった。

確かに、思想善導に特定の思想へのアクセスを妨げることが含まれるのならば、読書の自由の保障は思想善導と対極に位置しており、基本的人権としての「知る自由」の保障を打ち出したことは、戦前の活動との決別を意味する。しかし、戦前の活動を反省するため、といった意図のもとに「図書館の自由に関する宣言」が制定、採択されたわけではないということには注意を要する。「図書館の自由に関する宣言」に、戦前への反省という要素が明確に含められるようになるのは、採択時よりもむしろ、1979年の改訂によってである。

5.2 1954年版「図書館の自由に関する宣言」の性質について

「図書館の自由に関する宣言」そのものの採用する立場をみる前に、「図書館の自由に関する宣言」という名称について指摘しておく。安里らが、「宣言」と「憲章」は意味合いが異なることを指摘している[152]のに対して、筆者は、どちらも同じ意味として把握していた、制定担当者の見解を尊重する立場をとる。そして、制定を担った有山は、宣言の内容をとるならば、その名称として「中立」を用いることが検討の俎上にあがっていたこと示唆していた。制定の経緯や副文の内容からも明らかなように、1954年版「図書館の自由に関する宣言」は「中立」を基に構成されたものであった。しかしながら、教員の政治的「中立」に関する立法が社会的に注目されており、図書館関係者も例外ではなく、『図書館雑誌』に文献索引が掲載されるほどであった。教員の政治的「中立」を目指す教育二法が反動立法と批判されている中で、宣言の名称に「中立」を用いることは、政治的議論から距離を置く有山の思想からして、また、宣言の採択を目指す制定者の立場としても採用できるはずはなかったとみるべきである。

一方、「図書館の自由に関する宣言」の冒頭に登場し、1979年改訂では宣言の中核を担うようになる「知る自由」について、先駆性を指摘する見解が先行

研究にあった。確かに、日本国内において情報受領の自由権を基本的人権として表明した初期のものということには間違いない。さらに、制定者の立場ではなかったが、議論の過程で、K生や伊藤が言論出版の自由を視野に入れて自由権を提示した点で、法学的「知る権利」論に対して先駆性のある議論の萌芽が生じていた。ただし、森耕一の見解の前提から考えれば、「知る自由」という文言と憲法保障としての表現の自由との関係性が必ずしも自明であったわけではない。第3章で扱う、法学的「知る権利」論の展開を踏まえれば、図書館界の議論が法学に影響したわけでもなければ、表現の自由との表裏一体などの理論構成まで先んじて構築していたわけではないことには注意を要する。

最後に、1954年版「図書館の自由に関する宣言」の性質として、図書館の社会的立場の表明であると同時に、図書館関係者に向けた「倫理綱領」という側面も有していたことを指摘しておく。これまでみてきたように、図書館憲章制定の申し入れから1953年の全国図書館大会総会、1954年の全国図書館大会総会で、「倫理綱領」や「道徳的規範」であるという位置づけが一貫して述べられていた。加えて、「図書館の自由に関する宣言」の主語は「図書館人」であるように、宣言の担い手として、組織ではなく人が対象になっていたのである。さらに、第4章との対比で、この宣言では、職員の地位の問題は取り扱わないという立場を明確にしていたことを指摘しておく。1979年の改訂で、「図書館の自由に関する宣言」の主語は「図書館」に改められ、翌1980年に採択される「図書館員の倫理綱領」では「図書館員」が主語として用いられた。1954年版の「図書館の自由に関する宣言」の「図書館人」という表現は、それらの文書との関係性を検討する上で重要な論点となる。

2 図書館問題研究会と権利保障の思想の展開

1節　はじめに

　第1章において、1954年に採択された「図書館の自由に関する宣言」が、図書館の社会的役割の提示と共に、図書館員の自律的規範という性質を持ち合わせていたことを明らかにした。しかし、第1章の4.1.3「『図書館の自由に関する宣言』採択以降」で言及したように、「宣言は、生みの親である協会の中で具体化の確かな手がかりを持たないままに、何かことが起こったときに思い出される程度のものとして、10年余、潜在することになる」[1]のであり、本格的に注目されるのは、1970年代後半からであった。ただ、その間にも、宣言の中核をなす「知る自由」に関連する動きが生じていた。

　まず、1963年に上梓された『中小都市における公共図書館の運営』では、公共図書館の役割を述べるに際して、文化国家を創出する基礎となる国民の自由な思考と判断は「国民の知的自由と知識の媒体である、図書その他の記録資料が、国民に積極的に確保されることによって可能となる」[2]という認識が示されている。この「知的自由」は、宣言の作成者たちが依拠したアメリカ図書館協会のLBRで用いられる、intellectual freedomの訳語であった。『中小都市における公共図書館の運営』は、「中小公共図書館こそ公共図書館の全てである」という、従来の大図書館中心主義からの脱却や、資料提供という機能論を強調した。そして、「六〇年代後半から七〇年代にかけて、わが国の公共図書館の飛

躍的な発展を生み出す実践の指針になった」[3]と評価されるほどのインパクトを持つものと考えられてきた。近年、同書の影響力を前提として、具体的事例をもとに、その規範性の実態の解明に結びつく研究も行われている。薬師院はるみは、『中小都市における公共図書館の運営』に示された指導的な理論に従って図書館が発展していったという筋書きを「定番の物語」と表現し、この「定番の物語」の一つとして語られてきた名古屋市の一区一館制の検討を行った。その結果、当該制度は「定番の物語」に完全にあてはまるものではなく、名古屋市の都市計画という独自の動きから生じたことを明らかにしている[4]。また、本章で後述するように、『中小都市における公共図書館の運営』自体には、オーラルヒストリーの手法を用いて成立過程を解明した実証的研究がある。

　ここで、『中小都市における公共図書館の運営』で用いられた「知的自由」という概念の射程について検討してみよう。同書には、「公共図書館の本質的な機能は、資料を求めるあらゆる人々やグループに対し、効果的にかつ無料で資料を提供するとともに、住民の資料要求を増大させるのが目的である」[5]とある。さらに、個人貸出の項目では、個人貸出は「団体貸出についで重視」[6]するものとされる。団体貸出の意義では、「個人貸出よりも少ない労力で大きな効果をあげることもできる」(原文ママ)と説明され、貸出サービスは、図書館を身近に感じさせて、「潜在利用者を利用者に転化させる」ためのものである[7]。「知的自由」の保障は必ずしも貸出サービスと直結しているわけではない。しかし、同書を発展させた、『市民の図書館』では、個人貸出を重視するとともに、資料提供の保障と国民の「知的自由」の保障を結合させている。両書の差異は、権利保障の視点からみれば、実践と思想との関係性の変容を想起させる。つまり、貸出サービスの意義の説明を、図書館の普及から行うのではなく、権利保障の思想から行うようになったのであり、サービスと思想が接近したということである。

　さらに、1960年代から、利用者の権利を保障しようという考えが、「図書館の自由に関する宣言」とは異なる文脈からも現れていた。『図書館ハンドブック』では、「教科書裁判における学習権論に学び、図書館を住民の学習権から

基礎づける議論、視覚障害者の図書館利用を新たに『読書権』の権利概念から意義づけた、視覚障害者読書権保障協議会の提案、図書館利用を都民の『シビルミニマム』(最低条件)として、『生活権』の視点から位置づけた1970年代の東京都の図書館振興政策、これらは国民の図書館利用にかかわる権利を、狭く教育にかかわる権利にとどめず、生活や文化にかかわるものとして再構成した」[8)]と、川崎良孝・山口源治郎によって、端的に指摘されている。その中心となったのは、図書館員の個人加盟の団体である図書館問題研究会であった。同会は、1960年代前半には、構成員が『中小都市における公共図書館の運営』の作成に関与したり、1970年頃には、上記の指摘のとおり、「学習権」の導入を行ったりしていた。

　しかしながら、回想や概説ではなく、原資料に基づいた実証的研究として図書館問題研究会や、その権利保障に関連する動きを扱う文献の数は多くない[9)]。同会の展開を論じるものとしては、佃一可の「図書館問題研究会の成立と展開」[10)]がある。ここでは、相対的に、設立時の動きに多くの紙幅を割いた上で、同会の展開にまつわる主要トピックを簡潔にまとめている。具体的には、館外貸出、『中小都市における公共図書館の運営』、児童向けサービスや子ども文庫に触れた「子どもの図書館」、専門職制度などである。「学習権の保障」の項目では、図書館問題研究会が「学習権」と障害者サービスを結びつけていたことや貸出サービスの理論的根拠となっていたことを略述するにとどまる。すでに要点は指摘されているとはいえ、当時の具体的な言説をもとに図書館問題研究会および、その「学習権」との関係を扱う研究は端緒についたばかりといえよう。

　そこで、本章では、権利保障の思想と関連する図書館問題研究会の志向性に焦点を絞り、「学習権」を中心とした、利用者の権利を保障する思想や実践がどのように展開したのかを明らかにする。検討のために用いるのは、同会の『会報』を中心に、各種の証言等である。構成は以下のとおりである。第2節において、図書館問題研究会が革新陣営に親和的な社会的立場を基調に展開していったことを示す。また、結成時からの特徴である、「奉仕」の重視が、旧世

代への批判や「民衆」志向との関係で具体化されることを指摘する。あわせて、その「奉仕」の重心が読書運動から貸出へと移行する過程をみる。第3節では、「学習権」論が含まれる国民の教育権を中心に、教育法学における教育権論争を扱う。そして、第4節で、図書館問題研究会が、学習権の保障を公立図書館の目的に据え、貸出や障害者サービスといった「奉仕」の根拠としたことを指摘し、第5節で本章の議論の総括を行う。

2節　図書館問題研究会の結成と展開

2.1　図書館問題研究会の結成

　第1章で明らかにしたように、『図書館雑誌』において、図書館の中立性に関する討論を提起したのは、石井敦と武田八洲満であった。彼らが中心となり、図書館問題研究会が結成された。石井敦は、文部省図書館職員養成所を1952年3月に卒業する直前の1952年1月から、1954年7月まで日本図書館協会の事務局に勤務していた[11]。そして、1954年7月から、神奈川県立図書館設立準備事務局に勤務するようになる。これに前後して、「図書館問題研究会」の結成に関連する動きが生じてくる。

　石井によれば、図書館の中立性論争の頃から、「図書館を守り、発展させてゆくための組織が必要だ」と各地で考えられるようになったという。そこで、1954年3月、石井敦は、豊橋市立図書館の中村光雄と日本図書館協会事務局の武田八洲満とともに、知己に向けて、5項目からなるアピールを流した[12]。

(1) 私達は図書館を国民のもの—生活からはなれない民衆のための図書館—とするために一つの組織を作る。

(2) この組織は、正しい理論、方向—図書館のあり方、何が民衆のためかということなど—をうちたてるために話し合いの場をもつ。

(3) 私達は組織で正しいと認めあった理論を、日常の生活の中で行動化し、必要に応じて行動の場をひろげる。(この場合、行動の中心は日常生活の場である。)

(4) 私達は、第一の目的達成のための図書館界はもちろん、図書館界以外

の有志の参加をも歓迎する。

(5) 私達は、以上のことを行うために自分のすべてをつくす[13]。

その後、呼びかけに応じた者から促されたこともあり、関東周辺に居住する者が神奈川県立図書館に集まり、相互の連絡の必要性などについて協議を行うなど、事務的な打ち合わせが継続して行われた。1955年の結成大会までの間には、会の名称や性質に関係する議論が行われた。

まず、会の名称については、当初、民主主義図書館研究会（民図研）という案が出ていた。これについては、1955年当時、「革新勢力は、民主主義科学者協会を中心的な運動体としていた」のであり、「日図協を強化しなければならないと考えた有志が集まり"民図研"の名称を考えたのは自然であったろう」[14]という指摘がある[15]。なお、最終的に採用された「図書館問題研究会」の名付け親は、大阪市立中央図書館の神野清秀とされる[16]。

また、会の性質について、「純粋にアカデミックなものか政治的なものも含むか、あるいは、研究団体なのか、労組的なものか」という点が議論されたが、「"民衆のための図書館をつくろう"という点では一致していた」という[17]。さらに、綱領や会則については三次まで検討が行われた[18]。所有する一次史料に基づいて神野が記すには、綱領案の変遷は、以下の通りであった[19]。まず、第1次案は、次のようである。

1. われわれは、図書館の発展が、国民（地域社会住民）との正しい結びつきの中においてのみあることを主張する。
2. われわれは、常識的・退嬰的なその他すべての古い偏見をうち破り、真に科学的な合理的な立場を主張する。
3. われわれは、図書館の技術的な問題も、現実の社会と密接につながっていることを主張する。
4. われわれは、公共図書館においては奉仕がすべてに優先するということを主張する。
5. われわれは、以上の主張を実現するために努力する。

これが、第2次案では、次のように書き換えられた。

「民図研」(仮称)は日本の公共図書館についての研究を科学的におしすすめる団体である。

　公共図書館の発展は新しい時代の担い手である民衆の支持を受けてのみ可能であり、図書館奉仕も平和な、明るい民衆の生活向上を目指してこそ、その意義を果たすことができる。そのためにわれわれは、現実の社会、政治、経済との関連のもとに公共図書館の問題をとらえ、図書館奉仕の科学的、実践的な理論を確立するように努力する。

　またこの立場から既存の学問上、技術上の偏見を打ち破り、過去の研究業績を批判的にうけとると共に、全般的なわれわれの研究成果をひろく日本図書館界の成果として実践する。

第3次案の検討を通じて、第2次案の冒頭の文章を「誤解を招くからと削除」[20]し、後半の一部の表現を見直し[21]、次のものが、図書館問題研究会の綱領として採択された。

　公共図書館の発展は、新しい時代の担い手である民衆の支持を受けてのみ可能であり、図書館奉仕も、平和な、明るい民衆の生活向上を目指してこそ、その意義を果たすことができる。そのためにわれわれは、過去の図書館運営に対する厳しい反省の上に立って、現実の社会、政治、経済との関連のもとに、公共図書館の切実な問題をとらえ、謙虚な態度で、図書館奉仕の科学的、実践的な理論を確立するように努力する。従って、この立場から既存の学問上、技術上の偏見を正し、お互の研究業績を批判的に発展させると共に、全般的なわれわれの研究成果をひろめ、日本図書館界の成果として、日常の場で実践する(原文ママ)[22]。

そして図書館問題研究会は、個人加盟の図書館員の団体として結成されることとなった。当時、図書館員が結集する全国規模の団体として、日本図書館研究会[23]もすでに存在したが、規模やオーソリティの観点から、日本図書館協会が最大のものであった。図書館問題研究会の設立には、日本図書館協会と距離を置く考え方が基底にあったという。すなわち、「戦前から館長を続けている面々が多く、若い図書館員の期待に添えない面があり、地方では日図協は

偉いさんの集まる雲の上の存在という一面もあった」[24)]という認識が示されている。同時に、日本図書館協会の青年部にすればどうかという案が出されたり、日本図書館協会との対立や二重組織など、関係性の懸念が表明されたりした[25)]。そのため、日本図書館協会公共図書館部会の主要構成員[26)]と話し合い、「組織はofficialなものであり、現場の切実な問題解決のために生まれたものである点を強調した了解を得た」という[27)]。

こうした経緯からもわかるように、結成時は49名であった図書館問題研究会の構成員は、若い図書館員が中心であった。会員のつながりは、図書館の中立性論争や図書館員養成所の同窓生によるものであった。また、会の性質の議論で「労組的」役割が案のひとつに挙がっていたように、事実上解体していた全日本図書館員労働組合（全日図）の延長の組織として期待されたため、その活動家およびそれをとりまく若い図書館員も加入した。なお、図書館問題研究会と全日図の間には、組織的なつながりは生じなかったという指摘がある[28)]。

以上のような結成にまつわる議論をまとめてみよう。まず、綱領案および採用された綱領では、現実社会との関わりが強調されていた。これは、かつて石井敦が示した、「すべてのことが政治につながっている」[29)]という認識と連続している。さらに、「民衆」や「奉仕」という文言も綱領案に頻出しており、特に、「民衆」志向は、会の性質に関する共通認識であった。また、「古い偏見」という表現や、日本図書館協会への不満など、旧世代への批判ということも特徴のひとつとして挙げられる。これらの特徴は、その後の図書館問題研究会の展開の中で具体化していくことになる。

2.2　図書館問題研究会の展開と志向性

図書館問題研究会の展開について、初期からの構成員である木村武子は、次のような時期区分をしながらまとめている。1955年から1959年の5年間は基礎が確立されていく時期である。会員は129名に増加し、『会報』は36号、研究発表のための機関誌『図書館評論』は2号まで発行された。しかし、1960年代前半には、停滞期を迎える[30)]。個一可は200人を超えることがなかったとい

う会員数をその証左としているが[31]、むしろ木村は、この人数の増加による組織の変質を問題視した。発足当初は、前衛意識を持つ者で構成されていたことに続けて、次のように述べている。

> 一応、前衛的大衆組織と規定したもののその後の活動は活動家集団イコール図問研といった所のいわば前衛組織といえるものであった。これが会員の拡大にしたがって、この時期には組織や活動が、いや応なしに大衆化せざるを得なくなってきた[32]。

そして、年次大会においても、社会情勢を意識した政治主義的方向と、地方の図書館情勢を分析すべきと主張する現場主義的な立場がぶつかり合ったことを指摘している。あわせて、図書館問題研究会の中心的メンバーが各館での中堅になったことや、『中小都市における公共図書館の運営』の作成にかかわったことも、活動停滞の一因になったという[33]。そこで、同書の作業が一段落した1965年の年次大会（於鎌倉）で図書館問題研究会の組織の立て直しが強く意識された。これを受けて、「図問研の会勢が急激に拡張するのは1966年からの10年間である。この間、会員数、大会参加者も、ともに6倍の伸びを示す」[34]ようになる。

この期間の図書館問題研究会の主張をみてみれば、前項でまとめた結成時の特徴に沿ったものであることがわかる。本項では、「学習権」を取り入れるようになる1960年代後半までの展開について、旧世代への批判や、「民衆」志向、「奉仕」の重視が、それぞれ、どのような形で具体化するのかという点に着目しながらみていく。この作業によって、社会的問題に関わる際に採用した立場が同会の活動の基調をなしていたことも明らかになろう。さらに、図書館界全体の動きに関係する事項として、図書館運営に大きな影響をもたらした『中小都市における公共図書館の運営』の作成に、図書館問題研究会の構成員が協力していたことにも触れる。

2.2.1　旧世代への批判：「奉仕」と図書館法改正論争

旧世代への批判の指示内容が最初に明確になるのは、1956年の第2回大会

（於横浜市立図書館）である。この年次大会は、後述の「教育二法案」への反対決議に特徴づけられる。基本的に、図書館問題研究会の年次大会では、その年度の運動方針が検討されるのであり、第2回大会で設定された運動方針は、(1)仲間づくりの運動、(2)文化団体との提携、(3)古い図書館思想との戦いであった。

この、(3) 古い図書館思想との戦いについて、大会では、何を指すのか不明瞭であるという指摘や、このような決めつけ方はよくないという批判がなされた[35]。それを受けて、次のような説明がされた。

> 第3は図書館界にアグラをかく古い図書館経営思想を批判し克服することである。この問題の分析は簡単にはできないが、図書館は図書の保存館であり、民衆にみせてやるのだ、という考え方、更には民衆を教化し善導すべきであるといった考え方も含まれる。いつの間にか整理が奉仕を決定する考え方、本の紛失や目録の詳細な記述、配列を第一にして利用者の質や問題などを二の次か、全然考えないという立場ともいえるだろう（この考え方は一種の官僚思想とも言えるかもしれない）[36]。

続けて、「このような考え方は、所謂図書館員の中には圧倒的な勢力をもっている」のであり、「我々が民衆の中に図書館発展の基礎を確立しようとする時、勢いこの思想とぶつからざるをえない」と述べている[37]。

この見解は、図書館に関する当時の研究が、目録などの整理中心であったことを反映している。この見解には会員内からの批判もあったものの[38]、整理と「奉仕」を対置させた上で、「奉仕」を重視するというのが、図書館問題研究会の基本的な考えであった。そして、旧世代への批判や、「奉仕」の重視が顕著になるのは、図書館法改正についての論争においてである。

図書館法改正論争については、山口源治郎の「1950年代における図書館法『改正』論争について」[39]が詳しい。1950年に成立した図書館法には、その直後から図書館界において改正の議論が生じ、1953年には、『図書館雑誌』で2度の特集が組まれた。山口が改正論者の主張についてまとめるには、「第一に義務設置制の実現であり、第二に設置認可制と中央図書館制度に見られるよう

な、きわめて中央集権的で強力な指導−管理権を有する図書館行政機構および図書館体制の構築をめざしていることである。第三に上のこととも関連して、私立図書館に対するノー・サポート、ノー・コントロール原則の撤廃が意図されていることである。そして第四に図書館の無料制原則の撤廃」[40]である。なお、義務設置を求める範囲は、市以上、つまり、都道府県および特別区を含む市であり、町村は含まない。

　1950年代中盤には、本書の第1章でみたような「図書館の自由に関する宣言」についての議論が盛んであり、図書館法に関する議論は一時的に沈静化していた。しかし、1950年代末に、社会教育法改正の動きに乗じて、再び活性化した。1957年には、日本図書館協会は「図書館法委員会」(改称後は、「図書館法改正委員会」)を設置し、さらに、図書館法改正草案をまとめた。ただ、この頃には、「改正」への反対運動が生じた。山口は、こうした一連の動きの中に、戦前との連続と断絶を指摘している。すなわち、指導者層が働きかけた図書館法改正論は、当事者および主張内容の点から、戦前の図書館法制度改革と連続していた。一方、それへの反対運動は、図書館問題研究会や「図書館員のメモ同好会」などに属する「比較的若い図書館員たち」によって行われ、中央集権的な改正論への批判を内容としていた。これは、戦前への批判を内包し、図書館の発展を中小図書館に見出している。そのため、この時点では、改正への反対という消極的な態度であったとはいえ、後に積極的な支持層となる、図書館法で示された戦後理念の担い手の誕生を意味していたという[41]。

　それでは、山口の論文では部分的に言及されるにとどまった図書館問題研究会の側から図書館法改正論争をみてみよう。例えば、図書館問題研究会の一員である渡辺進は、『図書館雑誌』1958年2月号で、改正を強く批判している[42]。ただ、図書館問題研究会が組織的な対応を明確にするのは、1959年の運動方針からである。その前年の運動方針は、「反動化」が図書館界に及んでいることを批判しつつ、「正しい図書館の在り方」を打ち出すことや、仲間意識を高めて組織の強化をはかることを主張していた[43]。それに対して、1959年の運動方針には、仲間づくりや組織強化に並んで、「図書館法の改正を図書館の正

しい発展のために」⁴⁴⁾が設定されている。そこでの説明によれば、日本図書館協会の草案は「中央集権的な中央図書館制度等の反動的な要素を含んだ」⁴⁵⁾ものである。ただし、「現行法にも欠陥がある。良心的な図書館員は現実の図書館活動の中から、図書館奉仕概念規定の明確化、司書職制度の確立、司書の養成、図書館の義務設置制、図書館相互の連繋等を強く要望してきた」⁴⁶⁾という。そして、「これらの諸問題を法改正に正しく反映させるために」研究を積み重ね、「強く働きかけて法改正運動のうえに結実させていこう」と呼びかけた⁴⁷⁾。この後、運動方針に則り、草案に反対する署名運動を行い⁴⁸⁾、203の署名を集めた⁴⁹⁾。その報告でも、「正しい発展のため」に行われる法改正運動とは、「住民のための図書館として発展すること」であり、中心的に働いたのは「中小図書館の立場と民衆に密着しようとする若い図書館員」であったと総括している⁵⁰⁾。

翌1960年の運動方針のひとつは、「現行図書館法の精神を生かそう」である⁵¹⁾。図書館法改正の動きに関して、「大衆的な討議の中で、これを破産させた」というが、いつまた改悪の動きが出てくるかわからないために研究を継続する必要があり、「現行法の意図している精神を守り、図書館が広く民衆に公開されている原則をつらぬく方向に努力を重ねる」という。そのために展開すべき運動として、(1) 開架制と、(2) 館外貸出制を挙げた⁵²⁾。

以上のように、旧来の思想や旧世代に対する批判は、図書館法改正に対する反対運動という形で具体化した。ただし、当初は図書館問題研究会側も、義務設置を求めるなど、法改正そのものに反対していたわけではなかった。論争は、改正か遵法かではなく、改正の方向性の相違によるものだったのである。図書館問題研究会にとって重要だったのは、戦前と連続する指導者層によって作成された改正案が内包する、中央集権的な「反動化」に抵抗することであった。図書館法の遵守を主張するようになったのは、法改正論争が一段落した後であった。法改正論争を扱った山口が、改正派と対立する勢力について、「擁護派」や「遵法派」といった表現ではなく、「法改正反対運動」という表現を用いたことは、こうした動きに合致しているといえよう⁵³⁾。

また、理念に着目すれば、図書館法改正草案への反対運動の中でも、自分たちが「民衆」志向であることも強調されていた。加えて、整理技術との対比の中で重視していた「奉仕」と図書館法に示される「奉仕」は重なりあっていた。図書館問題研究会は、図書館法改正論争時には「図書館奉仕の明確化」を求めていたのに対して、論争が収束した後には、開架や館外貸出といった、具体的な「奉仕」を提示するようになったのである。

2.2.2 「民衆」志向と重視するサービス

ここでは、図書館問題研究会を特徴づけ、図書館法改正草案への反対運動の基調となった、「民衆」志向や「奉仕」の具体的な指示内容の変遷をみていく。

まず、「民衆」の範囲として興味深いのは、1957年の石井敦の証言である。石井が、「反学生闘争（？）の経験」と題する文章で述べるには、1954年11月に開館した神奈川県立図書館では、開館時から一般社会人優先を強く打ち出すことで、「他の図書館にみられる学生入館者80％というきわめて現状に妥協した状態は免れている」という[54]。そのための取り組みとして、概説書などを学習参考書として公開書架から徹底的に排除したり[55]、学生と社会人で対応を変えたりしたという[56]。あわせて、このやり方に対する批判を想定して、あらかじめ自らの認識を明らかにしている。まず、学生への同情には、「一般民衆と公共図書館との結びつきの弱さを物語るもの」と述べ、一般社会人が十分に公共図書館を利用しているところでは生じないものと主張した。また、「学生が公共図書館に来ること自体はむしろ喜ぶべきことであり、問題は一般社会人が来ないこと」という指摘には、積極的な反論ができないという。これには、学生には学校図書館・大学図書館の方がより適しているという事実に基づく、消極的な理由しか挙げられないと石井は述べている[57]。

また、終戦から1950年代にかけて、図書館界で特徴的なサービスとして挙げられるのは、1949年に千葉県中央図書館の「ひかり号」に始まる移動図書館や、神戸市立図書館が力を入れたレファレンス・サービス、そして、読書運動であった。読書運動の具体例として、長野県の母親文庫や、作家の椋鳩十が提

唱した鹿児島県の「母と子の20分間読書」がある。結成から間もない頃に『会報』で頻繁に言及されるサービスも、読書運動であった。

　1955年12月の『会報』では、中村光雄が、読書会運動に関する研究会の内容に触れている。そこでは、読書の機運をつくるにあたって、「低俗な大衆小説を選ぶことを恥とするな、どしどし選ぶべきだ」ということや、読書会の結成には中心人物を見出して働きかけることの必要性などが話されたという。そして、運営の具体的方法として「読書指導は、チャンバラ小説→水滸伝→八犬伝→平家物語→仏教哲学、という具合にすすめていけばいい」という内容が含まれていた。中村は、これについて「一応参考にもなりました」と述べながらも、ためらいを表明している。研究会で、大衆小説および、それに類するものとして例示されたのは「銭形平次」や「君の名は」であった。中村は、このようなものを提供することを恥ずかしいと思っているわけではなく、むしろ、「一度低俗なものにとりつかれたら容易に脱け出すことのできない人をたくさん見ている」ために、不安なのだという。さらに、図書館が個人を指導するというのは、もっと後の段階の話で、現段階では図書の選択が限界だという。なお、その選択基準は、「生活に役立つもの（民主化をすすめるものと結びついた）に重点をおくべきだと思う」と述べている[58]。

　石井敦もこれに同調する。中村が報告したような、漸進的に読書の質を向上させていくという考え方を引用した上で、「概して、日本の図書館界には、このようなきわめてoptimisticな、アメリカ的な考え方が支配しているように思われる」と述べて、「容易に脱け出すことのできない人をたくさん見ている」という中村の記述にも全面的に同意した。そして、結論部分では次のような認識を示す。すなわち、『平凡』や剣豪小説が読書会のような組織の中で取り上げられるならばよいが、これらを手放しに閲覧者に与えることは、このようなものしか求めない読書習慣に陥らせる。よって、信頼に足るリーダーが存在する読書会から求められる場合以外は排除すべきである[59]。

　そして、このような捉え方が示されていた読書運動も、革新陣営に親和的な図書館問題研究会の政治的志向性の一環として位置付けられている。先にも触

れた1956年の第2回年次大会は、昭和31年度全国図書館大会の初日の夜、すなわち1956年5月23日の18時から開催され、そこでは教育二法案への反対を決議した。これに際して、「教育二法に反対する運動も、（中略）すべて再軍備－軍国主義化に反対する運動であり、文化サークルや読書会運動も、生活を守り、科学を自分たちの手で、という民衆の本能的な活動として、また、この運動につらなるのである」[60]という認識を示していたのである。

なお、この「教育二法」は、第1章で扱った「教育公務員特例法の一部を改正する法律」と「義務教育諸学校における教育の政治的中立の確保に関する法律」を指すのではない。今日では一般的に、「教育二法」といえば、これらの法律を指す。しかし、当時、国会で審議されていたのは、「地方教育行政の組織及び運営に関する法律案」と「教科書法案」であり、図書館問題研究会はこれらの法案を念頭においているのである。前者は、それまでの教育委員会法を廃止して1956年6月30日に公布された。これによって、教育委員会は、公選制から任命制になった。後者は廃案となった。

これらの法案は、1956年2月21日の日教組の「闘争宣言」でも批判の対象になり、「これらは完全に歴史に逆行し、教育を大衆の手から剥奪し去る以外の何ものでもなく、教育と子どもを守るために、困難を克服しつつ運動を進めてきた我々教師の断じて許せないところである」と記されている[61]。また、大学の学長も連名で反対声明を出した。そこには、民主的教育制度を改変するものであり、教育への国家統制の復活を促すものとして、「こうした傾向はやがて言論、出版の自由の原則をおびやかすおそれもある」という記述がある[62]。教育関係団体も共同声明を出しており、図書館関係団体では、「全国学校図書館協議会」が名を連ねている[63]。さらに、『教育評論』1956年5月号には、法案に対する具体的な反対理由がまとめられている。主要な理由として、まず、教育委員の選任が住民による直接選挙ではなくなるために、地方教育が住民によってコントロールされるという原則が害される。加えて、議会の同意を得るとしても、教育委員の任命権が地方公共団体の長にあることや、実質的な国定教科書制度の復活などによって、教育に対する中央集権的、党派的支配が強まるこ

とも懸念されていた[64]。

　さて、図書館問題研究会の年次大会には、教育二法案の反対決議を全国図書館大会に持ち込むことを求める電報が、石川県支部から寄せられていた。ただ、日本図書館協会の理事会でも論議された末に見送られていること、さらに、イデオロギー論で反対者を納得させることはできず、説得の自信もないことなどを踏まえて、会としてではなく、会員が個人の立場で議題を提出するということになった[65]。

　1956年の全国図書館大会は5月23日から3日間開催され、初日と、3日目の午前が全体会議、2日目は各部会であった。5月24日、公共図書館部会では、図書館問題研究会の主要構成員である神野清秀が「緊急提案教育二法案反対決議について」を提出した。趣旨説明では、まず「図書館の自由に関する宣言」の内容をまとめ、そして、教育二法案は民主教育の危機であり、「図書館の立場をおびやかすことも火を見るより明らかなことだと思う」と述べた。これを受けて、大村武一が、全体会議の議題8でこの問題は出してあると発言し、全体会議で討論すべきと述べた。図書館問題研究会の森崎震二も同調し、3日目の全体会議にはかることを確認した[66]。翌25日に討議された、全体会議の第8の議題は、「図書館資料採択提供の自由を守るため図書館の態度について」（原文ママ）であった。大村による趣旨説明には、「教育二法案等一連の統制と言うものが、次第に言論、出版の自由を侵害してくる。と言う風に感じられるので、ここで教育二法案については反対して頂きたい」とある。しかし、会場からは、「教育二法案と図書館の自由を守ると言う関係があいまいでわからない」（相原信達）、「教育二法案反対と図書館の自由については、問題がかけ離れている。警察官が図書館にきて、調べる権利があるか、どうかと言うことは別だ」（松崎博）などの反対意見が出された[67]。その結果、「図書館の自由に関する宣言」を再確認することでこの問題を処理したいという議長の総括が支持されることで、決着をみた[68]。

　以上のように、「民衆」志向、「奉仕」の重視、社会的立場の表明は、図書館問題研究会の主張として有機的に結合していた。特に、日本図書館協会の立場

とは異なり[69]、図書館問題研究会が、革新陣営に親和的な社会的立場をより直接的に表明していくという動きは、その後も継続する。

その一例として、「戦後最大の大衆運動」[70]にまで発展した日米安全保障条約の改定をみてみよう。図書館問題研究会は、1960年6月17日付で「図書館員の立場から安保条約に反対する」[71]という声明を出している。当該条約の改定をめぐる動きを簡単にまとめておけば、1960年5月19日から翌日未明にかけて、与党である自民党が警察官を導入して衆議院本会議を開き、会期の延長および当該条約を強行採決した。そこから反対運動が激化し、6月15日のデモにおける樺美智子の死は世論に大きな影響を与えることとなった[72]。そのような中で出された図書館問題研究会の声明は、強行採決から30日の経過で当該条約が自然承認される6月19日を目前に控えたものであった。そこで示された論理は、2つに大別することができる。第一に、安保条約とその審議過程における議会運営は、平和な文化的使命を帯びた図書館精神と相いれないということである。第二に、安保条約によって国家予算が軍事費に費やされるようになり、「文化教育面での予算が真先に削られるのは明らか」[73]という懸念である。

一方で、1960年5月25日から27日にかけて福島県で開催された昭和35年度全国図書館大会では、当該条約に関する発言はなく[74]、『図書館雑誌』54巻6号（1960年6月）の会員による投稿欄には、このことを批判する意見が掲載されている[75]。大会の議事録が掲載された翌月号である『図書館雑誌』54巻9号（1960年9月）は、多くの記事が大会に関する感想である。そこでも、石川正知（滋賀県立図書館）は、図書館の中立に関して、積極的中立と消極的中立の2つの潮流があると指摘し、「数百万、数千万の人達が安保改正の問題に論議をかもしているとき、（中略）一切このことから切り離されて議論が行われている図書館大会こそ消極的中立論のシンボルである」と批判している[76]。

それに対して、同号において、日本図書館協会事務局長の有山崧は「図書館は何をするところか：国会デモに思う」[77]と題する記事を掲載している。有山は、デモにおける「反岸」という主張は、岸首相の強引な手法への批判として感覚的、感情的にわかるとした。しかしながら、感覚や感情を超えて理性的に

理解するべきものである「反安保」という主張に関して、デモの参加者の何人が十分に理解しているのか疑問を呈した。続けて、information service を根本機能とする図書館のあり方を検討するに際して、「社会が近代化し複雑化する程理性的洞察を必要とするであろうし、それだけ十分な information を service される必要がある」ことや、同じ information service に従事する機関としてのジャーナリズムについても触れた。さらに、安保についての文献はインテリに向けたものばかりであり、「自ら考えようとする意欲や習慣や方法を身につけてない大衆に、大衆向の資料がないとすれば、どうしようもない」のであり、そうした資料の必要性を論じた。そして、「そのような資料を広く民衆の間に流して、話し合いの場を作り、世論の形成を助けることは、図書館の仕事であろう。(中略) 民衆の判断にまで立入ることは図書館としては慎まなければならない」と主張した。同時に、積極的中立論の提唱者を念頭において、次のように述べている。

　　よく図書館の教育性を論ずる人がいて、資料提供などで止ってしまうのは卑怯な保身的態度であり、図書館は積極的に望ましい方向に民衆を引張って行くべきであると主張する。

　　だが図書館の教育性とは、資料を要求して、それを理性的に検討し自己の意見を自主的に決定する、という合理的精神を民衆に植え付けることである。つまり民主的能力の培養ということである[78]。

あわせて、「図書館の自由に関する宣言」を想起し、「図書館の職能的自覚としての『自由の宣言』は、決してはね上がりの態度で口にされるべきではなく、静かな地道な実践の中において実現されるべきものである」とも指摘した[79]。

このような、図書館問題研究会と有山との社会的・政治的争点への姿勢の相違は、第1章で言及した、破防法に関する石井らと有山の主張の相違を引き継ぐものであるといえよう[80]。

上記のとおり、図書館問題研究会の採用する社会的立場は連続していたのであるが、重視する「奉仕」には変化が生じるようになる。読書運動に関連するトピックも触れられており、『会報』36号 (1959年12月) から37号 (1960年

4月)にかけて、大衆文学が取り上げられていた。大衆文学が熱心に読まれているという事実に対して、従来は無関心であったり慨嘆したりしていたが、収書や読書指導を実りあるものにするために、「どのように読まれているのかを、もっと謙虚に、詳しく調べてみる必要があるのではないか」[81]と呼びかけた。これとほぼ時を同じくして、前述のように、図書館法の精神を守るために、1960年の運動方針において開架制と館外貸出の実施を打ち出した。特に「館外貸出は、図問研の真骨頂とも言うべき運動方針である」[82]という評価が与えられるように、その後の図書館問題研究会の主張の中心となる。1960年代後半から1970年代前半の運動方針には、連続して貸出が強調されるようになる。特に、1968年の運動方針の説明では、「保存の機能やレファレンスと並列させるのではなく、それらに先行させるべき仕事として構造的にとらえる必要がある」[83]と、貸出の重要性を強調した。

このような、1960年代前半の、「奉仕」の内容についての、移行しつつある図書館問題研究会の関心は、その主要構成員が作成にかかわった『中小都市における公共図書館の運営』と軌を一にする。

2.3 『中小都市における公共図書館の運営』への協力

1963年に上梓された『中小都市における公共図書館の運営』の特色は、「中小公共図書館こそ公共図書館の全てである」[84]というテーゼによって、それまでの大図書館中心主義にコペルニクス的転回をもたらしたことや、「公共図書館の本質的な機能は、資料を求めるあらゆる人々やグループに対し、効果的にかつ無料で資料を提供するとともに、住民の資料要求を増大させるのが目的である」[85]として、資料提供機能を強調したことである。同書の内容は、本章冒頭で触れたように、図書館界に広く普及するようになった。

同書についての包括的な研究として、『『中小都市における公共図書館の運営』の成立とその時代』[86]がある。この研究書において、関係者へのインタビュー調査や一次史料の発掘を通じて、同書の成立過程が実証的に解明されている。以下では、そこで示された知見を基に、同書の成立過程を概説しながら、

図書館問題研究会との関わりや、そこでの論点を取り上げる。

　1960年10月、後に『中小都市における公共図書館の運営』を作成することになる、中小公共図書館運営基準委員会が日本図書館協会に設置された。当該委員会は、一般調査委員7名と事務局担当者1名からなり、外国事情調査委員と実地調査委員が調査のたびに委嘱され、最終的にそれぞれ延べ3名と49名になった。そして、3年間の実地調査を実施した。最初の2年間の調査対象館は、図書館の水準と都市類型の観点から選定された。実地調査されたのは、1960年度には、人口5万人台の自治体の図書館7館、1961年度には人口7万人から20万人の自治体の図書館5館であった。1962年度には、報告書の執筆と並行して、埼玉県において、図書館相互の協力関係を含めた図書館組織に着目した総合調査を行った。また、疑問点解決のための確認調査として、全国を4地区に分割し、45館の調査を行った。そして、1963年3月に、これらの調査結果をまとめた『中小都市における公共図書館の運営』が刊行された。

　中小公共図書館運営基準委員会の設置は、有山崧が主導したという。一般調査委員の一人であり、委員長でもあった清水正三は、1960年の全国図書館大会で、有山より、文部省から獲得した補助金を用いて行う読書調査への参加を勧誘された。その場では断ったものの、同年夏に、中小図書館の基準作りを有山から提案された。清水は、基準の作成自体には乗り気ではなかったものの、図書館問題研究会の組織の立て直しのために引き受けることにしたという[87]。さらに、一般調査委員の人選は、ほぼ有山によって行われたようである[88]。

　有山は、1963年3月16日の日本図書館協会理事会において、中小公共図書館の運営基準の作成とそのための調査の意義について、市町村図書館の経営の目安の提供や、図書館法改正の前提として要求されるナショナル・プランの基礎が得られることに並んで、「地方の優秀な若い人を調査に動員することにより、相互に知り合い、他館の様子を知ることが出来、大変有効である」[89]と述べている。この発言からもわかるように、中小公共図書館運営基準委員会の中核をなす一般調査委員は「唯一40歳代の清水を除いてすべて20〜30代の若手図書館員」[90]だった。それらの図書館員は、石井敦、黒田一之、森崎震二をは

じめとして、大半が図書館問題研究会の会員であった。ただし、黒田一之や森崎震二は、図書館問題研究会が人選に組織的に関与したことはないと回想している[91]。一方、実地調査委員として協力した地方の図書館員の選定にも、図書館問題研究会の人脈を活用したという[92]。そして、このことが、その後の会員間の紐帯を強めることにつながった。

また、『『中小都市における公共図書館の運営』の成立とその時代』では、『中小都市における公共図書館の運営』の内容について、成立事情との関係で、いくつかの論点を提示している[93]。前項の最後に取り上げた「奉仕」との関係で重要なのは、その1点目の「序論における中小公共図書館の機能と役割」である。

『中小都市における公共図書館の運営』の序論では、「公共図書館の本質的な機能は、資料を求めるあらゆる人々やグループに対し、効果的にかつ無料で資料を提供するとともに、住民の資料要求を増大させるのが目的である」という文章が強調されている。この部分の内容は、執筆者である清水正三に委ねられていたのであり、それに続く「中小公共図書館こそ公共図書館の全てである」というテーゼに関する部分とは性質を異にする。その清水は、報告書の刊行後に行われた座談会において、図書館の機能について、「教育的な機能を重視するか、そうでなく情報伝達を強調するか。ぼくの考えはどっちでもないと思っているんですけれども、2つを両方同じウェートで出している」と発言している[94]。これを、上記の機能に関する文章に対応させれば、次のようになる。

・情報伝達機能：「公共図書館の本質的な機能は、資料を求めるあらゆる人々やグループに対し、効果的にかつ無料で資料を提供する」
・教育機能：「住民の資料要求を増大させる」

これは、前川恒雄が「あらゆる討議の奥に『資料提供と読書普及（読書指導）』の対立があったと私は考えている」と述べていることに通じる問題と把握される[95]。さらに、前川は、オーラルヒストリー研究会のインタビュー調査において、資料提供という柱は底流にあったものの顕在化したのは終盤であり、これに沿って全体を書き直す時間は残されていなかったという旨の発言をしてい

る[96]。

　当該研究書で解説を担当した山口源治郎は、以上のような論理に加え、「中小公共図書館こそ公共図書館の全てである」というテーゼに関する部分にも触れた上で、次のようにまとめを行っている。

> このように、中小レポートの最も核心的な部分をなすこの序論は、2年半にわたる委員会の調査討論の積み上げの中で、最終段階で結晶するかのように現れたと見るべきであるが、教育機能か情報提供機能か、また資料提供か読書普及かという対立を内包することにもなった[97]。

あわせて山口は、「中小レポートの序論が『資料提供』に重点を置いているのに対し、序章以下の章では団体重視など読書普及に力点を置いているという内容上の矛盾」[98]を指摘している。それとも関係して、論点の2点目では「館外奉仕と館内奉仕」を、3点目では、「個人貸出と団体貸出」を扱った。「館外奉仕と館内奉仕」では、館外奉仕についての石井敦の証言を引き出している。すなわち、当時の学生相手の館内閲覧主義の状況に批判的であり、団体貸出は図書館の大衆化の最も有効な手段であるという認識であった。「個人貸出と団体貸出」では、団体か個人かという議論は、委員会において、ほとんどなされなかったことを明らかにしている[99]。

　このような、『中小都市における公共図書館の運営』の作成は、前述のように、図書館問題研究会にとって、1966年以降の組織の強化につながった。さらに、図書館問題研究会と同書で、「奉仕」の認識も軌を一にしていたのであり、資料提供と読書普及がせめぎ合っていた。このせめぎ合いは、その後に生じる、読書普及から資料提供への移行過程における初期段階の象徴的な出来事であった。

　『中小都市における公共図書館の運営』の刊行後には、これを基にした研究会が各地で開催された。さらに、1960年代後半には、同書で示された貸出という機能を中心に据えた実践が、日野市立図書館において行われた。この取り組みは、日本図書館協会の事務局に勤務し、基準委員会でも事務局を担当していた前川恒雄が1965年4月に日野市の職員となり、図書館の創設準備を開

始したことおよび、有山崧が同年8月に日野市長に当選したことから生じていく。移動図書館を通じた、貸出機能を重視した取り組みは、1969年に有山が死去した後も継続し、1970年には『市民の図書館』にまとめられることとなる。同書は、有山の後に日本図書館協会事務局長に就任した叶沢清介（長野県立図書館館長）が組織した「公共図書館振興プロジェクト」の一環として上梓され[100]、その内容は、日野市立図書館の理論と実践を基にしたものであり、清水正三が担当した児童サービスの項目以外は、前川恒雄が執筆した[101]。

そして図書館問題研究会も、2.2.2「『民衆』志向と重視するサービス」で既述のように、貸出サービスを重視するようになる。ただし、貸出サービスの目的について、『市民の図書館』は国民の「知的自由」の保障とするのに対し、図書館問題研究会は、国民の「学習権」の保障と結びつけた。

3節　教育法学における教育権論争と「学習権」

これまでに示してきた図書館問題研究会の動きと並行して、教育学の分野でも、権利にまつわる議論が活発であった。子どもの権利や教員の地位の問題と関係し、教科書や学力テストにまつわる裁判の争点ともなったのが、教育権論争であった。ただ、「教育権の用語法は実に多様であり、かなりの注意を要する」[102]という指摘があるように、様々な論者によって議論がなされた「教育権」の指示内容や射程は多岐にわたる。しかし、教育権論争では、国家の教育権説と国民の教育権説が対置されるように、争点自体は明確であった。すなわち、憲法26条で規定された教育を受ける権利に関して、教育権の所在について争われてきたのである。芦部信喜『憲法』において、2つの教育権は、端的に、次のように説明されている。国家の教育権説は、「教育内容について国が関与・決定する権能を有するとする説」であり、国民の教育権説は、「子どもの教育について責任を負うのは、親およびその付託を受けた教師を中心とする国民全体であり、国は教育の条件整備の任務を負うにとどまるとする説」である[103]。そして、教育権の法的性質を博士論文において検討した高乗智之が指摘するように、「国民教育権説は、『子どもの学習権』と『教師の教育の自由』を基礎に

展開していった」[104]のである。

2つの教育権の対立に関して、芦部が「両説の当否を一刀両断的に決めることはできない」と述べるように[105]、現在では折衷説が有力である。これは、規範的判決である旭川学力テスト事件最高裁判決（1976年5月21日）によるものである。また、同最高裁判決は、憲法26条の解釈に関連して、子どもの学習権を認めたと解されている。

このように、1970年頃から図書館問題研究会が導入することになる「学習権」は、教育権の所在をめぐる論争の一部として提示された。そこで本節では、以下の構成で、教育権論争の展開とその性質を確認する。まず、第1項において、教育権論争の契機について、教育における「逆コース」批判に焦点をあてながら示す。第2項では、教育権論争の主戦場となった、教育裁判の展開を概説する。そして、第3項で、本章の議論にとって重要な、教育権論争についての評価をまとめる。

3.1 教育における「逆コース」批判

第1章で既に指摘しているように、1954年にはいわゆる教育二法が、1956年には「地方教育行政の組織及び運営に関する法律」が制定された。これらの立法について、教育の中央集権的統制を強めるものとして、教育界からの批判がなされた。その中心となった日教組の主な反対運動として、勤務評定の実施阻止闘争（1957年〜1959年）、道徳教育を含む学習指導要領の改正に対する反対闘争（1958年〜1960年）、全国学力調査反対闘争（1961年〜1962年）がある[106]。このような動きの中で、通説を批判しながら国民の教育権説に先鞭をつけたのが、宗像誠也であった。宗像は「戦後日本において日本教職員組合（日教組）講師団を務める立場から、政府・文部省との教育闘争に際して理論的根拠を提供し続けた、日教組のいわばブレーン」[107]と位置付けられる。

宗像が回想するに、自らが教育権について最初に発言したのは道徳の学習指導要領に触発され、親の教育への発言権（親の教育権）を検討する必要があると考えたときだったという[108]。これに対応するのは、「教育行政権と国民の

価値観：教育行政のオフ・リミッツについて」と題する論考である。当該論考は、1959年7月11日に開催された憲法問題研究会第13回総会における報告を基にしたものであり、『世界』昭和34年11月号[109]や『国民教育研究所論稿』第2号[110]（1960年3月）に掲載されている。そこでは、親の発言権を自然権として保障すべきであるという旨を論じるとともに、宗像の代表的な理論のひとつである、内的事項と外的事項の区分論も提示されている。教育基本法10条の「教育行政は、（中略）教育の目的を遂行するに必要な諸条件の整備確立を目標として行われなければならない」について、外的事項（例えば、施設、設備など）については行政権の関与は当然であるが、内的事項（例えば、教育内容や教育方法など）については権力統制がなるべく及ぶべきではないというものである。このように、国民の価値観を教育行政のオフ・リミッツ（立ち入り禁止区域）として論じたのである。あわせて、教員の権利についても、「真理に忠実であるために自由であるべきなのであり、逆に教師の教育の自由は真理を破る自由ではあり得ない」[111]として、真理を代表するのは教師であって、本質的に権力の作用である教育行政ではないと主張した。

　その後、宗像は、上記の主張を、日教組の勤務評定反対闘争の裁判の中で論じていった[112]。その間の理論に関わる動きとして、教育権の所在について、より直接的に論じるようになったということを『教育と教育政策』（1961年）を基に指摘しておく。宗像は、内的事項に対する国家権力の統制が排除されたことで、教育権が国家から解放されたと把握する[113]。その結果として、「親と教師との教育権を考えねばならなくなる。もっともその根底には、子の教育を受ける権利、ことばを簡単にすれば子の学習権、の問題が横たわっている」[114]と、学習権を導いた。また、同書では、当時最もオーソリティがあるとされていた『注解日本国憲法』の憲法23条（学問の自由）の解釈を批判している。『注解日本国憲法』では、「学問の自由が当然教授の自由を含むということはできない。もちろん大学その他の高等の教育機関については、教授の自由をも広く認めることは本条の要請するところであるが（後述）、下級の教育機関についてはそこにおける教育の本質上、教材や教課内容や教授方法の画一化が要請さ

れることがある。(中略)教授の自由は、教育ということの本質上、下級の学校に至るにつれて制限されることがある」[115]とされていた。これに対して、宗像は「下級の教育機関で『教授の自由』が制限されるのは、ただただ被教育者たる児童生徒の学習権ということからのみ説明されるべきことなのである。児童生徒の理解力、判断能力の発達程度ということからのみ」と反論した。あわせて、「教育の中立性のためといって、現在の(政治的・社会的)争点となっている問題に触れることを禁ずる主張も、やはり生徒の学習権の侵害である。それは真実をかくすことだからである」とも述べている[116]。この見解について、後に兼子仁は、「教員の教育の自由説」と特徴づけている[117]。

このような宗像の議論に呼応して、様々な論者から立論がなされるようになった。ただ、先行研究によれば、「『国民』の『教育権』の法的内容について、説かれているのは、まことにさまざまで、とらえにくい。これを総体としてあますところなく体系的に把握することに困難をおぼえる」[118]という。また、「同説の立論が多岐にわたるのは、国家の教育権説に対抗するということを共通の目的として様々な観点から立論を試みたからでもある」[119]と指摘される。

高乗は、昭和40年代の国民教育権説の基調は、憲法26条の解釈論を中心に展開されたとして、その特徴を3つにまとめている[120]。第1に、堀尾輝久に代表されるように、学校教育を「私事の組織化」と主張したことである[121]。学校教育を私事の延長とすることで、国家権力の内的事項への不介入論を展開した。第2に、「教育を受ける権利」を「学習権」ないしは「教育内容要求権」と捉える点である。代表的な議論を示せば、兼子仁は、親権をもとに学習権を引出し、教師の教育権限の独立を強調している[122]。第3に、「教師の教育の自由」論を展開した点である。有蔵遼吉は、憲法23条の学問の自由を重点的に論じ[123]、永井憲一は、憲法26条には教育内容請求権が含まれるべきことを根拠とした[124]。

3.2 判例と教育権論争

教育権に関する議論は、学術雑誌での運動論のほかに、勤務評定や教科書検

定、学力テストなどに関する裁判の中で展開されていった。ここでは、国民の教育権説と国家の教育権説のそれぞれが採用された、家永教科書裁判の特徴的な判決を見るとともに、現在の通説を形成するようになった旭川学力テスト事件最高裁判決の内容を概説する。

東京教育大学教授であった家永三郎は、自らが執筆した高等学校向けの教科書『新日本史』に対する検定結果について、3度提訴した。まず、第1次訴訟では、1962年度の不合格や1963年度の条件付き合格という結果について、憲法の禁じた検閲に該当するとして、精神的苦痛に対する損害賠償請求を行った。第2次訴訟は、1966年の検定における不合格処分の取り消しを求める行政処分取消請求である。そして、第3次訴訟では、「沖縄戦」や「南京大虐殺」などを争点に、検定意見による精神的苦痛に対する損害賠償を求めた。1965年6月の第1次訴訟の提訴から、最後の判決である第3次訴訟最高裁判決の1997年8月まで、家永教科書裁判は32年間継続した。

このうち、最も早く判決が下されたのが、1970年7月の、第2次訴訟の第1審判決[125]であった。当該東京地裁判決は、事件を担当した裁判官の杉本良吉から杉本判決と呼ばれる。東京地裁は、本件の教科書への検定は違憲であると判じた。その結論に至る過程で、教育権にまつわる判示を行っている。まず、教育を受ける権利を検討するにあたって、次のように述べた。

> 子どもは未来における可能性を持つ存在であることを本質とするから、将来においてその人間性を十分に開花させるべく自ら学習し、事物を知り、これによって自らを成長させることが子どもの生来的権利であり、このような子どもの学習する権利を保障するために教育を授けることは国民的課題であるからにほかならないと考えられる。

> そして、ここにいう教育の本質は、このような子どもの学習する権利を充足し、（中略）精神的、文化的ないとなみであるというべきである[126]。

さらに、憲法26条の解釈として、「親の子どもに対する教育の責務の遂行を保障したものと解するのが相当であって、この規定の反面から国にいわゆる教育権があるとするのは相当ではないというべき」[127]として、教育の外的な事

項については一般の政治と同様に代議制を通じて実現されるべきであり、教育の内的事項には教員が生徒とのふれあいや自らの研鑽によって実現すべきと論じた。さらに、教育の自由については、「教師はそれぞれの親の信託を受けて児童、生徒の教育に当たるもの」という認識を示した。さらに、教師の教育ないし教授の自由は、教育思想や教育政策上の自由にとどまることなく、学問の自由を定めた憲法23条によって保障されているとした[128]。

この判決内容は、宗像誠也に始まる国民の教育権論を、理論構成も含めて採用したといえる。判決直後の座談会では、宮沢俊義が、宗像誠也の晩年の著作である『教育行政学序説』と杉本判決の親和性を指摘している[129]。また、「教育法に関する研究を推進し、それにより国民の『教育を受ける権利』の保障に貢献するとともに、教育学界と法学界との相互協力を促進することを目的とする」[130]日本教育法学会が1970年8月に設立されるなど、国民の教育権説の勢いが増した。

しかしながら、国家の教育権説を採用した高津判決と呼ばれる第1次訴訟第1審（1974年7月）や、折衷説を提示した旭川学力テスト事件最高裁判決（1976年5月）によって、国民の教育権説の勢いは、相対的に沈静化する。

旭川学力テスト事件は、1961年10月、旭川市の中学校において、全国一斉学力テストを実施しようとしたことに始まる。校内においてテストの実施を阻止しようとした合計数十人の教職員と住民が、建造物侵入罪、共同暴行罪、公務執行妨害罪で起訴された。

第一審および第二審では、建造物侵入罪と共同暴行罪が有罪となり、公務執行妨害については、学力テストそのものが違法であり、しかもその違法性が重大であるために、成立を否定した。

一方、最高裁判決（1976年5月）では、学力テストは合憲であるとして、公務執行妨害の成立を認めた。最高裁は、判決の中で、2つの教育権について検討し、「二つの見解はいずれも極端かつ一方的であり、そのいずれをも全面的に採用することはできない」とした。続けて、憲法26条の解釈に関連して、「みずから学習することのできない子どもは、その学習要求を充足するための

教育を自己に施すことを大人一般に対して要求する権利を有するとの観念が存在していると考えられる」と述べることで、子どもの学習権を認めた[131]。一方で、憲法23条を基にした教師の教育の自由も、完全には採用できないという。学問の自由には教授の自由も含まれ、公権力によって特定の意見のみを教授することを強制されなく、教育対象に応じた教授の内容や方法に一定の裁量が求められるという意味では、「一定の範囲における教授の自由が保障されるべきことを肯定できないではない」[132]とした。しかし、大学教育と普通教育の差異や全国的に教育の水準を一定に保つという強い要請などに鑑みれば、「普通教育における教師に完全な教授の自由を認めることは、とうてい許されないところといわなければならない」[133]と述べた。

3.3 教育権論争の性質と評価

以上のような展開をみせた教育権論争の性質について、先行研究では、次のようにまとめられている。広瀬義徳によれば、国民の教育権論は「国家に対する『カウンター（抵抗）』理論であった」[134]。そのために、運動のスローガンとして機能したが、理論的限界が指摘される傾向にある。

高乗もこれに同調する。高乗は、旭川学力テスト事件最高裁判決によって、教育権論争が解決されたというよりも、深い混乱に陥ったと考える。なぜなら、各学説の理論的問題点の検討を欠き、「教育権の主体は誰か」という本質的な問題の解明を回避しているからであるという。このような問題意識から、教育権論争に理論的検討を加えるにあたって、教育権論争の問題点として次のことを指摘している。まず、国民の学習権説に関して、「各学説の主張に特殊な用語法がみられ、その用語が十分な理論的検討を加えられないまま用いられている」という。これは、法解釈というより、「『国民が教育の主体であるべきである』という運動ないし実践の論理として展開されてきたことに起因すると考えられる」と述べるとともに、概念整理の必要性を指摘した。同様に、その理論的妥当性にも疑問が呈される。すなわち、「学習権」や「教師の教育の自由」などの法的意味は必ずしも明確ではないため、憲法上の権利といえるかど

うかを十分に論じているわけではないという[135]。

さらに、君塚正臣も、教育基本法を頂点とする教育法規の解釈論争なのか、憲法解釈論争なのか、教育の理念を巡る神学論争なのかが明確ではなかったという。これらを一体化させるための主流派教育法学の運動は、結局、法理論的に一体としてはならないものを一体化させてしまったのではなかろうかと疑問を呈している[136]。

4節　図書館界における「学習権」

4.1　学習権の導入

結成当初から継続して教育界の動向を注視していた図書館問題研究会が、教科書裁判を本格的に取り上げるようになるのは『会報』101号（1969年6月）からであった。ここでは、会員の国分芳子が教科書裁判（第二次訴訟第一審）の傍聴記を提出し、それを森崎震二がまとめている。傍聴した1969年3月22日の法廷でのやり取りを示すとともに、傍聴の2日前に、図書館問題研究会と児童図書館研究会の主催で、山住正巳を講師として開催した学習会「教科書検定訴訟と学習指導要領改悪」の内容を紹介し、教育への権力介入を批判している[137]。ただし、ここでは「学習権」に関する指摘はない。

この後、「学習権」に触れる言説が増えていく。例えば、1969年の図書館問題研究会の第16回年次大会（於鎌倉）では、予約制度を扱った第4分科会において、「予約制度を学習権との関連でとらえようという提案」がなされた。そこでは、公共図書館の資料提供を検討すれば、地域住民の学習権を保障する図書館機能に行きつくとしたうえで、「予約制度は特別のサービスではなくて、住民の学習権を保障する図書館としての基本的な機能」という認識が示されている[138]。

また、図書館問題研究会の東京支部は、1967年4月から始まる美濃部亮吉知事による革新都政に図書館に関する政策提言を行うために、政策委員会を設け、1969年10月から活動を開始した。そして、1970年3月に中間報告を行い、同年9月10日に、『住民の権利としての図書館を』と題する報告書を発行した。

両報告は共通して、住民の学習権の保障を公共図書館の本質的機能として位置付けていた[139]。

ただ、これらの言説ではいずれも、「学習権」について端的な指摘にとどまっており、その指示内容や文脈は明らかではない。図書館問題研究会による「学習権」の導入が本格化するのは、1970年9月13日から15日にかけて石川県で行われた第17回全国大会である。大会に先立って提示された「図書館をとりまく諸情勢」は、(1) 安保体制と国民の生活、(2) 言論・出版の自由について、(3) 教育の反動化、(4) 情報化社会論に対決するという、4項目で構成されていた。(3) では、1968年に改訂された学習指導要領を中心に、教育反動化を指摘した。そして、この教育状況に厳しい審判を下したものとして、国家の教育権を否定した教科書裁判の杉本判決（1970年7月17日）を取り上げている。また、中教審、日経連、経済同友会等が一貫して取り上げているという生涯教育について、「"学校教育の偏重"是正を名目として、安上りの労働力供給源をうる手段としての生涯教育をうたっている」と断じた。その上で、「独占資本のからくりを見破り、国民の教育権に対する真の要求を見失わず、国民の学習権を保障する社会教育の充実を要求して行かねばならない」と結んでいる[140]。そして、討議[141]を通じて採択された大会宣言には、次のような内容が含まれる。

> 貸出しをのばそうという図問研の運動方針もようやく一般に認められ、各地でみるべき成果をあげていますが、図書館における資料の提供ということは、実は住民の基本的な権利の一つである学習権の保障なのだということが、明らかにされ始めたということが本大会の大きな成果といえましょう。すなわち各地ではじめられた文庫づくりの運動は、よい文化環境の中で育てられるべき児童の権利を守るための運動であり、目の見えない人や手足が不自由で図書館に来られない身体障害者の学習権を保障するということは、図書館の緊急の課題であるということが確認されました。
>
> このような住民の切実な生活課題にもとづいて東京支部では、住民の権利としての図書館をつくるための政策を発表しました。この経験を全国の

自治体に広め、それぞれに独自の図書館をつくるための政策を、住民とともにつくりだしていくことがのぞまれます」[142]。

大会の後、多田秀子と森崎震二は、図書館問題研究会の機関誌『図書館評論』に「国民の教育権と公共図書館事業」を発表した。その冒頭で、「公共図書館は住民の教育権を保障する機関であることを核として始めて成立しうる」（原文ママ）と主張した。「国民の教育権」の項目では、適宜、堀尾輝久や兼子仁の見解を引用しながら、教育する権利は自然権としての親権に属するのであり、親から委託を受けた教師は親権を代行する専門家として教育する権利を持つとした。そして、「図書館と住民の教育権」の項目では、教育権の保障を全住民に対して、常時実行するために「資料提供を一つの核とした公共図書館が整備される」必要があるという。さらに、その資料提供機能を具体化するのは、予約制度と読書相談に支えられた貸出であると主張した[143]。

以上の議論には、予約制度、集会室、障害者の図書館利用という、その後の図書館問題研究会が学習権との関係で重点化するサービスがすでに現れている。1970年以降、図書館問題研究会は、大会や『会報』などの機関誌において、基本的に、公立図書館の目的を学習権の保障と位置付けるようになり、年次大会でも表題に「学習権」を含む分科会が設けられるようになった。1972年の第19回大会に際して、「"公立図書館は、住民の学習権を保障する機関である"ということは抽象論ではなくて、生々発展しつつある具体的な図書館活動の中で確証されるべき実践的課題である」と記されるように、主眼が置かれていたのは、具体的なサービスとの関係であった。理論面での検討として存在するのは、1971年の第18回全国大会に先立って『図書館評論』に発表された天満隆之輔の「『学習権』を成り立たせるもの」である。

天満の問題意識も、「厳密な理論的究明が行われないまま、用語の使用が先行している」[144]ことにあった。そこで、教育を受ける権利と学習権を同義語として、その意味構造を検討し、図書館の実践活動の理論化へのかかわりを究明することを論の目的に据えた。天満は、まず、堀尾輝久の議論と杉本判決をもとに、2つの問題点を導いた。すなわち、それらに示される「教育」が学校

教育を意味していることおよび、学習権の権利主体として想定されているのは子どもであるということである。ここから敷衍すれば、図書館は従来の教育論の枠外にあったということになるため、続く議論では、学習権を成り立たせる教育の基本的性格をまとめ、それを図書館の文脈に適用する作業を行った。

　まず、天満は、「教育の三つの基本的性格」を、(1) 生活実践のあるところどこにでも教育の根があるという社会的普遍性、(2)「教育には下限がない」とする発展可能性、(3) 学問と生活実践との結合の3点にまとめた。なお、(2) の内容を端的にいえば、障害者に対する教育実践から、教育の対象として除外されるべき児童はいないということである。

　そして、これらを図書館活動に適用させたが、同時代の動きやサービスに触れたのは (2) に関する部分だけであった[145]。「下限」に関連して、まず、「身体障害者の図書館利用は、ほとんどとざされている」という現状を論難した。さらに、「発展可能性」（論文内では「発達には上限がない」と言い換えられる場合もある）との関係で、貸出に言及した。まず、前川恒雄や鈴木正次と、平野勝重との対立する議論を取り上げ、双方にコメントしている。前川や鈴木は、機能としての資料提供を重視しており、特に鈴木はこれを強調し、図書館員を、資料の媒介者であり、提供者であるに過ぎないと主張していた。これについて天満は、「資料提供と住民の自己形成作用とを機械的に切り離している」とした。一方、平野は、前川らの見解を批判して、利用者の多面的な要求は図書館員が単なる媒介者、提供者に止まることを許さない情勢を生み出しつつあり、小集団学習における読書指導等の社会教育的機能を求めた。このような指摘について、天満は、資料提供を静的にとらえたものであり、「資料提供の本来もつダイナミックな働きがかくされている」と批判した[146]。

　ここから、天満は、「貸出をのばす運動」の有する2つの側面を指摘した。第1に、住民による読書要求を社会権として制度的に確立する戦略戦術的性格である。そして、第2に、自己形成作用を営むものであるという。後者について、自己形成作用の具体的内容には触れていないものの、特に次のように指摘した。

いわゆる"資料提供"の充足の要求は、予約制度、読書案内・相談を必然的なものにしていくとともに、相互に影響し合いながら、住民と図書館員とを住民の意識に立って徐々に確実に結びつけていくことを意味するものである[147]。

天満による「公共図書館における学習権理論の成立条件」に関する議論は以上のようである。この後、図書館における学習権に関する理論的検討はほとんど行われることはなかった。1970年代後半には、図書館問題研究会の機関誌に、堀尾輝久[148]や兼子仁[149]といった教育行政学者の講演録が掲載されるようになるが、議論の大半は憲法解釈や教育裁判など、教育権論争で扱われた内容そのものであり、図書館に固有の文脈からの検討はほとんどなかった[150]。

一方、実践面では、予約制度、集会室、障害者サービスといった取り組みが、学習権の保障を目的に推進され、特に力が入れられたのは、障害者サービスであった。障害者の読書要求をめぐる動きは1960年代後半から顕在化しており、1969年の日比谷図書館や国立国会図書館に対する、視覚障害者への開放を求める運動を通じて関係団体が結集し、1970年6月に、「視覚障害者読書権保障協議会（視読協）」が発足した。図書館問題研究会は、視読協と連動し、前述のように1970年の年次大会では「身体障害者の学習権を保障するということは、図書館の緊急の課題」と大会宣言で述べたり、1971年には調査活動の柱の一つに「身障者サービスの基礎となる調査」を据えたり[151]している。また、視読協の名称にも含まれる「読書権」について、市橋正晴は、従来、視覚障害者の読書がボランティアから一方的に与えられる、恩恵としての読書だったことに対する反対理念として、公的な保障を意識して、読書権という言葉を使ったと回想している[152]。図書館の目的を住民の学習権の保障と位置付ける図書館問題研究会と、理念的に近いものであった[153]。

4.2 学習権をめぐる路線の相違

ところが、以上にみた、図書館問題研究会の活動を基礎づける「学習権」に批判がなされることもあった。日野市立図書館の矢野有は、児童図書館研究会

の機関誌『こどもの図書館』1970年4・5月合併号において、図書館問題研究会の東京支部による東京の図書館政策に関する中間報告を読んだ所見を述べている[154]。この中間報告は1970年3月に出されたものであり、前項でも述べたように、同年9月に『住民の権利としての図書館を』としてまとめられることになる。

矢野は、中間報告の学習権保障や集会機能の強調を受けて、次のように批判している。

> 資料の提供を第一にうたうのではなく、集団で物を考える場を提供する図書館、それがひいては社会改造につながることに、より大きな意義を見出しているように読みとれ、今一考の余地を見る。この考え方は、冒頭の「都民の学習の権利を保障することが公共図書館の機能の本質である」という捉え方と同様に、日本図書館協会から機を同じくして出された公共図書館振興プロジェクト報告の「公共図書館の基本的機能は、資料を求めるあらゆる人々に資料を提供することである」に比べて、教育臭を感じずにはいられない。学習と規定することが、図書館の機能を小さくしはしないだろうか[155]。

さらに、「ただ提供する貸出すことで良いのかと、あえて問われれば、しかりと答えざるをえない」とも述べている。また、建物ではなく機能を重視すべきであるというプロジェクト報告を尊重し、集会機能および集会室の重要性を否定しないものの、集会機能は貸出機能と同列に置かれるべきものとはいえないとした[156]。

矢野が述べる「機を同じくして出された公共図書館振興プロジェクト報告」というのは、1970年5月に刊行された『市民の図書館』である。同書の実質的な著者である前川恒雄も、後に、学習権について、「私はこれには批判的である。なぜなら、図書館は学習だけのためにあるのではない。(中略) かりに目的を『学習権の保障』にしぼった場合は (中略)、せまい意味の教育的な活動に、より重点を置いて機能をとらえることになるだろう」[157]と述べている。

それでは、図書館問題研究会における主要な議論の中で、『市民の図書館』

はどのように把握されていたのであろうか。初めて学習権を公共図書館の目的に据え、障害者サービスの重要性も指摘していた1970年の第17回大会では、第4分科会「『市民の図書館』―貸出しを中心に―」が設けられていた。そこでは、『市民の図書館』について、「貸出しを中心におさえて走れということである。運動論として貸出しが大切なことを指摘している」と、運動論として親和性を表明している。しかし、同時に、問題点の指摘も行っている。貸出の重視は、戦術的な把握によるもののようであり、「貸出しが何故大切なのか、その根拠が不明確」であるという[158]。特に、『市民の図書館』では、貸本屋との差別化について、利益追求ではないこと、読書案内を行う司書の存在、無料であることが市民の「知的自由」、「知る権利」を保障するといったことが挙げられていた[159]。分科会では、こうした指摘を「本質から逃げてしまった態度ではないか」とし、これをもとにしていては、「教育長・社会教育課長に説明する時に、なかなか説得的なものができない」という意見が出された[160]。この「本質」は、学習権の保障ということになる。図書館政策を扱う第2分科会では、貸出と集会機能を重視した東京支部が、次のような説明を行った。

　　図書館の本質的機能から言うと、集会機能は住民の学習権を保障するためにある。もちろん、我々が貸出しを重視するのも学習権を保障するというところからきている。その意味では、今度日本図書館協会から出された『市民の図書館』は、なぜ図書館が貸出しをするのかという大事なことに答えていない。

　　ただ公共図書館が税金でまかなわれているから無料で貸出しを受ける権利があるのだというような言い方をしている。これでは論理的におかしい。図書館が住民の学ぶ権利を保障するために無料で資料を提供することが前提となるのであって、そのために税金をつかって運営することが必要なのである。学ぶ権利を保障するということは、究極的には生存権の保障にもかかわることで、人間にとって学ぶということは生きていくために欠かせないものになってきている[161]。

この見解には、『市民の図書館』の冒頭に、国民の「知的自由」の保障が記さ

れていることに鑑みれば、当然、反論もありえたはずである。しかし、ここに示した対立が、存在感のある論争に発展した形跡は、管見の限り確認できない。また、このような、1970年頃の、貸出そのものの重視(もしくは「知的自由」の保障)と学習権の保障の対立に関して、2.3「『中小都市における公共図書館の運営』への協力」で言及した、1963年頃の、資料提供と読書普及(読書指導)の対立を引き継ぐものではないかということも想起されよう。しかしながら、1970年頃の対立は、双方とも資料提供を重視することが議論の前提なのであり、論点は、資料提供の目的の相違であったということに注意を要する。これに関連して、塩見昇は、まず、読書運動の評価をめぐって、「図書館(員)が利用者(住民)を『指導』するという発想が徹底して否定された」[162]ことを指摘している。さらに、上記の前川の主張や、「図書館の自由に関する宣言」(1979年改訂版)において、学習権への言及が慎重に避けられていることを指摘する小川利夫の議論[163]を踏まえた上で、次のように説明している。

> 学習と教育をめぐっての微妙な点であることは違いない。要は、「教える」立場からの自由や権利を主張しないのが図書館における教育機能の考え方であり、資料の持つ教育力と読者の選び、読む自由を基調として、住民の学ぶ権利を保障する確かな資料提供を志向するのが現代の図書館である[164]。

これは、対立の中にある結節点に重点を置いて説明したものといえるが、正当性の判定などの、対立の解消を目指したものではない。学習権を図書館の目的に据える考え方は現在まで存続し[165]、『市民の図書館』は公立図書館の在り方に大きな影響力を及ぼしたと把握される[166]。

5節　図書館問題研究会にまつわる権利保障の思想と実践

本章で示したように、図書館問題研究会の活動は、革新陣営への親和性を基調に展開した。そして、旧世代の批判や「民衆」志向は、「奉仕」の重視と結合していた。ただ、「奉仕」の重視自体は一貫していたが、その内容は、1963年の『中小都市における公共図書館の運営』に前後して、読書運動から貸出へと

移行した。このような動きの中で、図書館活動の目的に利用者の権利保障が位置付けられるようになるのは、1970年頃からであった。

　読書運動を重視していた1950年代後半から1960年代前半の時期には、社会的立場の表明に関係して、「図書館の自由に関する宣言」を援用した主張がなされていた。これは、当該宣言が民衆の知る自由の保障を基礎としていることに鑑みれば、一見すると権利保障にまつわる動きのように思える。しかしながら、図書館問題研究会と日本図書館協会の主流派との間で顕在化した方針の相違は、社会問題への関与についてであった。これは、知る自由に関することというよりも、宣言の採択過程で表れた中立性に関する路線の相違の延長に位置する議論であった。

　また、図書館問題研究会の主要構成員が中心となって作成した『中小都市における公共図書館の運営』では、冒頭で、宣言作成者が依拠した概念である「知的自由」が用いられている。しかし、読書運動と資料提供のせめぎ合いの中で、「知的自由」は必ずしも実践と結びつけられていたわけではなかった。同書を発展させた『市民の図書館』に至って、「知的自由」の保障を基礎に、資料提供の重視から全体がまとめられた。一方、図書館問題研究会における権利保障の思想は、「知的自由」とは異なった文脈から生じていた。

　図書館問題研究会が採用した「学習権」は、教育法学における国民の教育権論で論じられていた。国民の教育権論は、日教組のブレーンであった宗像誠也が先鞭をつけ、国家に対するカウンター理論という性質を有するものと理解される。これは、革新陣営の立場を明確にし、「教育の反動化」を一貫して批判してきた図書館問題研究会と親和性があった。ただし、教育法学における「学習権」論および国民の教育権論さえ、多様な理論構成であったため、図書館界においても理論的な発展に向かうことはほとんどなかった。そのかわり、学習権は、後続する読書権と結びつきやすく、障害者サービスといった実践へとつながる素地となった。すなわち、視読協という図書館外部の団体と共同しつつ、図書館界において図書館問題研究会が推進した障害者サービスの理論的根拠となったのである。

さらに、図書館問題研究会も、資料提供を重視し、特に館外貸出と予約制度の重要性を主張していた。上記のように、図書館の目的に関して、図書館問題研究会と『市民の図書館』との間で考えの相違があった。しかしながら、理論面での対立は後景化し、運動論としての貸出に収斂した。

　そして、本章の検討範囲の後、すなわち1970年代後半になると、図書館界において、「図書館の自由に関する宣言」の改訂や「図書館員の倫理綱領」の採択など、図書館の自律的規範を示す文書にまつわる動きが生じる。権利保障の思想という観点からみれば、当該宣言の改訂では、『市民の図書館』や図書館問題研究会の年次大会でも触れられていた「知る権利」という概念が重要になる。第3章では、ジャーナリズムや法学における「知る権利」に関する議論が「図書館の自由に関する宣言」に与えた影響を検討する。また、第4章では、「図書館員の倫理綱領」の採択過程を検討する。そこでは、本章で扱った「学習権」が図書館の自律的規範を示す文書においてどのように扱われたのかが明らかになろう。

「図書館の自由に関する宣言」の改訂と法学的「知る権利」論の受容

1節　はじめに

　1966年、T.I.エマースンは、アメリカ合衆国憲法修正1条の保障する表現の自由を包括的に論じ、日本では『表現の自由』として訳出され、1972年に刊行された。同書は、現在に至るまで、表現の自由を論じる際の基本書として扱われる。その中で、エマースンは、表現の自由の社会的意義を、(1) 個人の自己実現、(2) 真理への到達、(3) 政策決定への参加、(4) 社会における安定と変化の均衡の維持という、4点にあると論じた[1]。ただ、(4) はそれ以外の観点を踏まえて表現の自由が充足された結果としてもたらされるものと理解され[2]、現在では、特に (1) と (3) を根拠に、二重の基準論[3]をはじめとして、表現の自由の優位性が説かれる傾向にある[4]。

　表現の自由は、図書館の観点からみても重要であることは論をまたない。資料を収集・保存するにせよ、さらに広く公開するにせよ、社会における表現の自由が維持され、取り扱う資料が検閲にさらされていないことは、自律的な図書館活動の前提をなす。ただ、本書のこれまでの議論に鑑みれば、図書館と表現の自由には一定の結びつきが存在していたものの、図書館の自律的規範の中で、表現の自由の保障に優越的な位置づけを与えて、図書館の目的として正面から採用するといったことはなかった。

　1954年に採択された「図書館の自由に関する宣言」は、「基本的人権の一つ

として、『知る自由』をもつ民衆」[5]に奉仕することを目的としており、検閲に反対する条項も含んでいた。一見すると、これは表現の自由の保障を意味しているようである。しかし、喫緊の社会情勢への対応が議論の前提にあり、当時の森耕一の指摘[6]からも明らかなように、それらの記述は必ずしも、図書館と憲法保障としての表現の自由との結びつきを表明しているわけではない。さらに、1963年の『中小都市における公共図書館の運営』では、本書の第2章の冒頭で指摘したように、宣言作成者たちが依拠した「知的自由」という語を説明するにあたって、学問の自由や生存権、教育権などと並置する形で表現の自由が挙げられていたに過ぎない[7]。また、同書を発展させた『市民の図書館』でも、「知的自由」について法的概念を援用した解説はなされていない[8]。

このような中、1979年に改訂された「図書館の自由に関する宣言」の特徴は、次の4点に集約される[9]。

(1) 宣言の基礎を、日本国憲法が保障する表現の自由においたこと
(2) 利用者のプライバシー保護を、主文の一つとして設けたこと
(3) 主文のみならず、具体的指針としての副文をも一体のものとして採択したこと
(4) 日本図書館協会で採択し、今後の維持に安定した基礎を確保したこと

この(1)で指摘されているように、改訂版の「図書館の自由に関する宣言」は、表現の自由を主軸に据えた理論構成を採用するようになり、「知る自由」の概念を用いて資料や情報の入手について利用者にある種の権利や自由の保障することを目指す立場を明確にした。これは、法学の議論、とりわけ、「知る権利」論と無縁ではない。しかし、図書館の規範でいわれる「知る自由」と法学的「知る権利」との関係性は、これまで必ずしも十分に論じられてこなかった。以下に示す先行研究は、本書の序章と重複するが、本章の問題設定に照らして重要であるため、やや詳しくみておきたい。

両理論の関係性を研究として扱った先駆的業績は、渡辺重夫の『図書館の自由と知る権利』である。議論の目的として、「図書館の自由、あるいは図書館の社会的機能の根底に位置付けられている知る自由・知る権利を、極めて包括

的な形で明らかにすることによって、図書館と知る権利との関連について若干の素描を試みようとするもの」[10]と述べている。そして、1954年版の「図書館の自由に関する宣言」について、国民の情報入手権を保障するという図書館の理念を表明したものという理解を示した。「図書館の自由に関する宣言」の冒頭で「知る自由」に言及していることには「今日からみてもきわめて重要な視点を含んでいる」として、次の3点を指摘した[11]。

(1)「知る自由」を基本的人権として捉えていたこと
(2) 抽象的権利ではなく、保障のための社会制度としての図書館の基本的任務と結びつけていたこと
(3) 公権力等の介入や干渉の排除と結び付けていたこと

同時に、当時の「知る自由」の用法には未熟さも表れているとして、法的根拠の不在などを指摘した。それに対して、改訂版の「図書館の自由に関する宣言」は、不十分さを克服したものとして、「知る権利論の発展の系譜を基本的に受け継ぐ形で登場してきたことを充分にうかがい知ることができる」[12]と述べた。特に、実定法上の根拠を有していることや、図書館資料に対する接近の権利を国民の権利として規定していることを重視した。さらに、必要とする資料は必ずしも利用する図書館に所蔵されているとは限らないということから、この権利を実現するには、利用者は収集されていない資料の提供を求め得ると理解した。ここから、利用者の図書館資料請求権を導き出した[13]。

ただ、このような指摘に先立って、渡辺は法学的「知る権利」論の展開をまとめているのであるが、簡略な記述にとどまっている。すなわち、渡辺は、「知る権利」論の発生については、本章の3.1「表現の自由における主客逆転」で示すような、表現の自由の捉え直しから説明しているものの、その後の展開については、「1970年代初頭にかけて、知る権利論は更に多面的な内容を盛り込んで新たな展開を見せることになる」[14]と指摘して、背景を述べるにとどまっている。すなわち、メディアや情報流通の状況の変化が、「知る権利」論の新たな展開の背景になったことを述べているが、「知る権利」論の「新たな展開」の内容そのものには踏み込んでいない。

さらに、中村克明は『知る権利と図書館』で、両概念の関係を明示的に取り扱っている。その第2章「知る自由と知る権利の関係に関する検討」では、両概念を同一視する図書館関係者の認識に批判的であった。しかし、同章の末尾において「この段階では、1954年『自由宣言』における知る自由の採択経緯に対する認識不足と、渡辺重夫氏等による詳細な研究成果を十分にふまえることができなかったため、1979年『自由宣言』における知る自由がすでに知る権利と"同一の概念"（=「国家等に対し作為義務を課する積極的な意味合いを含む概念」）となっていた（中略）ことを見抜けなかった」[15]と釈明した。そして、後の章では、宣言改訂の関係者の認識を今度は根拠に据え、「新たな『自由宣言』における知る自由は（中略）受け手の自由（権利）=『消極的・受動的権利』のみならず、『積極的・能動的権利』をも包含する概念、すなわち知る権利と同概念となるに至った」[16]と結論付けた。

同書を研究書としてみた場合、但し書きを付すよりも、加筆・修正が求められよう。また、「知る自由」や「知る権利」に言及する図書館関係者の文献を数多く引用し、表現の差異に注目しているが、理論的背景に踏み込んだり特定の分析枠組みから検討したりするものではない。特に、そこで取り上げられた、法学者の言及する「知る自由」の大半[17]は、図書館界での「知る自由」ではなく、「複合的な性格を持つ権利」[18]である「知る権利」の自由権的側面を指すに過ぎない。

上記の研究状況においては、自由権や請求権という権利の性質に着目し、両概念を同一視する見解が主流であった。これは、理論の成熟した現在の「知る権利」論から検討するものであり、渡辺や、それを踏襲する中村の議論には、両理論の関係性を歴史的視座から解明する視点は希薄である。

以上のことから、本章では、改訂版「図書館の自由に関する宣言」の採用する権利保障の思想の射程を理解するために、そこで述べられる「知る自由」と法学の「知る権利」の関係に着目する。そして、改訂時の「図書館の自由に関する宣言」の「知る自由」に関する議論と法学的「知る権利」論の展開を比較検討することで、相違点と共通点を含めて、両理論がどのような関係にあるのか

明らかにする。

構成は次のようである。まず、第2節で、本章の議論の前提となる、「図書館の自由に関する宣言」の改訂の経緯を概観すると共に、宣言案が表現の自由を重視するようになってきたことを示す。そして、第3節では、法学的「知る権利」論の展開をまとめ、第4節で、図書館の「知る自由」と法学的「知る権利」の関係性についての宣言改訂時の考え方を明示する。第5節では、それらを比較検討することで、図書館界が法学的「知る権利」論を、図書館の文脈に最適化しながら受容したことを明らかにする。なお、以下では基本的に、「知る自由」は図書館の倫理的価値としての知る自由を、「知る権利」は法学的知る権利を指す。

2節 「図書館の自由に関する宣言」の改訂

「図書館の自由に関する宣言」の改訂に至る経緯は、すでに多くの文献で取り上げられている。記述の程度には差があるものの、示される経緯は共通している。すなわち、1973年の山口県立図書館図書抜き取り放置事件を契機とする動きの中で、1974年に、日本図書館協会内に「図書館の自由に関する調査委員会」が設置され、同委員会によって1979年に宣言が改訂されるというものである。山口県立図書館図書抜き取り放置事件にまつわる各方面の動向は、1975年に河井弘志によって包括的にまとめられており[19]、事件の経過は事例集でも取り上げられている[20]。また、事件の発生から改訂までの全容に関して、委員会の一員として、宣言の改訂にもかかわった塩見昇の『知的自由と図書館』が、日程や背景を含めて、比較的詳細な記述を行っている[21]。

本節でも、本章の議論の前提となる「図書館の自由に関する宣言」の改訂を取り上げる。まず、第1項において、改訂版「図書館の自由に関する宣言」が採択されるまでの経過を扱う。ここでは、一定のまとめがなされている先行研究に記載されていなかった事実や解釈を導くわけではない。むしろ、資料的裏付けを通じて、記述の精度を高めることを目的とする。一方、第2項では、先行研究で焦点があてられてこなかった、委員会による宣言案の変遷を検討す

る。ここでは、本書の議論に鑑みて、権利性に関する理論構成の変化に着目する。

2.1 「図書館の自由に関する宣言」の改訂に関する概要
2.1.1 山口県立図書館図書抜き取り放置事件

山口県立図書館図書抜き取り放置事件の直接の発端は、1973年8月27日の夜、山口県信愛教会の牧師であった林健二が、7月23日に新館が開館したばかりの山口県立山口図書館において、小西誠『反戦自衛官』[22]やトム・ヘイドン『反戦裁判』[23]、上野裕久『仁保事件』[24]などの資料を借りようとした。しかし、開架書架にあるはずのそれらの図書はなく、職員とのやり取りで、館外貸出になっているわけでもないことが分かった。翌28日にもそれらの資料はなく、さらに、朝鮮人問題を扱った資料も見当たらなかった。林が自らの教会の会誌に記述した証言では、発見できない資料に一定の思想的傾向が見出されるということで、林は昼食前に新聞社に出向き、記者に調査を依頼したという。そして、午後には新聞記者と共に、館長室において、館長や課長と話し合いを行った[25]。

このような林の行動は、山口県立図書館の図書館員との相談の下に行われたものであった。このことについて、事件から15年後に、自らを内部告発者という立場にあるとする阿部葆一が証言している。それを踏まえれば、山口県立図書館図書抜き取り放置事件の背景をなしていたのは、「明治百年祭」であったといってよい。「明治百年祭」とは、明治元年から100年が経過したことを記念して、1968年10月に行われた式典を中心とした、全国規模のメディア・イベントである。先行研究ではほとんど説明されることのない「明治百年祭」について、事件との関係でまとめておく。

「明治百年祭」の式典や付随するイベントについて、トパチョール・ハサンの論文が詳しい。ハサンは、「明治百年祭」イベントに関する議論や地方での受容の検討を通じて、メディア・イベントとしての「明治百年祭」イベントの性質を明らかにしている。佐藤栄作内閣が主導する明治百年記念事業には、過

去の歴史を美化するものとして反対運動がおこり、特に式典開催時から全国各地で激化した。そのような、イデオロギー的対立に基づく「記憶の内戦」が生じる一方で、イベントの一環として行われる事業そのものに対する批判は、ほとんどなかった。すなわち、青少年の国際交流事業（「青年の船」）の実施や、公園、歴史博物館、そして図書館などの施設の設立そのものは、肯定的に受容されていた。あわせて、ハサンは、京都を例に、地方の百年祭イベントは、必ずしも政府の意図に沿った内容ばかりのものだったわけではなかったことを指摘している[26]。

　山口県でも、明治百年祭の関連事業として、図書館が設けられていった。例えば、下関市立長府図書館（1966年9月）や下関市立下関図書館（1969年10月）の開館もその一環であり[27]、事件の舞台となった山口県立山口図書館の新館も同様の位置づけを有していた。また、保守の風潮が強いとされる山口県にありながら、阿部は、政府の百年祭イベントに反対する者のひとりであった。阿部は、百年祭の時期には一時的に県立図書館を離れて山口女子大学の図書館にいたこともあり、労働運動や社会運動に比較的自由に参加することができていた。1967年から始まった建国記念の日に、林牧師が個人的な呼びかけで反対集会を行い、牧師の依頼で阿部が発題者になったという。さらに、翌1968年の明治百年についても、日本科学者会議の依頼で批判的立場から話をしたという[28]。阿部と林は、建国記念の日の反対集会から、仁保事件訴訟や自衛官合祀拒否訴訟などを通じてかかわりをもち、林が図書館問題にも関心を寄せていたため、よく話し合う仲であった[29]。

　阿部によれば、書庫でダンボールに詰められた図書を発見したのは、8月25日の夜のことであった。阿部は、新館開館のための整理は終わっているにもかかわらず、図書がダンボールにぎっしり詰まっているようであることを不審に思った。開いてみると、まず目についたのは破損本であったが、その下にあったのは、教科書問題や、反戦平和運動、共産党、社会主義運動などに関係した資料ばかりであり、それらは購入から間もないものであった。阿部は、即座に、その資料の簡単な目録を作成するとともに、館内の親しい者との相談の中

で、「恐らく開館式でその時にくる知事、地方名士や予算を握る県役人、県議などの保守層、それらを刺激したくないから一時的に隠したという、まあ緊急避難かも知れないが、これから静かになって処理を考える段階で、どう館員に説明したらいいか困っているだろう。だが私はその前に、マスコミに働きかけたい」[30]と考えた。そこで、林に相談し、マスコミへの働きかけを一任した。翌26日、日曜日で休館している間に、記者に現場を案内した。27日、阿部が図書館からの帰途に林を訪ね、ダンボールがそのままであることを伝えた後に、林は前述のような行動を起こしたのである[31]。

このような証言からみれば、事件直後の林による記事は、阿部との関係や、当日の行動に至る経緯に言及がない点で、単なる事実の報告にはとどまらず、一定の筋書きを提示しようとした側面もあろう。そのため、館長室でのやり取りとして示された課長に関する次の描写が事実であるかどうかを判断することはできない。

> 課長は最後に涙を流さんばかりにしていいました――「私も左なのだ。これまで右からいろいろ突き上げがあって、あまりにも神経を使いすぎたのが悪かった。民主勢力から突き上げられようとは、夢にも思わなかった」とのべ、仁保事件の最高裁判決直前に、私が『展望』にかいた"わが仁保事件"も熟読し、自分の長女に文章をぬきがきして送ったほどだと胸中の思いをのべました[32]。

ただし、その前段では、館長が「課長個人がやったことだ」と述べたり、「移転直後の忙しさにまぎれて忘れていたのだ。単なる作業上のミス」と発言したりしたことが記されている。その発言内容が真実であるかどうかはさておき、館長の説明そのものは、後述の『図書館雑誌』1974年5月号[33]で行った釈明と同じである。

むしろ、本書の議論との関係で興味深いのは、事件に対する林の批判であり、それは次の3点にまとめることができる[34]。

(1) 本事件は、「保守王国とよばれる山口県政の問題」にかかわる問題を突き付けていること

(2) アウシュビッツやベトナム戦争の事例を引用し、上司の命令に忠実に行動したことが残虐な行為につながるということで、組織の中で人間が正気であり続けるためにはどのようにすべきかということ
(3)「知る権利」が侵されたということ

本章第3節でみるように、この前年に、外務省機密漏洩事件と共に「知る権利」が大きく取り上げられるようになっており、それが人口に膾炙していることが(3)から読み取ることができよう。「図書館の自由に関する宣言」の改訂に影響する「知る権利」が、その発端となった事件との関係で言及されていたのである[35]。

2.1.2　図書館界の反応から「図書館の自由に関する調査委員会」の設置

図書館界において、山口県立図書館図書抜き取り放置事件にいち早く反応したのは、第2章で詳述した図書館問題研究会であった。図書館問題研究会が、名古屋において第20回全国大会を開催したのは、林が行動を起こしてから19日後のことであった。1973年9月15日から17日の3日間で、参加者数は265人であった[36]。山口県立図書館の阿部も参加しており、初日の全体会議や、2日目の資料に関する第6分科会で、事件の討議が行われた。さらに、大会期間中にグループ集会が行われており、その中のひとつでは、40人程度が集まり、阿部が山口県立図書館の経過説明をした後に、質疑応答があった。加えて、図書館の自由に関係する意見も出され、1954年に採択された「図書館の自由に関する宣言」の重要性を指摘する発言もあったという[37]。また、このグループ集会と第6分科会の議論に共通して、問題を山口県立図書館に限定したものとして把握すべきではないという認識が出されていた。最終日には、この認識を基本的立場とする、「山口県立図書館図書封印事件にあたって『図書館の自由宣言』を守る決議」[38]が採択された。

大会後に、図書館問題研究会は、図書館関係団体に呼びかけて、高知で開催を予定している全国図書館大会で何らかの決議を目指すことにした。さらに、10月11日に、大学図書館問題研究会と合同で、「山口問題」を考える集会を開

いた。そこでは、まず、この運動の基調が、単に山口県立図書館を糾弾するものではないことを確認した。続けて、「図書館が住民の学習権を保障するか、しないかを問う事件」と把握したり、「1954年の『図書館の自由に関する宣言』をあらためて住民の間に宣伝していくことも必要であることが確認され」たりしたという。この内容を総括し、10月15日に、日本図書館協会に対して、決議を促す要望書を提出した[39]。

1973年10月17日から19日にかけて、昭和48年度全国図書館大会が高知県で開催された。最終日の全体会議で「図書館の自由に関する宣言」を再確認するという提案が承認された。ただ、日本図書館協会による大会記録を参照する限り、このことを全体会議に提案するに至った公共図書館部会（第1部会）での議論の内容は不明である[40]。全体会議では、叶沢清介（日本図書館協会事務局長）は、「ある県立図書館」という表現にとどめ、事件のごく簡潔なまとめを行った。あわせて、その図書館長に報告を要請しているところであること、そして、『図書館雑誌』1973年11月号でこの問題を扱う予定であることを述べるにとどまり[41]、活発な議論が交わされたということは読み取れない。

その『図書館雑誌』1973年11月号も、図書館問題研究会にとって満足のいくものではなかった。図書館問題研究会の委員長であった酒川玲子は、その理由を「そこには、新聞の切抜記事と、一般的な自由論文が掲載されているだけで、日図協としてのこの事件に対する意思表示も、県立図書館側からの発言もなかったから」[42]としている。そして、図書館問題研究会は、大学図書館問題研究会と連携しながら、次の2点を働きかけることにした[43]。

(1) 協会の中に専門委員会を設け、常時活動させるようにする
(2) 山口県立図書館の事件について協会としての態度を表明する

1974年2月26日に酒川らは日本図書館協会の事務局で要望書を手渡した。その後の動きとして、2月28日の理事会で、(2)に関して、山口県立図書館の館長からの報告を求め、雑誌に発表することになった。これが実現したのが『図書館雑誌』1974年5月号であった。

当該図書館の館長であった村瀬和徳は、「山口図書館の資料事故について」

第 3 章 「図書館の自由に関する宣言」の改訂と法学的「知る権利」論の受容　　**113**

という記事を掲載した。表題からも明らかなように、「意図的に封印するとか隠匿するとかいうものではなく、事務処理の遅滞による事故」と説明している。ダンボールに資料を収めたのは、7月23日の新館開館式の二日前であり、整備課長が参考課長を促して、短時間のうちに行ったという。その動機について、「開館当初の利用者の印象が大切であるので、親しみやすい資料を揃えて固さをほぐしたいと考えて措置した」と説明している。記事の終盤には、「基本的人権の1つとして『知る自由』を持つ住民に、資料を提供するという使命の重大さについては充分留意して運営してきたところでありますが、今回の事故を契機として更にその自覚をあらたにし」たという。あわせて、1973年12月25日に、館長・副館長を含む4名が行政処分を受けたことも報告してある。それは、「事後の措置が適切でなく、図書館運営について県民の疑惑と不信を招いたことは、図書館職員として重大な職務怠慢」であるということであった[44]。

　日本図書館協会は、この報告を尊重し、協会の態度を明らかにするべきであるという意見に対して、隠匿する意図がなかったとあるから「常務理事会としては、これ以上何も言うことはできないという態度であることになった」としている[45]。なお、事件のみならず、このような協会の対応も、後に「図書館の自由に関する調査委員会」から批判される[46]。

　他方、(1)について、当初、これ以上委員会を増やすべきではないという考えから、「図書館員の問題調査研究委員会」（本書第4章参照）や常務委員会で扱ったらどうかと提案されていた。その後の議論や働きかけを経て、5月までに「図書館の自由委員会（仮称）」の設置について検討することになった。4月には、設置の可否を検討する委員会の構成が決定した[47]。そして、5月の評議員会で、中間報告が行われた。

　ここでは、可否を検討する委員の補充や、「図書館の自由に関する委員会」の設置が1954年の宣言採択時からの課題であることが説明された。また、委員会の性格や任務として、教育啓蒙活動と調査活動を重視するのであり、「委員会は窓口であり行動は常務理事会でやるべきでその意味で名称も図書館の

自由『調査』委員会にしてはどうかという意見」[48]が出されたという。さらに、調査委員会として設置することに、少なくとも積極的な反対派はいなかったにもかかわらず、設立の提案ができていない事情に、同和問題があったことが示された。つまり、資料の提供に関する「官憲の干渉など」は当然に問題として取り上げられるべきであるが、「同和問題は問題の深刻さから同じようにはいかないこと、図書館が差別をなくすために何ができ、何をしなければならないかをはっきりしないかぎり、自由委員会設置には疑問であるという意見が出された」[49]のである。

その後、『図書館雑誌』1974年11月号には、5回にわたる検討委員会の議論のまとめが掲載された。そして、11月5日の理事会、評議員会の決定に基づき、「図書館の自由に関する調査委員会」が日本図書館協会の常置委員会として設置されることが決定した[50]。

2.1.3 「図書館の自由に関する調査委員会」と宣言の改訂

「図書館の自由に関する調査委員会」の規程によれば、その目的のひとつは、「図書館の自由に関する宣言」の趣旨の普及と、その維持発展であった[51]。委員会は、関東と関西に小委員会を設け、討議を行い、その内容や事業を不定期に『図書館雑誌』に掲載していった。さらに、「図書館と自由」というシリーズで出版活動も行った。その第1集は、上記の目的のとおりに、1954年の「図書館の自由に関する宣言」の採択時の経緯や、当時の『図書館雑誌』の記事を転載した『図書館の自由に関する宣言の成立』[52]であった[53]。

宣言の改訂につながる具体的な動きが生じたのは、1976年5月16日から17日にかけて行われた、第3回関東・近畿地区小委員会連絡会であった。そこでは、1954年の宣言採択時から、ほとんど討議がされないままであった副文を取り上げた。副文について、宣言の内容を正しく把握するためには切り離せないという重要性を踏まえ、今日的視点から再検討し、副文の改訂版づくりへの論議を広く提起することになったのである。なお、ただちに修正案を提起するのではなく、委員会が論点を抽出してコメントを付した記事を発表するこ

とで、「かつての中立性論議のように館界の広範な論議を喚起」することを期待した[54]。さらに、全国図書館大会に部会を設けて集中的に討議したり、「図書館と自由」シリーズの第2集として宣言採択以降の記録や文献のまとめを刊行[55]したりする予定を示した。

副文に関する記事[56]が掲載されたのは、「図書館の自由」[57]を特集した『図書館雑誌』1976年9月号であった。続く1976年11月の全国図書館大会や、1977年2月の近畿地区での公開の副文検討会で行われたのは、「単に問題点の提起とそれにもとづく検討」[58]であったという。副文案の成文化に取り組むようになったのは1977年2月以降であり、『図書館雑誌』1977年9月号に副文案を発表した[59]。そして、全国図書館大会で検討を行った上で、新たな案を提示するという作業を繰り返していく。副文の第2草案が掲載されたのは、『図書館雑誌』1977年12月号であった。この時点では、「『主文』については様々な意見が表明されていますが、その改訂については、次の機会をまつことにしました」と述べている[60]。

委員会が、「図書館の自由に関する宣言」の改訂を目指すようになったのは、1978年3月であり、このことを5月の『図書館雑誌』で公表した。1978年3月22日に、日本図書館協会の理事や評議員による、第2草案の検討会を開催した。その終了後、17時半から21時頃まで、第1回全国委員会で討議を行った。なお、結成時から、基本的に関東と近畿の両小委員会でそれぞれ活動を行いながら、連絡会によって情報の共有や討議を行ってきたのであるが、この頃には、全国的な規模での委員会活動のあり方について検討が行われるようなった[61]。その結果として設けられたのが全国委員会であり、京都大学の森耕一が委員長に就任し、小委員会とは別に、9名の委員が委嘱された[62]。第1回全国委員会では、大要次のことを決定した[63]。

(1) 当初の予定では、1978年5月の総会で新しい副文の採択を行う予定であったが、これを延期する。(3)の決定も踏まえて、新しい宣言案を発表し、1979年5月の日本図書館協会総会で採択する。

(2) 全国図書館大会では恒常的な下部組織をもたないので、宣言の決議を

行うのは日本図書館協会が適当である。
（3）一年延期を決定した機会に、宣言の主文にも最小限、手を加えることにする。従って、採択を目指す宣言は、1954年のものの改訂版ということになる。
（4）一年延期の最大の理由は、職員の多くが討議に参加し、理解を深めるに至っていないということである。
（5）作業が最終段階に入るため、今後の意見表明は具体的な文案を明示することが望ましい。

これらのことは、翌23日の評議員会で承認された[64]。そして、改訂第1次案[65]が1978年8月に発表された。第1次案は、全国図書館大会のみならず、各地の図書館関係団体等の集会で検討された。10月21日締め切りで委員会に寄せられた意見は22通で、延240項目に及ぶものであった[66]。1979年2月に発表された「改訂案」（第2次案）[67]には、13通の修正意見が寄せられたというが[68]、ほとんど修正されることなく[69]、1979年5月30日の日本図書館協会総会において、1979年改訂版「図書館の自由に関する宣言」[70]として採択された。

2.2 宣言案の理論構成

ここでは、宣言案における、「知る自由」の理論構成の変化を取り上げる。それに先立って、改訂版の宣言の特色の一つとされ、権利保障の射程の拡大を意味する、利用者のプライバシー保護の条項について、簡単に確認しておく。

日本では、1960年代に『プライヴァシー研究』[71]をはじめとする研究が蓄積されていく中で、三島由紀夫の小説「宴のあと」に関する事件の判決をきっかけに、プライバシーの権利が法学の世界のみならず社会的にも認知されるようになった[72]。さらに、図書館界では、利用者の利用情報に関する警察の調査との関係で、利用者のプライバシーの権利への意識が高まった。特に、1976年に連載が開始された森村誠一の小説『凶水系』や、1975年に発生した東京都中央図書館における複写申込書閲覧要求などは、「『宣言』の改訂の気運を一層高まらせた」[73]のである。

第3章 「図書館の自由に関する宣言」の改訂と法学的「知る権利」論の受容

副文案の段階では、検閲への反対の副文で、「利用者のプライバシーを守る責任を負う」[74]と述べている。あわせて、上記の事件に関する議論を念頭に、刑事訴訟法107条の捜索令状が発せられた場合を除いて利用状況を明らかにしないことを示した。1978年8月の改訂第1次案の段階で、第3条「図書館は利用者の秘密を守る」が新設されるに至ったのである。

さて、「知る自由」の理論構成は、主文の副文の第1項目で示されている。副文案では、次のように説明されている。

「知る自由」は、思想・信条・学問・表現の自由・文化的生存の権利・教育を受ける権利等の基本的人権を基盤とし、これらの諸権利を貫く基礎的要件を意味し、それは、"真理はわれらを自由にする"との確信と寛容の精神によって支えられる。

「知る自由」は、人類が多年の努力の結果かちとった、民主主義を実現するための不可欠の要素であって、憲法が示すように国民の不断の努力によって保持される[75]。

あわせて、第2項目では、すべての国民が、必要とする資料を入手し利用する自由を社会的に保障することの重要性を指摘した[76]。

このような理論構成を採用するに至った委員会の議論そのものは、明らかではない。ただ、その多くは1963年の『中小都市における公共図書館の運営』で、公共図書館の役割を説明する際に使用された憲法条項と重複していることを指摘しておく。そこでは、知的自由を「国民の基本的人権である学問の自由、言論、出版、集会、結社、表現の自由などとともに、政府並びに国民の不断の努力によって保持されなければならない」[77]ものと説明し、後段には生存権や、教育を受ける権利への言及もある。

そのような記述が、表現の自由を軸とした表記に改められたのは、改訂第1次案からであった。そこでは、すでに、序章の第2節で引用した、採択された宣言の文章とほぼ変わらない記述がなされている。すなわち、憲法の表明する国民主権の原理に対する表現の自由の重要性を指摘した上で、「『知る自由』は、表現の送り手に対して保障されるべき自由と表裏一体をなすものであり、『知

る自由』の保障があってはじめて『表現の自由』は成立する」という。後段には、「思想・良心の自由をはじめとして、いっさいの基本的人権と密接にかかわり」とあるが、その他の憲法条項についての言及はなくなった[78]。なお、第2項目の内容は同じで、「すべての国民が、いつでもその必要とする資料を入手し利用する権利を保障することは、すなわち『知る自由』を保障することである。図書館は、まさにこのことに社会的責任を負う機関である」[79]と述べている。

このような、表現の受け手の権利保障は、「知る権利」論を連想させる。次節で、「知る権利」論の展開を見た上で、第4節で、それに対する委員会の考え方を確認する。

3節 法学的「知る権利」論の展開

本節で扱う「知る権利」に関して、法学の議論の焦点は、裁判規範としての妥当性にあった。そのため、憲法上の根拠に関する議論や立法論が展開されてきた。しかし、奥平康弘によれば、「新しい人権の一つである『知る権利』は、どのようにあるか（存在するか）ではなくて、どのようにあるべきかという実践目標（当為）に関わる」（傍点、原文）ために、強調点の置き方に違いがでてくることになるという[80]。よって、権利保障に関する当為に着目するという本書の方法論は、「知る権利」の分析枠組みとしても適切なものといえよう。本節では、まず、「知る権利」論に憲法論上の根拠を与えることになる、表現の自由における主客逆転の議論をみる。その上で、「実践目標（当為）」に着目しながら知る権利論の展開を概観する。

3.1 表現の自由における主客逆転：送り手の自由から受け手の自由へ

表現の自由を受け取る側から構成する議論が現れたのは、1960年代前半からであった。これは「知る権利」論の前提を形成することになる。その一例を挙げれば、1961年に伊藤正巳は、「聴く自由としての言論の自由を把握するみかたは、憲法の人権保障の構造におけるその自由の位置を明らかにするのに役

立つ」[81]と指摘している。また、芦部信喜は、「表現の自由」(1963年)において、言論の自由が消極的地位に基づく権利(自由権)の一つに属することは疑いないとした。その上で、美濃部達吉や宮沢俊義の憲法解釈を批判しながら、この自由を内心の思想を外部に表現する自由の意に限定するのは狭きに失する旨を指摘した。それに続けて、「思想表現の自由は、(中略)自由な意見発表の権利とともに、自由な意見享受の権利を不可欠の要素として当然に含む」と述べた。その背景として挙げたのは、資本主義の高度化とマス・メディアの発達が意見の発表主体と享受主体を分離させ、結果的に、民衆が現実には、後者の自由しか享受できない立場に置かれているという状況であった[82]。そして、当初からマス・メディアのあり方を視野にいれて論が展開されていたように、後述の取材・報道の自由と関係しながら、表現の受け手の議論は知る権利論と結びついていく。

この主客逆転の思考法そのものが最高裁で言及されたのは、1969年10月15日の『悪徳の栄え』事件最高裁判決の色川幸太郎裁判官による反対意見においてであった。当該事件では、マルキ・ド・サド『悪徳の栄え』の訳書の下巻[83]が猥褻にあたるのかどうかが争点となった。一審では無罪判決が下ったものの、二審では有罪となり、最高裁でも上告棄却となった。これに対する反対意見において、色川裁判官は、次のように述べている。

> 憲法二一条にいう表現の自由が、言論、出版の自由のみならず、知る自由をも含むことについては恐らく異論がないであろう。辞句のみに即していえば、同条は、人権に関する世界宣言一九条やドイツ連邦共和国基本法五条などと異なり、知る自由について何らふれるところがないのであるが、それであるからといって、知る自由が憲法上保障されていないと解すべきでないことはもちろんである。けだし、表現の自由は他者への伝達を前提とするのであって、読み、聴きそして見る自由を抜きにした表現の自由は無意味となるからである。情報及び思想を求め、これを入手する自由は、出版、頒布等の自由と表裏一体、相互補完の関係にあると考えなければならない[84]。

その上で、文芸作品を鑑賞し、その価値を享受する自由は、出版、頒布等の自由とともに尊重されるべきであることを指摘した。なお、この「知る自由」は、現在でいうところの、「知る権利」の自由権的側面を表している。

さらに、同最高裁判決の翌年、奥平康弘は『表現の自由とはなにか』において、「表現の自由を、受け手、すなわち国民一般からみたばあい、さまたげられずに自由に表現をうけとる自由・権利が浮かびあがる。これを知る権利・読む権利・見る権利と呼ぶ」とまとめている[85]。以上のことからわかるように、知る権利は、表現の自由から当然に導かれるものとして登場し、初期の議論では、表現の自由に対応するように、自由権的側面が強調されていた。

3.2 報道の自由と知る権利

「知る権利」は、表現の受領を妨げられないという観点からのみ論じられてきたわけではなく、ひとつの実践目標として、取材や報道の自由との関連でも論じられてきた。

その先駆的な業績として、千葉雄次郎の「新聞人の『知る権利』の運動について」(1958年)が挙げられる。千葉は、第二次世界大戦時からの報道統制に対する反動として起こった、アメリカのジャーナリズム界での知る権利運動を取り上げている。そこでは、知る権利運動が国民のために行われる点に道徳的根拠が存在するとして、「知る権利」といえども法的権利というべきものではないという認識から、道徳的根拠が失われることは致命的であると強調している[86]。

法学的な議論では、芦部信喜が、前述の「表現の自由」(1963年)において、表現の自由の内容との関係で、情報源への接近を規定する西ドイツのドイツ連邦共和国基本法(ボン基本法)や世界人権宣言にも触れていた。内心の思想の表現にとどまらず、事実の報道の重要性について、国民の意見形成との関係で重要性を認めている。ただし、取材活動や取材源秘匿の権利が当然に憲法上保障されているとみることは否定している[87]。

この領域の議論が本格化するのは1960年代後半であり、代表的な文献とし

第 3 章 「図書館の自由に関する宣言」の改訂と法学的「知る権利」論の受容

て、石村善治「知る権利とマスコミ」を挙げておく。議論の目的は、マス・メディアと一般国民との関連において「知る権利」を把握することであった。そして石村は、政府の広報が増大すると同時に秘密性を増してきている状況やマス・メディアの自主規制との関連で、国民の持つ権利の内容を検討した。その中で、「国民主権は国民個々人にあるのではなく、国民の利益を計るのは、マスメディアの任務であり、したがって国民に教示するべきものであるプレスは国家から情報を求めうる」というドイツ学説を紹介し、これを「一般国民の『知る権利』よりはむしろ、『マス・メディアの知る権利』という支配的見解の表明」と位置付けている[88]。

いずれにせよ、報道と「知る権利」の関係性が主張されるこの領域では、国民主権との関係で議論が展開している。そして、報道との関係で最高裁が「知る権利」に言及したのは、博多駅テレビフィルム提出命令事件最高裁判決（1969 年 11 月 26 日）であった。

当該事件の発端は、1968 年に全学連学生約 300 人が原子力空母の佐世保寄港の阻止のために博多駅で下車したところ、機動隊と衝突し、逮捕者も出たことにある。学生側は、特別公務員暴行陵虐罪（刑法 195 条）や公務員職権濫用罪（刑法 193 条）にあたると訴えたが、不起訴となったため、付審判請求を行った。事件を担当した福岡地裁は、民放 3 社と NHK に対して、当時の様子を撮影したフィルムの提出を命じた。これに対して放送局側は福岡高裁に抗告したが、棄却されたので、最高裁に特別抗告を行った。最高裁は「公正な裁判の実現」を重視して抗告を棄却したが、その中で、「報道機関の報道は、民主主義社会において、国民が国政に関与するにつき、重要な判断の資料を提供し、国民の『知る権利』に奉仕するものである。したがって、思想の表明の自由とならんで、事実の報道の自由は、表現の自由を規定した憲法二一条の保障のもとにあることはいうまでもない」と述べた。ただし、取材の自由に関しては、「十分尊重に値いするもの」（原文ママ）と表現するにとどまっている[89]。

このような指摘の背景となったのは、テレビ局側の特別抗告理由であり、ここに、報道関係者の認識が端的に表れている。そこではまず、「報道は事実を

正しく伝え知らせることであるが、報道の自由は、憲法が標榜する民主主義社会の基盤をなすものとして憲法上特に重要な地位にある」とした。なぜなら、国民による参政権の行使には正確な情報が不可欠だからであるという。そのため、「報道機関の有する報道の自由は、報道を受取る国民の側からすれば、国民がその諸々の権利の発動の基盤として自由な判断を形成するために不可欠な、いわば国民の『知る権利』としてとらえられている」。そして、民主主義を貫く立場からは、「公器の持つ特権として最大限の尊重を受けなければならない」として、報道の大前提の取材の自由を主張した[90]。

このような見解について、奥平は、国民の「知る権利」の名において、言論・報道機関が報道の自由なり取材の自由なりを確立しようとする考え方の典型例と位置付けている[91]。さらに、阪本昌成によれば、「そこでの『国民の「知る権利」』とは、国民がプレスによって知らされる自由（プレスが国民に知らせる自由）であった」。これは the people informed by the press の主張であり、そこでの権利主体は、主権者としての the informed people ではないと指摘している[92]。

このように、マス・メディアの地位の問題が、「知る権利」との関係で、ひとつの実践目標として主張されていたといえる。さらに、1972年に問題が大きく取り上げられることとなった外務省機密漏洩事件でも取材の自由が問題となった。連日、新聞をはじめとしたマス・メディアは「知る権利」に言及するようになり[93]、法曹界における議論もこの前後から特に活発になっていった。

3.3　国政情報と知る権利：「国民」の「請求権」から情報公開制度へ

外務省機密漏洩事件を受け、法学者の議論も本格化した。ここでは、当該事件を受けて法学者たちが「知る権利」について包括的な検討を加えた、「研究会『知る権利』の法的構造」（1972年）を取り上げる。

そこで論題にあがったのは、憲法上および法律上の根拠や、享有主体、客体などであった。享有主体に関する議論では、前述の石村論文で指摘されるようなマス・メディアの知る権利なのか、国民一般なのかが問題となった[94]。そして、奥平は、「参政権的要素、あるいは国民主権の原理に基づく構成をきちん

としてしまえば、享有主体の議論というのはもう出てくる余地がない。つまり端的に国民の権利であるということ」と述べ、「報道機関の知る権利」として構成することを論難した[95]。また、知る権利の性格について、憲法レベル（表現の自由や国民主権）で、自由権としての知る権利が主張されうる余地は十分にあるという。しかし、請求権としての知る権利については、それを充足しうるような立法措置が必要とされた[96]。これは通説となり、「知る権利は、『国家からの自由』という伝統的な自由権であるが、それにとどまらず、参政権（国家への自由）的な役割を演ずる。（中略）知る権利は、積極的に政府情報等の公開を要求することのできる権利であり、その意味で、国家への施策を求める国務請求権ないし社会権（国家による自由）としての性格をも有する点に、最も大きな特徴がある。ただし、それが具体的請求権となるためには、情報公開法等の制定が必要である」とされるように[97]、情報公開制度へと結びついていった。

このような考え方を詳細に論じたのが、奥平康弘『知る権利』（1979年）であった。そこでは、「知る権利は、報道の自由の別称であるがごとく卑小化されるきらいがある」[98]が、「知る権利は、新聞・放送や、総じて情報を提供する機関の民主化（国民的なコントロール）を目標とし、これを達成する個々の道筋を、個人の権利として主張する立場の現れ」（傍点、原文）[99]であるという。また、「政府情報にアクセスする権利こそが、知る権利の中核をなすという考えから、本書では、知る権利の他の諸側面にはかならずしも十分な考察を展開しない」[100]という認識も示している。ここには、報道機関の知る権利とは路線を異にする、情報公開制度へと結びつく実践目標が提示されている。ただし、2001年施行の行政機関の保有する情報の公開に関する法律（平成11年法律第42号）では『知る権利』という文言は使用されなかった。

4節　「知る自由」の理論構成と「知る権利」

「図書館の自由に関する宣言」の改訂作業において、「知る自由」になぜ固執するのか、請求権的意味合いを持つ「知る権利」を使うべきではないのかという指摘が出されていた。塩見昇によれば、「委員会もそのことで基本的に異論

はなかった」のであるが、先人の英知を尊重し、「知る自由」について積極的なアクセスの意味合いを含めて理解することは無理ではないと判断したという[101]。

このことを含めた同宣言の論点に関して、委員会内で行われた議論の展開を記録した文献は、発見できなかった。ただし、委員会の内部資料として、『全国委員会通信』が残されている。これは、1978年7月から1979年6月まで、号外を含めて31回発行された。全国委員会の幹事役を務めた酒井忠志によって編集・配布され、「関係者のみ部内資料として配布されたもので、これを見ることのできる人は、現在ではごく少数に限られている」[102]という性質のものである。しかし、ここに掲載されたのは、大半が、委員会の外部の団体もしくは個人、または個別の委員による修正意見であり、委員会として、どのように総括し、議論を進めていったのかが読み取れるような、議事録に類するものは収録されていない。

例外的に、『全国委員会通信』No.28には、1979年3月27日の改訂案の検討会で行われた、森耕一委員長による総括説明が収録されている。そこで取り上げられていたのは、次の4点である。

　　(1) だれに対して宣言を行うのか
　　(2) 改訂版で「中立性」という言葉を使用しなかったこと
　　(3) 「知る自由」か「知る権利」か
　　(4) 「倫理綱領」との関係

この(1)では、日本図書館協会に結集する図書館および図書館員が、利用者である国民に対して宣言するものと説明した。(2)について、まず、1954年の教育二法の制定の意図について、「『教育の政治的中立を確保する』という目的でつくられたのでありますが、実際は、日教組の活動をとりしまるためのもの」と説明し、「中立性」という言葉が「汚れてしまった」という。さらに、図書館の中立性というとき、「右も左も包容する—包み込んだ上での、中立性」であるべきであるが、「ともすれば、左にも右にも偏しない、左右両極のイデオロギーは排除するのが中立だというように考えられがち」という危惧も理由

第 3 章　「図書館の自由に関する宣言」の改訂と法学的「知る権利」論の受容　　**125**

のひとつであった。(4) の「倫理綱領」とは、次章で扱う、当時作成過程にあった「図書館員の倫理綱領」(1980年採択)を指す。当該倫理綱領を念頭に置いて、「図書館の自由に関する宣言」の主語を、「図書館員」ではなく、「図書館」にするように努めたという[103]。

そして、(3) において、森耕一は、『知る自由』に固執した委員会の考え方を次のように説明している。

> まず、1954年の宣言で、すでに「知る自由」ということばを使っているのですが、この時点で、「知る自由」という用例はまだ少なかった、ひょっとしたら、この宣言が最初かもしれません。私たちは、この先輩の英知に敬意を表するとともに、このことばをだいじにしたいと考えました。
>
> 第2に、「知る権利」というのは、概してマスコミに関連して使われている感があります。ところが、図書館の場合には、マスコミに限らない。ひろくメディア全般について知る自由を保障していかなければならないのであります。
>
> これから紹介申し上げますのは、一つの定義であって、絶対的なものではないかもしれませんが、堀部政男氏は、「知る権利」はアメリカでいう「政府のにぎっている情報に接する、アクセスする権利」のことだとしております(『アクセス権とは何か』、p. 64)。この堀部氏の定義によると、「知る権利」というのは、きわめて狭いものになってしまいます。
>
> 第3に、「知る自由」は、憲法で保障されている「表現の自由」の一部を構成するもの、あるいは表現する人、あるいは送り手の側の自由に対応する、受け手の側の問題でありまして、「権利」とよぶよりも、「自由」ととらえた方が、より適切ではないかと考えました[104]。

5節　図書館の規範における「知る権利」論の受容と最適化

ここまでに示した議論を踏まえれば、「図書館の自由に関する宣言」は1979年の改訂を契機に、「知る権利」論の発展を受容したといえる。当該宣言の副文における、国民主権や、表現の自由との表裏一体といったことへの言及は、

「知る権利」論の前提をなす理論構成の採用を意味している。ただし、そこで示された権利保障は、自由権にとどまらず、第2項目の、必要とする資料を入手する権利を社会的に保障するという文言にも表れているように、社会保障としての請求権をも内包していた。本章の第1節で指摘したように、先行研究が両概念を同一のものとみなしていたのは、この権利性に着目していたからであった。

しかし、対象とする情報の範囲は明確に異なっている。本章3節で示したように、請求権としての「知る権利」に関する議論の中で実践目標として重視されていたのは、取材・報道の自由や、請求権の対象としての国政情報であった。一方、森耕一の見解は、図書館の役割を踏まえて、それらの実践目標（当為）に対する立場の違いを明確にしていた。委員会の意図する請求権の対象は、それらを超えた情報一般にあった。このことから、「知る自由」と「知る権利」が完全に同一の概念であるという把握は十分なものとはいえない。先行研究のように、請求権という権利の性質に着目する限りにおいて両概念は共通するものの、図書館界が知る自由の保障を通じて達成しようとする目標は、法学的「知る権利」論のそれとは異なっていたのである。

このように、1979年改訂版「図書館の自由に関する宣言」は、「知る権利」論の理論構成（国民主権や表裏一体の議論）や権利の性質（自由権のみならず請求権）を受容したが、志向する情報の範囲では最適化を行うものであった。そこに示されている、法学の議論の影響を受けながらも広く情報一般を志向する、図書館界の「知る自由」は、次の理由から、法学の議論の非対称性を逆照射するものであるといえる。

本章冒頭でエマースンの指摘に言及しながら示したように、表現の自由の意義は、自己実現と自己統治の両面から説明される。一方、本章の第3節で明らかなように、「知る権利」に関する議論では、政治的情報へのアクセス、すなわち自己統治の側面が強調されてきた。このことは、法学の議論の非対称性を表すものである。つまり、表現を行う側の権利保障は自己実現と自己統治の両面から説明されてきたのに対し、憲法保障として表裏一体のものであることが

論じられてきた、表現を受け取る側の権利保障には、自己統治からの説明が専らであった。ここで、国政情報だけを重視するというわけではない図書館の「知る自由」は、表現を受け取る側の自己実現や真理への到達といった、法学の議論で重視されていなかった部分を担う位置にあったのである。

最後に、1980年代後半から、図書館を情報公開制度に位置づける動きが本格化したことを指摘しておく[105]。このことによって、図書館界と「知る権利」論のメインフィールドとの結びつきも強まった[106]。ただし、それは図書館を情報公開制度の拠点とした行政資料の収集・提供活動を志向していたのであり、公的機関としての図書館の持つ情報、たとえば利用者情報の公開を意図していたわけではない。このことは、1979年の改訂によって、「図書館の自由に関する宣言」に「利用者の秘密を守る」という条項が追加されたことからみても、当然のことといえよう。

「図書館員の倫理綱領」における志向性

1節　はじめに

　第3章では、「図書館の自由に関する宣言」の改訂にあたって、法学的「知る権利」論が図書館の文脈に適した形で受容されたことを指摘した。これによって、同宣言の採択時から改訂版に至るまで、一貫して図書館の最重要任務と位置付けられてきた、国民（民衆）の「知る自由」の保障は、憲法に根拠を求める理論構成を採るようになったのである。

　日本図書館協会では、この改訂に関する作業と並行して、倫理綱領の制定も進めていた。これは、「図書館員の倫理綱領」（1980年採択）へと結実する。ここで、第1章で明らかにした、制定時の「図書館の自由に関する宣言」の性質、すなわち、図書館関係者の自律的規範という側面も持ち合わせていたということに鑑みれば、「図書館の自由に関する宣言」と「図書館員の倫理綱領」との関係性が問われよう。「図書館員の倫理綱領」の副文には、「この綱領は、『図書館の自由に関する宣言』と表裏一体の関係にある」として、宣言において示された図書館の社会的責任を果たす旨が述べられている。ここから、両文書に密接な関係があること自体は容易に読み取れる。しかし、この記述の射程が明確に説明されてきたわけではなく、両文書がどの程度まで立場を同じくしているのか、どのような視座の違いから2つの文書として存在しているのか、といったことは必ずしも明らかではない。これに関して、「図書館の果たすべき責任に

ついて、図書館という機関と図書館員という集団とが共通の考え方を確認し、協同する必要がある」[1]と説明する『「図書館員の倫理綱領」解説』の記述は、この疑問に十分に応えるものではない。

特に、両文書の重視する価値や、本書の主題である権利保障の思想の観点からみて重要なのは、「図書館員の倫理綱領」の作成過程で、ある時期の綱領案には、図書館の社会的役割として保障すべきものに、「知る権利」と「学習権」が併記されていたということである。詳細は後述するが、倫理綱領作成が日本図書館協会の協会事業になった後に作成された綱領案から「学習権」が削除され、「知る権利」だけが存続した。この、「学習権」と「知る権利」の間で取捨選択が行われたという事実は、第2章で明らかにした知見に照らして、いくつかの論点を想起させる。すなわち、『中小都市における公共図書館の運営』にまつわる議論に存在した、教育機能と情報提供機能の対立を継承するものなのであろうか。さらに、貸出という運動論に収斂し、後景化していた図書館の目的論に関わる論争が倫理綱領に関する議論の中に生じていたのであろうか。いずれにせよ、「図書館員の倫理綱領」の制定者の認識が問われよう。

しかしながら、これまでの研究では、このような権利保障に関する論点は指摘するまでもなく、「図書館員の倫理綱領」自体を、検討対象として取り上げることもほとんどなかった。そもそも、同綱領に触れる言説の数も少なく、制定10周年・20周年に設けられた『図書館雑誌』の特集など、「図書館員の倫理綱領」制定関係者による、意義や問題点の指摘が中心であった。専門職論の観点から当該綱領を検討した薬袋秀樹は「本稿を契機として、倫理綱領に関する実証的な議論が始まることを期待したい」[2]と述べた。しかし、「その願いも今のところ空しく終わっている状態」[3]が継続し、制定30周年の2010年には特集さえ組まれなかった。また、薬袋を含め、先行する言説に共通する分析視角は、後述のように、専門職制度確立に当該綱領が寄与するか否かという、「機能」にあった。「図書館員の倫理綱領」の制定過程が実証的に明らかにされてきたわけではないのである。制定を担う委員会の設置から採択への経緯は、解説書では年譜形式でまとめられているに過ぎず[4]、薬袋の文献でも必要最低限の

記述にとどまっている[5]。

そこで本章では、第2節において、「図書館員の倫理綱領」の制定過程を明らかにする。そして、第3節で、権利保障の思想の視座から、「図書館の自由に関する宣言」との関係性を検討する。ここでは、特に、「学習権」の削除について、いかなる意図で行われたのかを明らかにする。なお、この論点の検討にあたって、内部資料の発掘やインタビュー調査を行った。これは、文献調査では制定当事者の意図を十分に明らかにすることができないと考え、制定作業を担当した小委員会の構成員と接触し、調査を行った結果を活用したということである。そして、第4節で、本章において得られた知見をまとめる。

2節 「図書館員の倫理綱領」の採択

2.1 専門職論と「倫理綱領」

本書の第1章でみたように、採択時の「図書館の自由に関する宣言」にまつわる議論では、倫理綱領や道徳的規範などの表現がみられた。図書館界において、再度「倫理綱領」に言及する議論が現れるのは、1960年代後半から、専門職論の文脈の中であった[6]。

まず、室伏武は「司書職論に関する序説」(1965年)において、専門職としての司書職を検討するため、カー・サンダースやフレックスナーなどの社会学者の専門職論に触れ、既存専門職の特徴を提示した。具体的には、社会の発展に奉仕する職業であるということや専門教育・資格制度の確立と共に、自主的な倫理綱領の存在を挙げた。結論部分では、司書職の専門職化の基本的課題として、図書館学、図書館学教育、司書職制度、司書職の自治団体、そして、司書の倫理綱領という5点の必要性を強調した[7]。

また、石塚栄二は、「プロフェッションとしての協会を」(1967年)において、裏田の議論[8]を踏まえて、協会をProfessionとするための条件を検討した。そこでは『展望』1967年6月号の専門職に関する福田歓一の論説[9]の総括から論を進めていく。そもそも、Professionとは、歴史的には宗教家、法律家、医者であったが、近代以降、「物ではなく人を対象とした、高度の知的職業であり、

実務につく前提として独立した専門教育を受け、権力に対して相対的に強い独立性をもった職業」[10]とまとめた。しかし、次第に雇用され、組織に組み込まれるようになるにつれて自由職業人的性質が減じたと把握している。

そうであっても、Professionが全くの無意味になったのではなく、その伝統がProfessional codeに生かされているという。石塚のまとめるところでは、Professional codeとは「集団としてのProfessionが社会に対してこれだけの範囲については責任を負う。(中略)その責任に対応するだけの経済的保障と特権は、集団として社会に要求し、集団が個々の構成員に保障する。いいかえれば、Professionとしてその社会の成立に不可欠な責任を分担することで社会に参加し、その自覚において社会における地位を要求するといった内容をもつものである」。そして、日本の図書館界に引き付けて検討し、「図書館員はProfessionたりうる可能性があり、それを指向する権利を持つ」と述べた。また、特集の表題でもある日本図書館協会への提言として、「Professionとしての確立をはかるためにProfessional codeの成文化と維持を目的とする機関を設けることを提唱」した[11]。

以上の議論は倫理綱領制定を提案しているものの、制定当時には図書館員にとっての倫理規範と位置付けられていた「図書館の自由に関する宣言」に触れていない。それに対して、同宣言に言及しているものとしては、次の石塚や宮崎の文献がある。

石塚は、「図書館員の倫理」(1970年)において、真の専門職確立の課題の一つとして、専門職業人としての図書館員の倫理を検討している。「専門職」の把握や図書館員がそれを志向する権利があることなど、基本的前提は「プロフェッショナルとしての協会を」から変化していない。そして、図書館員が専門職業たりうるものであるならば「当然に固有の倫理Professional codeをもたなければならぬ」として、内容を検討した。ここで、図書館員の倫理に関連した文書として「図書館の自由に関する宣言」に言及しているが、宣言の強調する知る権利の保障は「図書館の社会的責任の第1にあげられるべきものである以上、当然図書館員の倫理の最初にあげられるべきであるが、これがすべてでは

ない」とした。そして、Professional codeに記入されるべき道徳的規範事項を列挙した。それは、民主主義の尊重やあらゆる思想の公平な取扱いなど、宣言の内容を具体化させたものや、利用者の公平な取扱いおよびプライバシーの保護といった、後の宣言改訂で追加されるものであった。さらに、図書館員に対して、個人的な意見の提供や私的な謝礼の受領を禁じたり、図書館学への精通や同僚との協力を要請したりしている[12]。

　一方、宮崎俊作（1970年）は、「図書館員の倫理について、職能団体にかかわる問題を中心として論述」することを目的に、教員との対比で論を展開している。宮崎は、教員について、戦前は聖職者として扱われていたが、戦後の新教育制度の下で誰もがなりうる職業となったと把握した。さらに日教組が1952年に採択した倫理綱領に肯定的な評価を下した。このような前提のもと、図書館員について検討している。そして「図書館の自由に関する宣言」を取り上げ、「これは前述の日教組の倫理綱領にも比すべき、図書館員の倫理綱領である」と積極的な評価を下した。ただし、日本図書館協会が団結の場として適切かどうかには懸念を表明した[13]。

　以上のように、「倫理綱領」は、既存専門職の要件として、司書職の専門職化の文脈で言及されるようになった。「図書館の自由に関する宣言」については、図書館員の自律的規範の表明という側面を有するという、制定時にみられた認識は失われていない。しかし、宮崎のように、「図書館の自由に関する宣言」を倫理綱領そのものとして把握する見解がある一方、石塚のように、その倫理的価値を評価しているにもかかわらず、専門職論における倫理綱領そのものとは捉えない場合もあった。それでは、1980年に制定される「図書館員の倫理綱領」は、どのような意図で作成されたであろうか。また、その制定者は「図書館の自由に関する宣言」をどのように認識し、両文書はどのような関係にあるのだろうか。

2.2　図書館員の問題調査研究委員会と「倫理綱領」

　前項で示した議論も含めた、1960年代後半の専門職に対する意識の高まり

の中で、「図書館員の問題調査研究委員会」が設置される。この委員会は、倫理綱領の必要性を主張し、後に日本図書館協会の事業としての倫理綱領制定を担うこととなる。以下では、本章冒頭で示したように、これまで研究対象としてほとんど取り上げられてこなかった委員会の設置や活動、そして、「図書館員の倫理綱領」の制定過程について、具体的にみていくこととする。

2.2.1　図書館員の問題調査研究委員会の設置と活動

「図書館員の問題調査研究委員会」の設置の契機は、全国図書館大会の「図書館員の問題研究部会」の決議であった。そもそも、同部会が全国図書館大会に設置されることになったのは、1966年の全国図書館大会（東京大会）の企画段階で、日本図書館協会の評議員会や、在京議員による懇親会・実行委員会などにおいて、図書館員の問題について自由に意見発表ができる場の設定が提案されたことに起因する。こうして設けられた「図書館員の問題研究部会」において、その2度目の開催となる1967年に次の2点を決議し、全体会議で採択された。

　（1）婦人職員を中心に図書館員の実態調査を実施する
　（2）当部会が取り上げるような問題を継続的に扱う委員会を設置する

前者については、翌1968年1月に委員長が任命され、日本図書館協会の臨時委員会として「婦人図書館員調査委員会」が設置された。なお、婦人図書館員調査委員会は、後の「図書館員の問題調査研究委員会」の設置により、同委員会に吸収された[14]。

また、後者をより具体的に示せば、「図書館協会の中に、図書館員の労働条件や社会的地位の向上に関する調査研究をする委員会を設置すること」であり、設置自体は決定していたにもかかわらず、「委員長が決まらぬままこの常設委員会は発足できなかった」という[15]。1969年の日本図書館協会定期総会において、「専門職制度の確立の問題が叫ばれているが、従来大会の14、15部会（図書館員の問題研究）で討論されていたが、この図書館員問題調査研究委員会の委員長が未だに決まっていない」[16]ことについて質問が出されるに至って、よ

うやく委員長が選任された[17]。そして、日本図書館協会の常置委員会として、「図書館員の問題調査研究委員会」は、1969年12月23日の準備委員会を経て、1970年1月28日の第1回委員会から活動を開始したのである[18]。

なお、委員会の名称に「調査」や「研究」の語が加えられたのは、市民運動や労働運動、学生運動が盛んであった当時の状況を視野に入れて、「『運動』にならないようにという歯止めの意図」があったからである[19]。それとも関係して、委員会の目的は、次のように設定されている[20]。

(1) 図書館員の専門性を明らかにし、現行の司書職制度の批判の上にたって、専門職としての司書職制度の確立のために調査研究をする
(2) 司書職制度の未確立のために日常職場でおこる図書館員の問題の窓口となる

このような目的のもとで、年に1度の全国図書館大会では、設置の契機となった「図書館員の問題研究部会」を運営したり、毎月1回は例会を開き、その経過を『図書館雑誌』に掲載したりしている[21]。検討の対象となった内容は、委員会の目的である司書職の専門職制度確立を中心に据え、資格認定制、配置転換問題、そして倫理綱領など、多岐にわたっていた。さらに、諸活動を定期的に総括し、「図書館員の専門性とは何か」と題して、委員会の中間報告とした。3度の中間報告を経て、1974年に最終報告を発表した。

そこでは、「専門職としての司書職制度を、各館種、各層の図書館員の連帯のもとでつくり出していくために必要な共通の尺度としての"図書館員の専門性"を、館種をこえて明らかにすること」という目的のもと、図書館員を取り巻く状況を分析した。その上で、専門性の要件として、(1) 利用者を知ること、(2) 資料を知ること、(3) 利用者と資料を結びつけること、という3点を導き出した。これらのことに、「人間の知識面に働きかける知的労働」という位置づけを与え、「個人の自主性に根ざすものであるが、同時に図書館という組織体のチームワークによってのみ維持発揮される」ものであると述べた。そして、このような専門性を維持・発展させるために考えられる方策を列挙した。具体的には、個人および集団での研修の必要性、待遇・労働条件の改善、専門性を

尊重した人事行政の問題の解決、婦人図書館員特有の問題の検討、職場の民主化といったものであった[22]。これに続けて、ひとつの章を割いて倫理綱領の作成を提案し、最終章では、専門職集団を目指す日本図書館協会の課題を指摘している。この内容は次項で取り上げることとする。

最終報告については、司書職と専門職制度をめぐる議論について検討した薬師院はるみによれば、司書職に関する専門職論に決着をつけることに成功したわけではないものの、「図書館司書の専門性を論じているような文献のうち、ほとんどが同報告について触れている」として、その内容が図書館界に広く浸透したと評価されるものであった[23]。

2.2.2 倫理綱領制定の提案

ここからは、「図書館員の問題調査研究委員会」の活動のうち、特に倫理綱領に関係した活動に注目する。

まず、1970年4月の最初の記事では、正式に活動を開始する1か月前（1969年12月）の準備委員会における討論の要点が次のように紹介されている。それは、図書館員の専門性を明らかにしようとすると同時に、職務の中で専門性を必要としない部分を明らかにすること、実践に耐え得る図書館学の創造は専門職の確立の点から重要な問題であること、配転・人員不足等の問題は「専門職制度確立をめざす日本図書館協会がさけてとおれない問題である」ために、委員会が窓口になれば協会の組織強化につながるということなどであった。そして、これらに並んで、次のことが指摘されている。

> 現在、図書館員に要請されているのは、職業人としての倫理と奉仕の精神であろう。これは、社会に対する責任という意味では、個個の図書館員のモラルであるとともに、その根底は自治組織としての職能団体である日本図書館協会の倫理綱領でなければならない[24]。

さらに、翌月の記事では、図書館員の専門性の基本的要件として、次の6点が挙げられている。すなわち、(1) 国民の「知る権利」を保障する活動、(2) 職務を支える学問や技術に対する教育と訓練、(3) 職務上の自律性の保持、(4)

資料に対する知識と価値判断能力、そして、(5)「固有の倫理原則をもち、奉仕の精神で行なわれ、これに対して高い社会的評価と待遇が与えられる」(傍点、福井)、(6)「免許・養成などについての自主的規制能力(権)をもち、倫理綱領を実施する総合的な自治組織としての職能団体を形成していること」であった[25]。

このように、司書職の専門職制度確立を目的の一つとする当該委員会は、設立当初から、日本図書館協会を、専門職集団を目指すものと位置付け、地位の問題を視野に倫理綱領の重要性を認識していたのである[26]。そして、倫理綱領作成が提言されるのは、同年11月の、最初の中間報告であった[27]。

それによると、選書やレファレンスのみならず、一見事務的な仕事にも、個人の判断と責任において行われる場合が多いことから図書館員の倫理が要求されるという。これは、個々人の座右の銘であると同時に、これを支える職能集団が不可欠であると述べた。続けて、「本委員会でも、アメリカをはじめ、外国には書かれたコードがあるが、日本には未だないことが指摘され、今後図書館員自身で作る必要があることが確認された」とした。これらを受けて、日本図書館協会の役割として、「倫理綱領を作り、図書館員の意識昂揚のための役割を荷う」ことを提言した[28]。

さらに、1年後の1971年11月、2度目の中間報告では、図書館員の倫理と倫理綱領について、次のような説明がなされていた。

> 図書館員の倫理は、専門性のうえに成立するものであり、単に徳目を列挙して望ましい図書館員像をえがくことではなく、又聖職意識を鼓吹することでもない。図書館員は、国民の「知る権利」を基本権としてとらえ、その要求にこたえる独自の社会的責任と義務を明確にし、誇りをもって自らの役割を主張すると同時に、社会的信頼と支持を確保するために、成員相互間で鞭撻し、あい律しようとする。専門職集団をめざす協会が、そのための理念と基準を定式化したものが倫理綱領である[29]。

加えて、図書館員の職能が専門職として確立されていない現状などを示し、上記の倫理綱領の作成を「急務」であり、「倫理綱領は、行政当局とのかけ引き

もいらず、図書館員が自らの手で作れるもの」であることを強調した[30]。

この中間報告では同時に、会員の広い討議を期待するという意図で、3点の参考資料が提示されている。それは、1954年版の「図書館の自由に関する宣言」の主文、本章2.1「専門職論と『倫理綱領』」で示した石塚の「図書館員の倫理」の抜粋、アメリカ図書館協会の倫理綱領（1938年採択）の抄訳であり、石塚論文以外には委員会のコメントが付されていた。「図書館の自由に関する宣言」については、まず、第1章「図書館の倫理的価値『知る自由』の成立」でみた制定の経緯を簡略に取り上げている。具体的な記述は、朝鮮戦争から中立性論争、アメリカ図書館協会のLBR、マッカーシズムなどに言及しており、宣言の採択を語るものとしてオーソドックスな記述であったが、中立性論争との関連で、K生の図書館倫理綱領の提案には触れている。それに続けて、「『知る権利の保障』とそれを可能にする意志と力は図書館の社会的責任の根本であるから、この宣言の趣旨は、倫理綱領の柱の一つに入れられなければならない。しかしこれと倫理綱領とをほぼ同一視する見解が現在でもあるが、これはやはり誤解であろう」[31]とある。ただし、ここではそれ以上の説明はされず、「誤解」という判断を下した根拠や論理は示されていない[32]。

その後、内容の研究に着手することが宣言されたのは、1972年の事業計画においてであった[33]。同年に発表された、3度目となる中間報告[34]では倫理綱領に関する記述はみられないものの、翌年2月の「倫理綱領の具体化のために」[35]では、倫理綱領についての考え方と、初めての骨子案が提示された。

まず、倫理綱領についての考え方として次の3点が列挙された。

(1) 図書館員の倫理は専門性の上に成立するために、倫理綱領とは、望ましい図書館員像を描くのではなく、「専門職をめざすためにいま必要な日図協の図書館員憲章、すなわち図書館員が自らの担う独自の社会的役割を確認し、専門職として自主的に自らを律するための理念と基準を明示したものである」[36]（傍点、原文）。

(2) 「図書館員の倫理綱領は、専門性の発展を阻害する内外の要因を改善するための武器として役立たなければならない」[37]。そこで、具体性

の具備や民主的な作成過程、新たな問題の発生に応じた改訂の用意などが要求される。
(3)「公共図書館員だけでなく、公開性と公共性を原則とする図書館の専門職員全体を対象とする」[38]。

特に、専門職をめざすために倫理綱領を作成するという(1)の立場は、この後、一貫して強調されていくこととなる。

次に、提示された骨子案の前文は、次に示すとおり、図書館の基本的機能として保障すべき事柄に、「知る権利」と「学習権」を併記していた。

> 図書館の基本的機能は、基本的人権の一つとして、「知る権利」「学習権」を持つ国民に資料を提供することである。図書館員は、図書館奉仕の発展こそ、憲法の誓約する日本の民主化と世界平和に寄与するものであるという確信をもたなければならない[39]。

続く本文は、(1)知的自由の保障、(2)研修の権利と責任、(3)組織における権利と責任、(4)団結の権利と責任という4つのカテゴリーからなる、全14条で構成されていた。

この記事の後、同1973年6月の「『倫理綱領の具体化のために』(本誌2月号)を読んで」では、会員による更なる討議を期待し、その一助として、4名の論者による見解を掲載した[40]。その4名とは、室伏武[41]、宮崎俊作[42]、男沢淳[43]、石塚栄二[44]であった。ここで、室伏や石塚が、統制力を有する専門職集団の成立こそ、倫理綱領制定の前提条件として不可欠のものである旨を主張していた[45]。このような見解は、専門職制度確立を「めざす」ために倫理綱領作成を提案する委員会とは立場を異にするものであり、後に「時期尚早論」[46]と表現される。

そして、1974年3月に最終報告[47]が発表された。その概要は、委員会の活動の概略を示した2.2.1「図書館員の問題調査研究委員会の設置と活動」に記したとおりである。内容は、全体的に、それまでの委員会の活動、報告が集約されたものであるといえる[48]。この最終報告の第5章が倫理綱領を取り扱っていた。

最終報告の第5章の冒頭に示された「倫理綱領」の位置づけも、同様に、以

前の記事で提示されてきた、委員会の見解が収斂したものであった[49]。続けて、上記の宮崎ら4名の見解を、次のように要約している。「①倫理綱領は専門職集団があって始めて存在する。②倫理綱領と権利宣言とは異なるもの。③実態が伴なわなければ無意味、したがって時期尚早。④協会が会員の権利を守るためにどのようなことができるのか、また、してきたのか」(原文ママ)[50]。これらの意見について、委員会は当然のものと捉え、特に③と④の意見には相当の危惧を抱くとしながらも、多くの協会会員が倫理綱領の必要性を十分に感じていると主張し、ここでも、専門職をめざすために必要なものであるということに言及して、綱領案を提起すべき時であると判断したと述べている。

あわせて提示された倫理綱領案は、以前の骨子案と比較して、記述が簡潔になったものの内容的には大きな変化はない[51]。特に、前文の解説において、図書館の基本的機能が「知る権利」と「学習権」を持つ国民に資料を提供することであるという認識が引き続き示されている。本文は、内容の配置が調整され、カテゴリーは、知的自由の保障、研修、組織体の一員として、協会の役割の4つで、全10条であった。

最終報告の最終章は、「日本図書館協会と専門職集団」であり、次のように述べることで結論としている。

> 真の専門職集団への移行過程にある協会が、司書職制度確立の推進の為に当面なすべきことは、「1. 倫理綱領を作り、図書館員の専門性を生かす職務遂行の為のより所とする。2. 司書職制度確立のために、館界全体の協力体制を作って行く。3. 専門性が無視されるような制度(案)や事態に対しては、これを阻止する為の行動をする」の3点であろう(原文ママ)[52]。

このような提言が、日本図書館協会の事業としての倫理綱領作成の決議に結実する。最終報告から約8か月後の1974年11月7日、全国図書館大会の「図書館員の問題部会」(当該委員会運営)において、質疑応答を担当した議長から、「この部会で、協会が倫理綱領を作成してゆく必要性を確認し、部会の決議として、全体会議に提案したい」という発言があった。これに異論を呈されることはなく、部会として決議された[53]。そして、翌日の全体会議で、「日本図書

館協会としての倫理綱領を作成するという提案」が承認されるに至ったのである[54]。

2.3 「図書館員の倫理綱領」の採択と評価

本項では、協会事業となった倫理綱領の制定過程や、採択された「図書館員の倫理綱領」に関する言説、そして、「知る権利」や「学習権」を中心に、同綱領と「図書館の自由に関する宣言」との関係性を見ることにする。なお、制定過程について、まず制定の着手から採択に至る経過を概観し、その上で、綱領案の変遷と内容に関する議論をまとめる。

2.3.1 制定過程

1975年1月16日、日本図書館協会の常務理事会では、前述の大会決議に基づき、協会事業として倫理綱領を作成することが確認され、そのための調査研究を「図書館員の問題調査研究委員会」に付託することが正式決定された[55]。同時に、田中隆子から久保輝巳への委員長の交代が承認された[56]。そして、1975年度の委員会の事業計画では、「従来の成果をふまえ、さらに具体的に調査研究をすすめ、なるべく早く成案を提示できるように努力」することが宣言された[57]。

この成案として倫理綱領の第1次案が提示されるのは、翌年11月になる。それまでの間には、具体的な調査研究の一環として、弁護士の倫理綱領[58]や医師の倫理綱領[59]の抄録が参考として掲載された。さらに、倫理綱領の作成が決議された全国大会に前後して全国4か所で開催された地方集会の報告も行っている。この集会は、最終報告が「協会全体のものになり得る為の努力」[60]という位置づけで、「最終報告検討のため」[61]に開催された。各集会では倫理綱領案の確立は強く支持され、同時に、さまざまな見解が出されたという。その中には、後に言及するように、委員会に影響を及ぼしたものもあった。

協会事業となってから初めて倫理綱領に対する委員会の姿勢が提示されたのは、1975年度の全国図書館大会（1975年10月）に際して、事前に『図書館雑

誌』に掲載された討議用資料[62]においてであった。そこでは、倫理綱領の担い手については、第一に司書によって遵守されるものであることを強調すると同時に、事務系職員やボランティアをも対象に含め、さらには地域文庫活動を行っている市民にも理解されるものを目指すことが述べられた。これは、本章2.2.2「倫理綱領制定の提案」で扱った、倫理綱領の提案段階にはみられない内容である。ここに、倫理綱領の対象に地域文庫の母親等を含めることに言及したり[63]、専門職制度に関連して一般職員への配慮を求めたり[64]していた上記地方集会の影響が推察される。なお、対象館種、綱領の性格、専門職制度といった、担い手以外の面では最終報告からの変化はみられない[65]。第1次案には、このような見解が引き継がれ、具体化されたのである。

なお、文案作成のための「倫理綱領小委員会」が委員会内に設けられたのも、1975年度の全国図書館大会の頃であった[66]。小委員会は、久保輝巳、竹内悊、後藤暢の三名で構成されていた[67]。そして、月に一度の割合で小委員会の会合をもち、文案の作成にあたったという[68]。

翌年の全国図書館大会の討議用資料として、1976年11月に、倫理綱領の第1次案[69]が公表された。そして、第1次案直後の全国大会での議論を経て、1977年5月の常務理事会で新たな綱領案が提示され[70]、7月の『図書館雑誌』に第2次案として掲載された[71]。さらに、倫理綱領案についての意見を広く募った[72]。寄せられた意見のうち『図書館雑誌』に掲載されたのは2点だけであったが[73]、それ以外の意見も集約して、1978年10月の第3次案[74]の公表と同時に、それらに対する委員会の見解を掲載した[75]。

このような、第3次案までの倫理綱領制定の活動と時を同じくして、第3章でみた「図書館の自由に関する宣言」の改訂作業が進められていた。その日程を簡単に再確認しておこう。1973年の山口県立図書館図書抜き取り放置事件を受けて、「図書館の自由に関する調査委員会」が発足したのは、1974年のことであった。そして、1976年7月に、同委員会が宣言の副文の改訂に着手したことを公表し、二度の副文案の発表を経て、1978年には主文の一部改訂を目指すようになった[76]。そして、1979年5月30日に「図書館の自由に関する宣

第 4 章 「図書館員の倫理綱領」における志向性　**143**

言」の改訂が総会決議で採択されるに至ったのである[77]。

　この改訂の特徴は、憲法の保障する表現の自由に基礎づけたこと、利用者のプライバシー保護を主文に追加したこと、実践の具体的指針である副文も共に採択したこと、日本図書館協会での採択により、その後の維持に安定した基礎を得たことが挙げられる[78]。また、本章の検討対象である「倫理綱領」という点からみれば、宣言の主語が「図書館人」から「図書館」へと変更されたことが重要である。この変更について、「国民の知る自由を保障することは、単に図書館員個々人の問題ではなく、図書館という機関が総体としてとりくむべき重大事だから」という説明もされるが、近く採択されることとなる倫理綱領では「当然図書館員が主語になるので、宣言は図書館を主語にせよという意見があり、その意見を採用した」からであった[79]。

　一方、作成中の倫理綱領について、「図書館員の問題調査研究委員会」は、第3次案の時点では1979年5月の総会での採択を目標にしていたが[80]、1年延期を1978年12月に決定した[81]。それは「『綱領』の基盤となるべき『自由宣言』が大きく改訂されようとしている」現状を認識し、両文書に対する十分な討議の必要性に配慮したからであり、この旨を1979年3月に公表した[82]。なお、「図書館員の問題調査研究委員会」の委員長である久保は、オブザーバーとして、「図書館の自由に関する宣言」の最終改訂案の審議に参加している[83]。

　また、1979年10月に公表された第4次案[84]では、前文のうち、倫理綱領の目的を述べた部分において、「先に発表され改訂された『図書館の自由に関する宣言』と表裏一体のもの」と位置付けるなど、宣言の改訂を意識した記述になる。このように、宣言の改訂と綱領の制定は互いに影響しながら進展していた。

　その後、第4次案発表直後の全国図書館大会の議論[85]をもとに修正案を作成し、翌年の検討集会や日本図書館協会の理事会、同評議委員会に諮った。提示された意見をもとに一部修正を施した最終案[86]を作成し、1980年5月に『図書館雑誌』に掲載した。それは、「この倫理綱領は、『図書館の自由に関する宣言』によって示された図書館の社会的責任を自覚し、自らの職責を遂行していくた

めの図書館員としての自律的規範である」という記述から始まり、5つの内容からなる前文と、(1) 図書館員の基本的な態度、(2) 利用者に対する責任、(3) 研修につとめる責任、(4) 組織体の一員として、(5) 図書館間の協力、(6) 文化創造への寄与という、6つのカテゴリー、全12条からなる本文で構成されていた。この最終案について、1980年6月4日の日本図書館協会定期総会に採択を諮り、承認されることとなったのである。

以上のような経緯で図書館員の倫理綱領は採択に至ったのであるが、委員長の久保輝巳は、審議過程に「やむをえない妥協」があり、それが内容にも反映されたことを指摘している[87]。そこで、各綱領案を時系列的に検討してみると、全体的な構造に大きな変更点はない。字句の修正が主であった本文の範囲で、特筆すべき変更点として挙げるとすれば、利用者差別を禁じる条項に最終案から「年齢」の文言が加わったということ、図書館の管理者（館長）に関する記述が変化したこと[88]、図書館間の相互協力の条項の位置付けが議論され、「図書館間の協力」というカテゴリーが新設された程度である。

対照的に、前文の範囲では、特に第3次案から第4次案にかけて、多くの部分が書き換えられた。この前文は内容ごとに項目が設けられている。第1次案から第3次案までは3項目からなっており、「前文1ではこの綱領の目的を、2では対象を、3では日図協が綱領を制定する意味を述べたもの」[89]であった。さらに、前文の末尾に1954年版「図書館の自由に関する宣言」の主文が挿入されていた。第4次案からは宣言の挿入を削除し、入れ替わりに「制定の背景」と「全体の構成」という2項目が追加された[90]。最終的に、前文は「この倫理綱領は、『図書館の自由に関する宣言』によって示された図書館の社会的責任を自覚し、自らの職責を遂行していくための図書館員としての自律的規範である」と述べる主文に続けて、全5項目、順に、(1) 綱領の目的、(2) 制定の背景、(3) 制定の意味、(4) 対象、(5) 構成という内容の副文を持つようになった。ここからは、前文のカテゴリーそれぞれにまつわる変化や議論をみていく。

(1) 綱領の目的

第1次案では、次のように記述されている。

> この倫理綱領は、図書館員が、"知る権利"を保障する図書館の社会的役割を認識し、個々の利用者はもちろん、すべての国民の信頼と支持を得るための職責を明確にすることによって、自らの姿勢をただすための自律的規範である。その基本的なよりどころは「図書館の自由に関する宣言」の遵守にある。したがって、この綱領は、単に徳目を列挙するものでも、専ら図書館員の権利を主張するものでもない[91]。

倫理綱領作成が協会事業になる以前の綱領案には記載されていた「学習権」は、図書館の果たすべき社会的役割から削除され、「知る権利」だけが残されていた。この項目の記述のうち、自律的規範であるということや、徳目の列挙や権利の主張ではないという内容は、採択された最終案まで変更されたことはない。それに対して、宣言にまつわる表現は、既述のように、第4次案を境に、「この倫理綱領は、先に発表され改訂された『図書館の自由に関する宣言』と表裏一体の関係にある」[92]という、両文書の関係から綱領の目的を述べる表現に書き換えられた。このように、1979年の改訂を受けた表現に変化したものの、「図書館の自由に関する宣言」の趣旨を保障しようとする内容自体は一貫していたことが読み取れる。

(2) 制定の背景

第4次案から追加されたこの項目では、「各条文はこれまでの図書館活動のひとつの総括である」と前提を設定した上で、後段では、それを倫理綱領にまとめた理由が2つの観点から説明される。第1に、図書館本来の役割を果たすには、職業集団の総合的な努力が必要であるということである。第2に、「図書館員のあるべき姿を、図書館員と、利用者と、図書館を置く機関または団体との三者が、共に考えるべき段階に立ち至ったから」ということである。

この後者の部分は最終案でも保持されたが、前者は、「綱領の内容はこれまでの図書館活動の実践の中から生まれたものである」と表現が簡略化された。

(3) 制定の意味

「制定の意味」とされる前文第3項は、「ここに『綱領』制定の推進者となった

委員会の考え方の根拠が、すべて要約されている」と位置付けられる[93]。この項目で一貫して記述されてきたのは、専門職制度への志向であった。

第1次案は、まず、倫理綱領が専門職団体によって支えられる必要があるという指摘から始まる。綱領の作成を担う日本図書館協会が「名実ともに専門職団体に成長するためには、当面、社会各層の支持を得て、司書職制度の確立と充実をはかることが必要であるが、一方個々の図書館員に対しては、その社会的責任の自覚と意識高揚のための倫理の要請もまた不可欠である」という。このような観点から倫理綱領を作成するのであり、あわせて維持・発展に対する協会の寄与を求めた。これが第4次案から、現行の表現になる[94]。

この綱領は、われわれの図書館員としての自覚の上に成立する。したがってその自覚以外にはいかなる拘束力もない。しかしながら、これを公表することによって、われわれの共通の目的と努力、さらにひとつの職業集団としての判断と行動とを社会に誓約することになる。その結果、われわれはまず図書館に大きな期待を持つ人びとから、ついで社会全体からのきびしい批判に自らをさらすことになる。

この批判の下での努力こそが、図書館員という職業集団への信頼を生む。図書館員の専門性は、この信頼によってまず利用者に支えられ、さらに司書職制度という形で確認され、充実されねばならない。そしてその専門性がもたらす図書館奉仕の向上は、すべて社会に還元される。そうした方向へ図書館員全体が進む第一歩がこの倫理綱領の制定である[95]。

(4) 対象

制定過程で議論が集中したのは対象（担い手）の項目であった。前項のように、倫理綱領作成の提案段階では、「公開性と公共性のある図書館の図書館員を対象」とするものであった。そして、協会事業となった直後には、主たる担い手が専門職員であることを確認した上で、図書館で働くすべての職員に無縁のものではありえず、文庫活動従事者にとっても無関係ではないという認識になった。第1次案も、この立場を踏襲する内容である[96]。

この部分に対して意見が寄せられたようであり、第3次案の発表に際して応

答している。綱領の対象にすべての館種の図書館員を含むのかという質問に、委員会は「この綱領が館種をこえてすべての館の図書館員を対象としていることは、特に明記はないが、全体を通読してもらえば理解してもらえるものと考える」[97]と述べ、表現を維持した。ただ、外部にはこのように述べながらも、委員会内部では、第一義的な対象者を専門職員に限定するという考え方をとっており、「委員会の考え方が大きく変るのは第4次案以降においてである」(原文ママ)という[98]。

第4次案以降、文庫活動従事者等への理解や期待はそのままに、「専門職員ないしは司書とその他の職員とを区別することを意識的に避けた形」[99]を採用するようになる。第4次案では、「図書館や同種の施設に働くすべての人びと、および地域文庫にかかわる人びとによって共有されることを期待している」という表現になり、そこに、司書や司書補の資格を有する者が綱領実現に努めるのは当然だと続けた。最終案ではさらに、司書と司書補との区別すら削除されることになり、「すべての図書館員が館種、館内の地位、職種及び司書資格の有無にかかわらず」という表記になった。加えて、採択直前の評議委員会で、綱領の担い手について「相当強硬な意見が出された」[100]ことを受け、前文第1項の末尾に「この綱領でいう図書館員とは、図書館に働くすべての職員のことである」という一文の追加を余儀なくされたのである。

第4次案からの方針転換の理由として、久保は次の2点を挙げている。第1に、職場集団として社会的機能を果たすべき図書館にある種の階層性を持ち込むことによって、力量の結集を阻害することに繋がりかねないという認識であった。第2に、当時、全職員中に占める司書有資格者が5割に満たない状況下で「司書のみを主な対象とする倫理綱領の提起は、(中略)最終的に日図協総会での採決を得るのに館界全体の共通理解が現時点ではなかなか得にくいこと」への配慮であった[101]。後者について、後藤暢も同様のことを認めており、館種をこえた図書館員すべてに共通する倫理綱領をめざすということが、倫理綱領制定において制約された条件だったという[102]。

(5) 構成

最後に、第4次案から前文の最終項に配置された構成の項目は、本文のカテゴリーや条項の順序を意識しながら、簡潔に綱領全体の構成を述べている。第4次案から最終案にかけて字句の修正は存在するものの、本文の構造に変更点がない以上、特筆すべきものではない。ここでは、「綱領の構成は、図書館員個人の倫理規定にはじまり、組織体の一員としての図書館員の任務を考え、ついで図書館間および図書館以外の人びととの協力に及び、ひろく社会における図書館員の果たすべき任務に至っている」[103]という最終案の文言を引用するにとどめたい。

以上のような経緯と議論を経て、現行の「図書館員の倫理綱領」が成立したのである。この綱領について、どのような観点から検討されてきたのであろうか。

2.3.2 評価

本章冒頭で述べたとおり、「図書館員の倫理綱領」には、頻繁に言及されてきたわけではない。制定直後には解説書[104]の刊行をはじめ、委員会の一員、特に倫理綱領小委員会を構成していた久保輝巳、後藤暢、竹内悊による解説や問題点の指摘が主であった。それらの論点をまとめた薬袋もすでに指摘するように、主として条文の内容への批判はみられず、諸見解は実際の役割と機能を問うていた[105]。

まず、規制力の欠如を問題視した久保は、それを批判しながらも、日本図書館協会の力量が不足している現状からやむを得ないとした[106]。後に薬袋も規制力の欠如を批判し、そのために、綱領の目的である専門職制度確立を達成することができず、職員への影響力も低水準に止まらざるを得ないとした[107]。また、久保や石塚栄二は、司書を対象とする条項とその他職員を対象にする条項の混在を批判した。特に久保は、その原因を、対象の拡大を余儀なくされた成立過程に原因があると認識し、条項の文言通りの厳格な適用を前提に、「司書以外の職員にその実践を求めることは最初から無理がある」と論難した[108]。

さて、久保は制定者であったにもかかわらず、制定間もない時点で問題点を

列挙しているのであるが、そのような問題点は審議段階で、委員会においてもすでに認識されていたという。それでも修正を行わなかったのは、綱領全体の構成を重視し、さらに、「将来へ向けて純粋な意味の専門職制度を確立するための過渡的な倫理綱領であるとすれば、現時点では多少の混乱はやむをえない」と委員会内で了解したからである[109]。この姿勢の背景には、将来の改訂が視野にあった。将来、専門職制度としての司書職が確立するに至った際、専門職としての司書のみを対象とする倫理綱領と、全職員を対象とする倫理綱領が各々制定されることを委員会は期待していたのである。また、前者には強力な拘束力が付加されることも想定していた。

　一方で、久保は、対象（担い手）の拡大を譲歩によるものとしながらも、司書資格の有無や館種の相違を超え、すべての職員が共通の自律的規範を持ったこと自体は綱領の長所ともいえると論じている。これは、諸外国の綱領に例を見ないこととして、その意義を強調した[110]。竹内悊も同様のことを指摘すると共に、集団としての職務遂行を明示している点や、明治以来の「政府に認めさせる」図書館運動とは「逆な方向」である利用者の信頼を求める点を特徴とした[111]。

　後続の言説では、石塚が綱領制定の意義を「プロフェッショナルコードの基本的性格に立脚する」と把握するように[112]、専門職論の視点からの議論が主であった。制定の10周年及び20周年には、『図書館雑誌』で「図書館員の倫理綱領」に関する特集が組まれているのであるが、そもそも10周年の特集の表題が「いま、職員問題は……図書館員の倫理綱領10年を迎えて」であるように、職員問題に重点が置かれていた。そこでは、田中隆子のように倫理綱領検討の舞台裏の解説[113]がある一方で、大半の記事は、専門職制度の確立を専ら議論するものであった。20周年の特集は、単に「『図書館員の倫理綱領』制定20年」と題するものであり、「図書館員の倫理綱領」のカテゴリー順に記事が配され、担当した部分の内容について、簡潔に批判する記事[114]もあるが、多くが具体的な実践と結びつけて解説するものであった[115]。

　久保は、10周年の記事において、臨時職員や委託職員の増加を批判し、専

門職制度が確立してこそ、倫理綱領の精神が図書館の現場で生かされることになると主張した[116]。20周年にも、専門職制度が「かえって悪い方向に進みつつある」状況を指摘し、司書のみを対象にする綱領の制定を描く、制定当時の委員会の構想との乖離を論難した。また、薬袋の文献を除けば、当該綱領が議論の俎上に載せられることのない現状を批判した[117]。同特集で後藤暢は、専門職化のプロセス（前文（3）制定の意味）を担当した。本章2.2.2「倫理綱領制定の提案」の時期尚早論を念頭に、現在の専門職研究では「かつての『まず専門職制度、その後倫理綱領』という図式は論理的・歴史的な根拠に乏しいと批判されて」いるとして、当該倫理綱領の「先見性」を強調した[118]。

そのような中、薬袋秀樹「日本図書館協会『図書館員の倫理綱領』(1980)の考察」も、倫理綱領制定の最終目標が「専門職制度の確立」であるという前提のもと、「倫理綱領の本質的特徴とそれが専門職制度の確立に対して持つ意義について考察」した[119]。そして、図書館員の倫理綱領が描く専門職化のプロセス（前文（3）制定の意味）について、制定過程や評価、特徴をまとめ、時期尚早論を採用し、次のような批判を展開した。すなわち、協会や大会で決議されていようとも図書館員に理解されているとは限らず、PRも掲示程度であり、内容が抽象的で具体的制約になっておらず[120]、規制力を伴わないので実行を強制できずに図書館員が努力を行うか明らかでないなどとして[121]、倫理綱領は「理念的な目標にとどまり、専門職員の自律のための具体的な目標の役割を果たすことができず、社会に対する誓約も行えなかった」と述べた。また、努力目標としては有意義であるとした[122]。

このような薬袋の見解は、20周年特集[123]や全国図書館大会[124]で一部言及される以外に、取り上げられることはほとんどなかった[125]。ただ、久保は「倫理綱領制定の頃」[126]で、薬袋の見解のうち、任務規定と倫理規定の混在について問題を指摘した部分には具体的に触れている。薬袋は、実際の倫理というのは「図書館員の倫理綱領」の第1から第4の前半までのことであり、それ以降の部分は倫理というよりは任務規定であると指摘していた[127]。久保は、この部分の引用に続けて、次のように述べた。

基本的なよりどころは何かというところと、それから第2、第3、第4前半という、そこまでがすべての、司書だけでなくて、図書館に働くすべての職員が守るべきものと言えるんだけれども、そのあとのこと、第5からあとのことは、委員会でどんどん議論しているうちに、これもぜひつけ加えるべきではないか、これもぜひつけ加えるべきではないかというような意見が出てきまして。それは、なるほど妥当な項目だとわれわれは判断したわけです[128]。

つまり、薬袋のいう倫理規定の部分は所与のものであったが、その他は委員会の議論で追加されたのである。そこで、第5条以降の条項[129]を参照してみると、その多くは、本章2.2.2「倫理綱領制定の提案」で示した委員会の最終報告の内容と重複していることがわかり、久保の述べるように、委員会の取り組みを反映しているのである[130]。

一方で、第1条から第4条の倫理規定[131]は「図書館の自由に関する宣言」の内容に対応しており[132]、知る自由の保障に寄与するものである。それでは、倫理綱領の制定にあたって、「図書館の自由に関する宣言」は、どのように捉えられていたのであろうか。

3節 「図書館員の倫理綱領」と権利保障の思想

3.1 「図書館の自由に関する宣言」との関係性

綱領の提案段階では、本章2.2.2「倫理綱領制定の提案」で示したように、委員会は「図書館の自由に関する宣言」を倫理綱領として把握する見解について「誤解」と述べていたが[133]、その理由を説明していない。

この意図を理解するには、1979年の全国図書館大会における、俊藤暢の発表を参照すべきである。当該発表は、「図書館員の問題調査研究委員会、あるいは第4次案起草委員の間での議論をふまえ」たものであり、「図書館員の倫理綱領」と「図書館の自由に関する宣言」との関係に触れている。具体的には、1954年に同宣言が採択されたときに、なぜ倫理綱領が提起されなかったのかということを検討した。そして、「宣言の担い手であるべき図書館員自身の成

熟、専門職との自覚を持ち国民の信頼に応えるため宣言を図書館全体のものにしていくための条件が、当時不十分な情況であったため」というのが、後藤をはじめとした、図書館員の問題調査研究委員会の認識であった。これによって、「図書館員の任務が多く指摘されたにもかかわらず、綱領という形で明確には提起されなかったのではないか」とまとめている[134]。

一方、初期の草案から倫理綱領の柱の一つとして「知る自由」の保障を重視してきた理由としては、1982年の「公共図書館司書の職業倫理」で久保が記すところによると、「1954年のものがそのまま活きており、『利用者のプライバシー擁護』に関する明確な規定もなかった当時として、そのことを含む知的自由の問題を強調しておく必要がある、という委員会の考え方によるもの」であった。しかし、宣言の改訂によって、プライバシー条項が追加され、解説的な副文も添えられることになったのを受け、「知る自由」の保障に関しては表現の重複を避け、宣言の精神を遵守すべき図書館員の責務のみを強調したという[135]。その結果、既述のように、両文書は表裏一体という位置づけになり、それぞれの主語は、「図書館の自由に関する宣言」では「図書館」、「図書館員の倫理綱領」では「図書館員」として、統一されることとなったのである。

以上のことから、委員会は、プライバシー保護という手段を含めて「図書館の自由に関する宣言」の趣旨である「知る自由」の価値を認めていた。そうであっても、専門職論の視点から、「図書館の自由に関する宣言」を倫理綱領そのものとは捉えていなかったのである。

3.2 「図書館員の倫理綱領」制定過程における「学習権」

倫理綱領作成が協会事業になった後の第1次案から、「学習権」という記述がなくなっていた。この意図を明らかにするため、まず、筆者は、当時の「図書館員の問題調査研究委員会」の委員長であり、綱領作成の小委員会にも属していた、久保輝巳とコンタクトをとった。さらに、久保から、同じく小委員会を構成していた、竹内悊を紹介された。当初は、直接のインタビュー調査を予定していたが、両者ともに高齢であるため、手紙を介してのやり取りとなった。

第4章 「図書館員の倫理綱領」における志向性　*153*

筆者が問うたのは、大要次の2点であった。
 （1）当時の委員会の議論を跡付けることができる内部資料が存在するのか
 （2）第1次案から「学習権」の文言が消えたことを踏まえ、その理由や、「学習権」に対する認識はどのようなものであったのか

 まず、（1）では、竹内悊が所蔵していた一次史料を閲覧することができた。送付された史料を筆者が受け取ったのは、2014年1月のことであった。これに含まれていた、検討中の第4次案に注目したい。第4次案は、1979年10月の『図書館雑誌』で公表されるのであるが、この検討中の第4次案は1979年8月26日付になっている。ただし、作成自体はそれよりも早い。このことは、久保輝巳による、図書館員の問題調査研究委員会に対してなされた、この案の検討の呼びかけが1979年8月15日付であることから明らかである。

 さて、この検討中の第4次案では、「図書館員の基本的態度」のカテゴリーに属する第1条「図書館員は社会の規定と利用者の要求を基本的なよりどころとして任務を遂行する」の副文は、下記のとおりであった。

> 図書館は社会の期待と利用者の要求の上に成立する。そして、ここから国民の学習権の保障という図書館の目的も、また資料の提供という基本機能も導き出される。従ってあらゆる図書館活動の根底に社会の期待と利用者の要求がある。この期待と要求とを的確に把握し、分析し、かつ予測して、期待にこたえ、要求を実現するように努力することこそ、図書館員の基本的な態度であり、存在理由のひとつでもある（傍点、福井）[136]。

なお、原資料には竹内悊による書き込みがあり、「国民の学習権」に線を引いて、「知る自由」と直し、さらに「○○権はタブー」と記されている。

 次に、（2）についての、久保や竹内の回答を見ておきたい。まず、久保輝巳（2013年10月11日）は、「知る権利（知る自由）の中に、学習権も含まれているという考え方のもとに、学習権という語は消えていったと思います」と述べている。さらに、特に公立図書館との関係で、「学習権」という言葉を強調すれば、学校の教科科目の予習や復習のための自習と誤解されかねなかったという。そして、1970年代後半に、「学習室」と称する部屋を有する公立図書館を

見学したときの事例を示した。観察していると高校生のグループがやってきてしゃべっており、図書館員の姿はなかった。「後刻、館長さんに改めて学習室についての感想を訊くと、『図書館で学習室を設けて、何が悪いんですか。親たちにも好評ですよ』とすましていました」。現在、大学図書館を中心に広がりをみせるラーニング・コモンズは納得でき、称賛されるべきものであると考えるが、「前記の公共図書館での、単なる自習室として、場所だけの提供はいかがなものかという思いがずっとあり、それで『学習権』という語は、『知る権利』（知的自由）に含まれるということで、消えていったのだ、と思います」という認識を示した。

　さらに、竹内悊（2014年1月23日）も、「委員会の審議が、人の考え方が多様な概念については、表現を考え直す、という方向に進んでいった。学習権もその一つであって、その上位概念である『知る権利』に置き換えることがより適切、となったと思う」と述べている。各地での学習会において、用語や表現を異論のない広いものにすべきであるということを学んだのであり、表現を「知る自由」に変更した後は、この点を問題とされることはなかったという。

　ここで、筆者は、「学習権」を重視していた図書館問題研究会の議論の影響について質問を行った。これを受けて、竹内は、図書館についての意見の相違は、どこに着目しているのかという立脚点の違いによるものであるということを論じた上で、「久保さんも後藤さんも、また私も図問研の会員ですが、図問研を意識して委員会で動いたことは全くありません。倫理綱領の審議の時には、図書館の見方の基礎に人を置くという共通性があったと思っています」と記した。

　また、竹内悊の協力を得ることができたのであるが、小委員会を構成した最後の一人である後藤暢と接触することはできなかった。しかし、この3名のうち、後藤だけは、「図書館員の倫理綱領」採択直後の文献において、「学習権」に言及していた。それによると、綱領案では「ある時期これに代わり『国民の学習権の保障』を掲げたことがある。しかしこれはあまり評判がよくなく、『知る自由』ないし『知る権利』に変えるべきだとする修正意見も寄せられ、その

結果、次の案から」改められるようになったという。「しかしながら、図書館の任務・目的に関して、国民の『学習権』はなじまないが『知る権利』ないし『知る自由』ならばよいということは本来あり得ないはずではなかろうか。図書館においてはとりわけ、両概念は密接な関係にあるのではないかと思う」と述べた。それに続けて、「主権者である国民が、政府のもつ情報を知る権利は当然、国民の学習権の内容の一部であり、また主権者として固有の『知る権利』が存在するからこそ、学習権の根拠は一層明確である」という認識を示し、両者の関係性を指摘する研究に触れていった[137]。

以上のことから、小委員会は、学校教育での自習などの、狭義の「教育」こそ拒否していたものの、教育か情報提供か、という二者択一の選択を行ったわけではなかった。むしろ、綱領の採択のために「人の考え方が多様な概念」を避けるという戦略的な態度と、「学習権」を「知る自由」の下位概念とみなすという認識の下で、「知る自由」という表現だけを残したのである。

4 節　「図書館員の倫理綱領」の性質について

本章で展開してきた以上の議論を踏まえて、「図書館員の倫理綱領」の性質を総括する。まず、「図書館員の倫理綱領」は、専門職としての地位確立を「めざす」立場を意識的に採用した「図書館員の問題調査研究委員会」によって作成された。そのため、単に、図書館員の遵守すべき倫理規範の表明としてではなく、司書職の専門職制度確立の第一歩として、専門職論における倫理綱領として制定された。これは、制定の提案から制定過程、採択された最終案、その評価に至るまで、「倫理綱領」が専門職論の視点から理解されてきたことから明らかである。

そのため、専門職制度の視点を持たない「図書館の自由に関する宣言」について、委員会は「倫理綱領」とは認識していなかった。しかし、同宣言が表明する価値を重視していたために、制定過程では、倫理綱領の対象（担い手）のカテゴリーで譲歩しながらも、専門職制度への希求と共に、「図書館の自由に関する宣言」の趣旨を満たすということが一貫して表明されてきた。

このことは、作成された倫理綱領の記述にも反映されている。「図書館員の倫理綱領」の中の、倫理規定は、「知る自由」の保障をはじめとして、「図書館の自由に関する宣言」と対応する内容であった。一方、任務規定を示した残りの部分は、委員会の議論を重ねるうちに付け加わったものであり、最終報告の内容に類似していた。「図書館員の倫理綱領」は、職員の地位の問題を扱う、「図書館員の問題調査研究委員会」の活動の到達点という性質も併せ持つものであった。

次に、「図書館員の倫理綱領」の採択過程で、利用者の権利保障に関する思想がどのように取り扱われていたのかについて検討する。上記のとおり、「図書館の自由に関する宣言」の趣旨を委員会は重視していたため、「知る自由(知る権利)」の保障は、最初の骨子案から最終案まで、一貫して図書館の社会的役割に位置付けられていた。そこに「学習権」が併記されていたのは、『図書館雑誌』に掲載された綱領案を見る限り、骨子案の段階までのことであって、第1次案以降は「学習権」という表現はみられない。

しかし、委員会の内部資料によれば、第4次案の作成過程でも「学習権」が検討されていた。ただ、本章第3節でみたように、「学習権」という文言は、人の受け取り方が多様であったり、そこから狭義の教育が連想されたりすることを認識し、小委員会はこの文言を修正したのである。

なお、竹内悊の主張から、図書館問題研究会の影響が皆無であったと受け取るのはナイーブな把握であろう。第2章で扱った、「学習権」を図書館の目的に据える言説は、図書館問題研究会の構成員が中心となって再生産され続けていた。図書館と「学習権」を結びつける認識や、骨子案で「学習権」を採用し、第4次案で復活させたことには、そうした議論が基になっていたはずである。

そもそも、「学習権」論を含む国民の教育権説は、国家の教育権説と対置される、論争的な主題でもあった。また、倫理綱領の制定作業が行われていた1970年代後半は、国家の教育権説を全面的に採用した高津判決(1974年)や、折衷説を示した旭川学力テスト事件最高裁判決(1976年)が下された後である。国民の教育権説を採用した杉本判決が大きな影響力を有していた1970年代前

半とは状況が異なり、この「学習権」という概念の有するオーソリティはピークを過ぎており、ある程度相対化されていたといえる。

　その中で、委員会は、倫理綱領自体の採択を優先させ、「学習権」に固執することはなく、文言を削除した。一般的に、論争的な主題や文言を回避することは、この種の文書の採択をめざす際にしばしば用いられる手段である。こうした戦略的な判断のほかに、委員会における理由付けは、教育か情報提供かという対立軸の中で二者択一の選択を行ったというものではなかった。むしろ、学校教育を念頭においた狭義の教育を拒否しながらも、情報提供（知る権利）の中に教育（学習権）が含められるという思想からなされたのであり、両者は重複するというのが基本的な考え方であった。

# 権利保障の思想と判例法との接近

1節　はじめに

　これまでの章を通じて、1950年代から1980年頃までの、図書館利用者に権利を保障するという思想の展開をみてきた。特に、第3章および第4章では、図書館の職能団体が採択した、権利保障の思想を表明する文書を取り扱った。1980年の「図書館員の倫理綱領」の倫理規定の基礎は、1979年改訂版「図書館の自由に関する宣言」にあり、同宣言の中核的価値は、表現の自由から導出されるという、「知る自由」の保障であった。これらの文書は、現在に至るまで、改訂がされたことはない。つまり、これらの成立によって、自律的規範を表明する文書に関して、現在の環境が整備されたのである。1980年代以降、「図書館の自由に関する宣言」の立場は、具体的事例との関係で言及されることが急増する。その中心になったのは、第3章でも言及した、日本図書館協会の常設委員会である「図書館の自由に関する調査委員会」（2002年から「図書館の自由委員会」）の存在であろう。同委員会は、図書館の自由に関わる事例についての情報収集や研究を目的のひとつとしており、検討結果を『図書館雑誌』に掲載したり、全国図書館大会の分科会で取り上げたりした。委員会に寄せられた事例は「実際に個々の図書館で起こっている事例からすればわずかであろうが」と断りながらも、1997年には、1980年代を中心に『図書館の自由に関する事例33選』[1)]を、2008年には、1992年から2004年までの32の事例を収録した『図

書館の自由に関する事例集』[2])を刊行している。これらの図書では、各事例が「図書館の自由に関する宣言」の、どの条項に抵触するものであるかが示され、原則的立場の解説や実際の図書館の対応が解説されている。

　ここで、本書の序章や第3章で示したように、「図書館の自由に関する宣言」が表明する権利保障の思想は、法的概念を援用していたものの、図書館の倫理の領域にとどまっていたことを思い起こしたい。その観点からみれば、上記の事例にまつわる解説やそれに類する言説は、図書館が自主的に採用した規範を実践に適用するものであり、さらに、それを共有することによって規範を補強するものである。一方、21世紀に入り、公立図書館の運営や利用に関する裁判が生じるようになり、利用者や、図書館員、資料の著作者にまつわる権利義務関係に言及されるようになった。それ以前には、第4章で一部言及した配置転換問題などが法廷に持ち込まれることはあっても、サービスに関する訴訟はなかった。本章では、21世紀の図書館裁判に着目し、そこで示された法的判断と権利保障の思想との関係性を検討する。

　図書館裁判に関して、アメリカの判例の動向についての研究は、川崎良孝を中心に、盛んに行われている。そこでは、個別の判例のみならず、判例の系譜と図書館界の原則との関係性が明らかにされている[3]。それに対して、日本の判例を扱う多くの文献は、個別の判例評釈にとどまっている。特に、後述する船橋市西図書館蔵書廃棄事件は、最高裁で争われ、「公的な場」という新たな判例上の概念を導いて、従来の判決とは異なった論理を示した。そのため、『憲法判例百選』に収録されるなど、判決の含意の検討が行われてきた。ただし、当該最高裁判決以降の裁判は、下級審で終結しており、それまでの判例に照らして新規性のある判示がなされたというわけでもないため、法学的見地から注目されることはなかった。

　図書館思想の観点から図書館裁判を検討する文献に、山家篤夫の「図書館の自由と図書館法」があり、当該最高裁判決以降の動向にも触れている。山家は、「図書館の自由に関する宣言」の構成要素が、権利性、価値中立性、公平性の3点であるとして、それぞれの要素が判例の中でどのように言及されているのか

第5章　権利保障の思想と判例法との接近　　**161**

を解説している。そこでは、権利性を扱う項目で、各判例を通じて保護が拡大していることが、すでに示されている。ただ、山家の文献は、解説の域を出るものではないことを指摘しておく。なぜなら、先行する研究や評釈を包括的に踏まえた上で議論を展開したり、各判決の論理展開を詳述したりする作業がないからである。特に、船橋市西図書館蔵書廃棄事件最高裁判決以後の裁判である、熊取町立熊取図書館相互貸借拒否事件について、判決の核心部分を簡潔に取り上げる程度にとどまっている[4]。

　以上のことを踏まえつつ、本書全体の趣旨に鑑みて、本章では、判例内容を詳述し、そこに示された権利義務関係に着目しながら、図書館裁判の系譜を記述する。この作業を通じて、倫理の領域で議論が展開されてきた権利保障の思想に、判例法が接近したことを明らかにする。

　なお、図書館の目的を表現の自由に置くことの是非に関係し、判例にも言及するものとして、松井茂記や、大場博幸による文献がある。ただ、それらの文献では、それぞれが所与の規範を設定しており、それに照らして、表現の自由が図書館の目的として適切であるのか否かの立場を決定している。端的にいえば、松井は、『図書館と表現の自由』において、図書館は表現の自由に寄与するべきであるという思想が議論の前提にあるがために[5]、肯定的な議論を展開している。そのため、同書に関して、いっそう精緻な論理展開を求める意見がある[6]。一方、大場の論考「図書館の公的供給」は、序章の脚注でも触れたように、公共経済学の視点から論を展開しており、図書館が、読書によってもたらされる「正の外部性」に支えられるという前提に照らして、権利保障を目的に据えることに一定の否定的立場をとる。なお、大場自身も認めるように、「公共図書館に正の外部性があるということは、実証されたわけではなく信念の領域にある」[7]。

　これらの研究は、当為にまつわる言説がいかなる展開をみせたのかということを記述する本書の議論とは視角を異にする。本章の検討は、判例に表れる論理を理解することにとどめる。同様に、次の理由から、「公的な場」との類似性が指摘される、アメリカの法理であるパブリック・フォーラム論は扱わな

い。両概念の名称や、作用の方向性は類似している。一方で、図書館関係行政法規から導かれる「公的な場」と、表現の自由を規定したアメリカ合衆国憲法修正1条を根拠にするパブリック・フォーラム論とは、性格が異なる。「公的な場」に言及する最高裁判決および後続の判決は、現段階では少なく、両概念の関係性を実証的に研究する水準には至っていない。判決の論理の妥当性や、「公的な場」とパブリック・フォーラム論との関係性についての研究は、別に用意されるべきである。

　以下の議論では、事件ごとではなく、判例上の公立図書館の位置づけに従って、節を分ける。まず、第2節では、公立図書館の運営に関する法的判断の立脚点が、地方自治法上の概念である「公の施設」にあったことを示す。ここでは、公立図書館に新たな位置づけを与える、船橋市西図書館蔵書廃棄事件の最高裁判決以前の判例を扱うことになる。第3節では、まず、当該最高裁判決の内容を概観する。その上で、同判決の新規性の中核をなす概念である「公的な場」について、その性質と後続の裁判への影響をみる。そして、第4節では、判例の転換点に着目して分析を行うこととする。ここで扱う事件に共通する構図について、一点説明しておく。問題となった図書館の行為は、図書館界の自律的規範から距離がある、もしくは逸脱したものであり、図書館の原則的立場に近い主張を行ったのは、訴えをおこした住民や著作者側である。

2節　「公の施設」としての公立図書館

2.1　東大和市立図書館雑誌閲覧禁止事件

2.1.1　事件の前提と概要

　前述の通り、日本において、図書館における雇用の問題が法廷に持ち込まれたことはあるが、公立図書館の運営や利用に関する問題が裁判に発展したのは、東大和市立図書館雑誌閲覧禁止事件が最初である。

　この事件は、東京都東大和市の東大和市立桜ヶ丘図書館における、雑誌『新潮45』1998年3月号の取り扱いをめぐるものである。当該雑誌は、大阪府堺市で発生した通り魔殺人を報じていた。本書の第3章で扱った「知る権利」に関

わる論点も現れていることから、東大和市立図書館雑誌閲覧禁止事件の前提をなす、通り魔殺人報道に関する動向をやや詳しく見ておきたい。

1998年1月8日、大阪府堺市において、事件の被疑者とされる19歳の少年が、シンナー吸引による幻覚状態で、登校中の高校生や幼稚園の送迎バスを待っていた母子を襲い、5歳の幼稚園児を殺害した。また、その母親と、近くを通っていた高校生には重傷を負わせた。少年は、同日、現行犯逮捕され、3月5日に殺人罪等で起訴された。この通り魔殺人について、新聞をはじめとするマスメディアで報じられるようになった。その中で、『新潮45』1998年3月号は、氏名、年齢、職業、住居、容貌その他の、少年が事件の被疑者であることを特定するのに十分な情報を掲載した[8]。さらに、この記事に続けて、実名報道の理由を編集部名義で記載している。それをまとめれば、(1) 稀に見る残虐非道な犯罪であること、(2) 犯人が半年後には二十歳になるにもかかわらず匿名化され、事件の本質が隠されること、(3) 1949年に施行された少年法は、著しく現実と乖離していること、(4) 以上の論拠について、この記事の編集スタッフ及び筆者が同意したことである[9]。

この記事を受けて、少年側は、プライバシー権、肖像権、名誉権等の人格権ないし実名で報道されない権利が侵害されたとして、記事の著者、雑誌の編集長、発行所に対して、不法行為による損害賠償と謝罪広告を求めて提訴した。

争点のひとつは、『新潮45』1998年3月号の発行が不法行為に該当するかということであった。原告である少年側は、実名による犯罪報道は、名誉やプライバシーを重視するか、表現の自由や報道の自由を重視するかという、利益衡量が要求され、少年犯罪の場合にはさらに、将来の更生を阻害するような事態にならないかという視点が重要になると主張した。これに照らして、本件の報道は、実名で報道されない権利を侵害するものであるという。一方、被告である新潮社側は、表現の自由は基本的人権の体系の中で優越的地位を占める権利であるとして、少年法61条の規定は、「少年の保護よりも国民の『知る権利』という社会的利益の擁護が強く優先するような場合、例えば少年事件が実質的にみれば成人の犯罪と同視できる場合や社会防衛の必要がある場合については

除外されるというべき」と主張するとともに、記事の末尾に付した、実名報道に踏み切った編集部の考えを再度述べた[10]。

大阪地裁[11]は、1999年6月9日に、原告を勝訴とする判決を下した。まず、私生活や容貌等が意に反して公表されないことに法的保護に値する人格的利益が認められるものの、刑事事件等との関係で公表を受忍すべき場合があると述べた。また、少年法61条について、社会復帰に関する刑事政策的考慮に基づくものであることを指摘した。そこから、少年の有する利益の保護や少年の更生といった優越的な利益を上回るような特段の公益上の必要性を図る目的があったのか、手段や方法がその目的に照らしてやむを得ないものであるかどうかといった、検討基準を設定した。そして、本件における実名や顔写真の掲載は、次の理由から、この基準を満たすものではないと結論した。まず、現行犯逮捕されているために更なる被害を防ぐといった社会防衛上の必要性はない。また、掲載しなければ、記事の衝撃は失われるが、内容の価値に変化が生じるものとは解されない。さらに、成年に近い年齢であることが、原告を他の少年と区別すべき理由とはなりえない。

この地裁判決を不服として、新潮社側は控訴した。控訴審を担当した大阪高裁は、2000年2月29日に原審を破棄する判決を下した[12]。そこでは、地裁判決とは異なり、検討基準の設定にあたって、表現の自由や報道の自由とプライバシーとの関係性に言及している。そして、表現の自由とプライバシー権等の侵害との調整においては、表現行為が社会の正当な関心事であり、かつその表現内容・方法が不当なものでない場合には、適法の範疇にあると判断した。この検討基準は、少年法61条の規定の性質を検討しても変わるものではない。同条は、刑事政策的配慮に過ぎず、対応する罰則規定もないため、実名で報道されない権利を付与するものとまでは解することができないという。日本新聞協会の報道の準則を示し、「新聞紙上に少年の実名を記載しない報道をしてきた自主的姿勢は貴重」と述べながらも、論点となるのは、表現行為が社会の正当な関心事であるか否か、そして、その表現内容や方法が不当なものであるか否かということであった。本件に関して、通り魔殺人は悪質であり、社会的関

心事に該当する。これに加えて、「凶悪重大な事件において、現行犯逮捕されたような場合には、実名報道も是認される」と述べた。さらに、取材や表現の方法において、特に問題視しなければならないところも見受けられない。このような理由から、本件実名報道は、直ちに被控訴人である少年の権利侵害とはならないと判じた。

2000年12月、少年側が上告を取り下げたことにより、控訴審判決が確定した。判決内容については、「実名で報道されない権利」が否定され、不法行為に関する立証責任を報道された側に負わせることが特徴として指摘される。『メディア判例百選』において、坂田仰も同様の評釈をしているが、その上で、少年法61条が拡大解釈されて運用されており、これが表現の自由に委縮効果をもたらしていると指摘している。坂田は、委縮効果がメディアのみならず、その集積所である図書館に及んでいることを論難し、「図書館は、国民の知る権利に奉仕する砦であり、民主主義の存続にとって不可欠な施設とされている。その図書館が、少年法第61条の影に怯え、未成年者への配慮と称して一斉に『自主規制』に走ったのである」と指摘した[13]。『新潮45』を閲覧禁止にした図書館のひとつが東大和市立図書館であった[14]。

東大和市立中央図書館の館長は、『新潮45』1998年3月号の記事が少年法61条に違反するおそれがあるという判断から、1998年2月18日、同雑誌の当該巻号を閲覧禁止とする措置をとった。これは、東大和市立図書館運営規則10条の「中央図書館長は、特に必要と認めた資料について、その利用方法を制限することができる」という規定に基づくものである。

そして、前述のように、当該記事に関する裁判が行われた。東大和市の市民のひとりが、控訴審判決を報じた『新潮45』2000年4月号[15]を読み、訴訟の原因になった記事を読みたいと思うようになった。そこで、2000年4月8日、東大和市立桜ヶ丘図書館において、当該記事の閲覧を請求したところ、職員によって、閲覧禁止措置がとられていることが伝えられた。その後、図書館長に対して、閲覧禁止解除を求める旨を掲載した書面を提出した。この頃には新たな館長に交代しており、その館長は、記事が少年法61条に違反しているという

判断から閲覧禁止とする方針を継続する旨を記載した書面を作成し、同月22日に、その住民に手渡した。

当該住民は、2000年7月5日、東大和市教育委員会委員長を被告として、雑誌閲覧禁止の取消訴訟を提起した。なお、後に、被告を図書館長に変更した。図書館長は、通り魔殺人事件報道に関する控訴審判決が確定したことを踏まえて、2001年1月17日付けで閲覧禁止措置を撤回し、原告に向けて、閲覧を認めることを記した文書を内容証明郵便で送付した。これを受けて、原告は、訴えを損害賠償請求に変更した。

2.1.2 東京地裁判決

争点は、閲覧禁止措置の違法性とそれによって原告に生じた損害の存否であった。措置の違法性について、原告は、まず、表現の自由を基に論じ、「憲法21条は、知る権利を保障していると解され、公立の図書館において閲覧の禁止をすれば、表現の事前抑制にあたり、行政機関がその独自の判断により住民の知る権利を制限することになる」とした。また、禁止措置の根拠になった運営規則10条は、図書の閲覧そのものの制限をする裁量権を全面的に認めたのではなく、館外貸出をするか否か等の使用方法を決定する権限だけを与えるものと解するべきであると主張した。それに対して被告は、運営規則10条の規定から発生する裁量権には、資料の利用方法の制限も含まれるとした。

2001年9月12日、東京地裁[16]は、原告の請求を棄却する判決を下した。争点に関する判断として、まず、本件の雑誌が市販されていることから、閲覧禁止措置は事前抑制に該当しないと述べた。さらに、原告の主張する「知る権利」は消極的自由権に過ぎず、請求権として認めることはできないという。そのため、「利用の制限を解除する旨の積極的な請求をすることはできない」[17]のであり、図書館の措置は憲法21条に反するものとはいえない。

さらに、裁量の範囲について、図書館法と地方自治法を基に論を展開していった。図書館法には、図書の閲覧制限に関する規定はない。加えて、図書館法で定められているのは「奉仕」であり、実施事項についての特段の義務ではな

い。また、公立図書館は地方自治法244条にいう「公の施設」に該当し、同法の規定によれば、普通地方公共団体は、正当な理由があれば、公の施設の利用を拒むことができる。さらに、管理に関する地方自治法の規定を受け、運営規則10条は、「図書の利用方法のみならず閲覧の可否を定める裁量権を認めたもの」とした。そして、本件について、「法律に抵触する可能性がある図書の利用方法に制限を加え、閲覧を禁止することは、その目的において正当なもの」と位置づけ、閲覧禁止措置は裁量の範囲にあることから、違法なものではないと結論した。なお、この裁量と違法性の関係は、本章2.2「地方自治法における『公の施設』と公立図書館」において詳述する。

2.1.3　東京高裁判決

　原告の住民は、地裁判決を不服として、控訴した。控訴審でも、住民側の主張の論点は、「知る権利」と運営規則10条の裁量の限界にあった。前者では、「知る権利」が表現の自由に含まれる基本的人権であることを指摘するとともに、1978年に日本が批准した、「市民的及び政治的権利に関する国際規約（国際人権規約Ｂ規約）」19条2項を挙げ、あらゆる種類の情報及び考えを求め、受ける自由が認められていると主張した。後者では、東大和市情報公開条例に言及し、行政情報へのアクセスを市民の権利として保障していることを援用した。ただし、控訴人側が認識しているように、当該条例は図書館を対象に含めてはいないのであるが、これには、図書資料が常に公開されるという前提があると解釈していた。

　2002年1月29日の東京高裁判決[18]で、控訴は棄却された。閲覧禁止の解除を求めていた雑誌が広く市販されていたことを踏まえ、図書館における閲覧以外に内容を知る方法があったと述べた。つまり、それを所持する多数の人びとを通じて内容を知ることや、他の媒体（新聞、雑誌、インターネット）を通じて直接的、間接的に内容を知ることが可能であるということである。そのため、「表現の自由として知る権利があるのかどうか、その内容がどうであるのかについて検討するまでもなく」、知る権利の侵害であるという控訴人の主張

を採用することはできないと述べた。

　裁量権に関する論理も、地裁判決と異なるものではない。高裁から加わった論点である情報公開条例について、図書館の運営を管轄するものではない旨を指摘するにとどまった。ここで重要な指摘は、地方自治法に基づいて定められた運営規則が、図書館長に閲覧禁止措置を含めた裁量権を付与しているという指摘に続けて、次のようになされた。すなわち、「図書館長には、所蔵する図書について、閲覧禁止を含めた管理に関する裁量権が付与されているものと解される。住民はその範囲内において図書を閲覧することができるのである」[19]というものであった。

2.2　地方自治法における「公の施設」と公立図書館

　東大和市立図書館雑誌閲覧禁止事件をめぐる2つの判決において、論理と結論は完全に一致している。それらの判決で公立図書館が該当するとされた「公の施設」とは、どのようなものであろうか。本項では、その概要や、管理・運営、住民の利用、裁量権について、松本英昭による地方自治法の逐条解説[20]を基にして確認する。

2.2.1　公の施設の概要

　公の施設の根拠条文である地方自治法244条は、次のように規定している。

　　　第244条　普通地方公共団体は、住民の福祉を増進する目的をもってその利用に供するために施設（これを公の施設という。）を設けるものとする。

　　　2　普通地方公共団体（次条第三項に規定する指定管理者を含む。次条おいて同じ。）は、正当な理由がない限り、住民が公の施設を利用することを拒んではならない。

　　　3　普通地方公共団体は、住民が公の施設を利用することについて、不当な差別的扱いをしてはならない。

まず、この条文について検討していく。第1項の記述から、公の施設に該当

するためには、次の5つの要素を満たす必要がある。
- (1) 普通地方公共団体が設置
- (2) 当該普通地方公共団体の住民が対象
- (3) 住民の福祉を増進する目的
- (4) 利用に供するため
- (5) 施設として存在している

　それぞれの指示内容は、松本によって次のように解説されている。国をはじめとして、普通地方公共団体以外の公共団体が設置するものは、公の施設ではない。さらに、その普通地方公共団体は、住民に利用させることができる法律上の原因（権原）を有している必要がある。例えば、所有権や貸借権などである。また、国民の利用に供していようと、住民の利用に供していないならば、公の施設に該当しない場合がある。観光ホテルや物品陳列所はそのような例である。そして、福祉に供することのない試験研究所などは、公の施設に該当しない。さらに、施設というのは、物的施設が実際に設置されていることを指している[21]。

　次に、公の施設の管理・運営についてみていく。同法244条の2では、公の施設の設置、管理及び廃止について定めている。その第1項では、「普通地方公共団体は、法律又はこれに基づく政令に特別の定めがあるものを除くほか、公の施設の設置及びその管理に関する事項は、条例でこれを定めなければならない」としている。つまり、公の施設の管理内容は、個別の、法律や政令または条例の内容によって決定される。

　公の施設に対する住民の利用に関しては、3つの根拠条文がある。それは、地方自治法10条2項及び、本節冒頭で示した同法244条2項と同3項である。まず、地方自治法10条2項には、「住民が属する普通地方公共団体」の役務の提供を等しく受ける権利が住民にはある旨が定められている。

　さらに、同法244条3項の規程は、憲法14条1項が保障する法の下の平等を、公の施設の利用関係について具体的に規定したものであって[22]、不当な差別的取扱いが禁止されている。それでは、住民が自らの属さない普通地方公共団体

の公の施設を利用しようとした場合には、どのように扱われるのであろうか。基本的に、普通地方公共団体の自治権の及ぶ範囲は、その区域内であることから、「他の地方公共団体の公の施設を自己の住民に利用させることは当然にはできないし、住民も自己の属しない地方公共団体の公の施設を当然に利用する権利を有しない」[23]とされる。もっとも、憲法14条によって、公の施設へ立ち入る程度のことならば、拒否されることもないため、「図書館の入館、公立大学の入学等を当該普通地方自治体の住民でないことを理由に拒否すること（中略）等は適当ではない」[24]という。つまり、合理的な取扱いの差異は許され、それぞれの公の施設の目的等に照らして、他の区域の住民へのサービスの程度が決定されるべきである。ただし、火葬場や病院、市場など、その設置目的から、他区域の住民の利用を、自己の住民の利用と同程度に保障する方が適切な場合がある[25]。そこで、地方自治法244条の3は、関係する普通地方公共団体間で協議を行った場合には、他の自治体の住民による利用を保障することが可能であることを定めている。

住民利用の根拠条文の残りのひとつである同法244条2項については、次のように解説されている。住民の利用を拒否できる正当な理由に該当するかどうかは、「個々具体的の場合に判断するほかはないが、一般的には、（中略）その者に公の施設を利用させると他の利用者に著しく迷惑を及ぼす危険があることが明白な場合、その他公の施設の利用に関する規程に違反して公の施設を利用しようとする場合等は、正当な理由に該当すると解される」[26]。この、正当な理由を判断するに当たって、「個々具体的」な判断を要することから、公の施設の管理・運営には裁量権があるといえる。

序章でも指摘したように、行政法における最も基本的な原理は、法的安定性の確保と行政のコントロールという利点を持つ「法律による行政の原理」である。その上で、法律が、行政機関に独自の判断余地を与え、一定の活動の自由を認めることがあり、これを行政裁量と呼ぶ。行政裁量について、恣意的な行政活動につながるという批判もなされるが、あらゆることを事前に法律で定めることは不可能であるばかりか、行政活動を硬直化させて弊害を生じさせるこ

とにもなる[27]。公の施設に関しても、前節で示した該当要件（とりわけ(3)や(4)）から、管理者が裁量権を持つことは有意義である。さらに、「正当な理由」という不確定概念が住民利用に関する条文に存在していることも裁量権の根拠となる。

裁量権そのものに言及した条文に、行政事件訴訟法30条がある。そこでは、「行政庁の裁量処分については、裁量権の範囲をこえ又はその濫用があった場合に限り、裁判所は、その処分を取り消すことができる」とある。つまり、原則として、裁量権は、その行使を誤ろうとも、当・不当の問題になるに過ぎず、違法と判断されることはない（裁判所の裁量不審理原則）[28]という性質を持つ。ただし、裁量権の範囲を越えた場合（裁量権の逸脱）や、濫用があった場合（裁量権の濫用）には、例外的に裁判所の審査の対象となり、違法とされ、取り消されうるのである。

裁量権の逸脱とは、法律が行政機関に自由な判断を許している範囲を超えた裁量行為を行ったことを指す。つまり、裁量自体は存在していながらも、違法な裁量行為を行うことである。裁量権の濫用とは、法律の範囲内であろうとも、本来の目的とは異なった目的のために裁量権が行使されたことを指す。例えば、私的な利益を得るために裁量権を使った場合などが該当する。

2.2.2 公の施設としての公立図書館の裁量権

公立図書館が公の施設に該当していることに、学説・判例上の争いはない。公立図書館は、普通地方公共団体が設置するものであり、図書館法2条の規定から、一般公衆の教養、調査研究、レクリエーション等に資することで、福祉の増進を目的としている。さらに、当該地方公共団体の住民に対して、物的施設の形態で、実際に利用に供している。このことから、5つの要件を満たしているのである。

公立図書館の管理、運営の根拠となるのは、図書館法並びに、図書館法第7条の2（図書館法改正以前であれば第18条）を根拠にした「図書館の設置及び運営上望ましい基準」や、各地方公共団体の制定した図書館条例等である。さ

らに、法体系上及び、「地方教育行政の組織及び運営に関する法律」30条において規定されているように、図書館が教育機関であることから、「地方教育行政の組織及び運営に関する法律」33条をもとにした館則等の規則が重視される[29]。

住民の図書館利用は、拒否に値する正当な理由がない限り、平等に保障される。また、自らが属していない普通地方公共団体の図書館には、入館することやその場で資料を閲覧する程度のことは許されるであろうが、貸出などのサービスは受けられない場合もある。ただし、普通地方公共団体間の協定を経て、「図書館ネットワーク」[30]が形成されている場合は、利用者により大きな便益が与えられることとなる。

そして、公の施設としての公立図書館の裁量権の程度が示されたのが、前項の東大和市立図書館雑誌閲覧禁止事件の判決であった。そこでの判示によれば、前述のとおり、運営規則に基づいた資料の利用方法の制限は図書館の裁量権の範囲に属する。図書館法や情報公開条例は、図書館のサービスに関して、利用者との権利義務関係を生じさせるものではない。そして、資料が法令に違反している可能性があることは、「正当な理由」になりうる。そのため、当該事件の判決は、「設置者の広範な裁量権を認めるもの」[31]と解される。この理解は、東京高裁による、住民は裁量の範囲内において図書を閲覧することができるという旨の指摘に合致するものである。このような思考法は、次項で示す、船橋市西図書館蔵書廃棄事件の下級審判決に引き継がれることになる。

2.3 船橋市西図書館蔵書廃棄事件・下級審判決

2.3.1 事件の概要

船橋市西図書館蔵書廃棄事件とは、2001年8月10日から同月26日にかけて、船橋市西図書館の一人の職員が、「新しい歴史教科書をつくる会」の主張に対する個人的な否定的評価から、同会会員の著書を中心に合計107冊の資料を、船橋市図書館資料除籍基準に従わずに無断廃棄した事件である。

事件が明るみに出たのは、2002年4月12日の『産経新聞』の記事による。同

記事は、船橋市の西図書館に所蔵されていた西部邁の著書44冊のうち43冊、渡部昇一の著書58冊のうち25冊の計68冊が廃棄処分されていたことを報じた[32]。記事の翌日である13日から23日にかけて、船橋市教育委員会は、臨時職員や退職者を含めた22名の職員から事情聴取を行った。そして、5月10日に調査結果を公表し、司書資格を有する職員1名が除籍を行ったことを認め、廃棄された合計107冊について除籍すべき理由を見出すことはできなかったとした。当該職員には、5月29日付で、減給10分の1（6か月）の懲戒処分が下された。本件で除籍された資料は、7月から8月にかけて、当該職員を含む船橋市教育委員会生涯学習部の職員5名によって弁済された。本件の除籍対象となった資料のうち103冊は同タイトルのものが用意され、残りの3冊は入手困難であったため、同一著者の別の著作が代替資料として、職員らによって寄贈された[33]。

2002年8月13日、除籍された図書の著者と「新しい歴史教科書をつくる会」は、船橋市および除籍を行った司書を提訴した。船橋市には、国家賠償法1条と民法715条に基づき、当該司書には民法709条に基づき、それぞれ300万円の損害賠償を請求した。

2.3.2 東京地裁判決

争点は、(1) 本件の除籍等を行ったのは被告司書か、(2) 本件の除籍等の違法性の有無、(3) 被告司書の被告適格性の有無、(4) 原告らの損害額であった。このうち、本章の論点や判決の要旨と関わる、(2) についての原告の主張をみていく。

まず、憲法19条と21条でそれぞれ定められた思想・良心の自由と表現の自由が真に保障されているといえるためには、出版され自由な流通におかれた多様な種類の書籍が、公立図書館において適正に収集され、利用者たる国民一般に広く提供される必要があると指摘した。そして、公立図書館は、表現の送り手の著作物を受け手に伝達するために存在し、「公の表現の場」としての役割を果たす義務があるという。

さらに、原告である著作者側は、この主張を「図書館の自由に関する宣言」を用いて補強していく。宣言を、「表現の自由を図書館において具体的に実現するため宣言され規範化されたもの」と捉えた。そこから、「本の著者を含めて国民は公立図書館に対して公平な資料収集を要求する権利を有する」と導いた。あわせて、不当な除籍によって「『読むに値する良識ある作品』という評価を一方的に撤回され」たとして、名誉棄損等を訴えた。

一方、被告側によれば、原告らには裁判上保護の対象となる権利や法的利益がない。船橋市西図書館は、他の図書館から資料を取り寄せて提供するサービスを提供している。そのため、本件の除籍が著者に与える不利益を観念することはできない。また、著作者には、自著の購入を要求する権利もない。選書は、図書館利用者のために行われるものであって、著作者のために行われるものではない。そのため、著者に何らかの法的利益が生じることはないという。

2003年9月9日、東京地裁[34]は、原告の著作者側の請求を棄却した。争点(2)に関する判断は、以下のようなものであった。被告司書が除籍基準を無視して、単独で本件の除籍を行ったことを事実として認定した上で、「そのような本件除籍等が被告船橋市との関係で違法なものであることは明らか」と述べた。しかしながら、これが「原告らに対する関係でも違法なものといえるか否かは、別問題」であるという。すなわち、「蔵書をどのように取り扱うかは、原則として被告船橋市の自由裁量にまかされているところであり、仮に、これを除籍するなどしたとしても、それが直ちにその著者との関係で違法になることはない」のである。

憲法19条と21条に基づく原告の主張についても、「図書館の存在意義を明らかにするものではあっても、直ちに著者の図書館に対する権利を導くようなものではない」と断じた。それを認めるならば、国内で発行されたすべての書籍を購入するなどして市民の閲覧に供しなければならないということになろうが、それは「社会的、経済的、物理的に不可能であるばかりか、相当でないことが明らか」とする。以上の論理展開を、東京地裁は次のようにまとめた。

結局、原告らが本件除籍等により侵害されたと主張する原告らの表現の

自由ないしはそこから派生する権利や法的利益は、いずれも、被告船橋市の図書館が、その自由裁量に基づいて自らの責任と判断で原告らの書籍を購入し、市民の閲覧に供するとしたことによって反射的に生じる事実上の利益にすぎないものであって、法的に保護された権利や利益ということはできない[35]。

なお、東京地裁も、原告の主張に応じる形で、「図書館の自由に関する宣言」に言及した。原告が論拠のひとつとした同宣言は、日本図書館協会という私的団体が採択したものであり、その内容は何ら法的規範性を有するものではないという。一方で、「読むに値する良識ある作品」に関わる名誉棄損の主張を否定する際にも、東京地裁は、宣言を用いた。すなわち、宣言の副文に「図書館の収集した資料がどのような思想や主張をもっていようとも、それを図書館および図書館員が支持することを意味するものではない」とあることを踏まえて、「地方自治体が設置する図書館による図書等の購入は、もともと価値中立的なもの」と述べた[36]。

2.3.3 東京高裁判決

東京高裁判決[37]では、控訴にあたって検閲、平等権の侵害、公貸権という論点が加わったものの、それらも棄却され、従来の判例の思考法に則った、一審と同様の結果となった。

「新しい歴史教科書をつくる会」の構成員からなる控訴人の主張は、次のようであった。まず、憲法の禁じる検閲の核心を、「特定の思想・言論の流布を権力的に封じ込めるということ」と捉えた。そして、公務員の立場にある者が自らの思想的傾向に基づいて行った本件の廃棄は、『著者の表現の伝達ないし利用者の受領行為という表現行為を直接に禁止するものであるから、十分に憲法上禁止されている検閲に該当すると評価される」とした。そして、これを前提に、本件の、平等な取扱いに反して行われた違法行為は、法の下の平等に反する旨を主張した。次に、公貸権について、図書館における貸出状況に応じて一定の金銭が支払われるという、ヨーロッパでは導入されている法制度として

紹介した。ここから、図書館において選書された書籍の著作者は、その著書に対する十分な権利性、法的利益を持つと評価できると指摘した。

このような主張に対して、東京高裁は、次のように判断していった。基本的に一審の判示に従い、図書館に所蔵された著書の著作者には、法的権利や法的保護に値する利益を有するに至ってはいないと判じた。さらに、公貸権は、経済的不利益に関する議論であり、本件で侵害されたと控訴人が主張する利益や保護に及ぶ議論ではないという。そして、次のように総括している。

> 控訴人ら著作者らは、自らの著作物を図書館がその蔵書書籍として購入することを法的に請求することができる地位にあるものとまでは解されないし、控訴人らの著作物が図書館に購入された場合でも、当該図書館ないし公務員に対し、その所蔵書籍として閲覧に供する方法については、著作権ないし著作者人格権等の侵害を伴う場合は格別、それ以外には、法律上何らかの具体的な請求ができる地位に立つまでの関係には至らないと解されるものである[38]。

3節 「公的な場」としての公立図書館

3.1 船橋市西図書館蔵書廃棄事件・最高裁判決

最高裁判決[39]は、「公的な場」という日本の判例上新たな概念を図書館に付与し、従来の法理論とは一線を画す判旨を示すことで、下級審判決を覆し、高裁に差戻した。

最高裁は、原審を破棄するにあたって、まず、図書館に関連する法規を整理した。具体的には、公立図書館について、図書館法や社会教育法、教育基本法を根拠に基本的な位置付けを確認し、地方自治法上の「公の施設」であることを指摘し、文部科学省による「公立図書館の設置及び運営上の望ましい基準」から、期待されている働きに言及した。これに続けて、次のように「公的な場」としての公立図書館を導き出した。

> 公立図書館の上記のような役割、機能等に照らせば、公立図書館は、住民に対して思想、意見その他の種々の情報を含む図書館資料を提供してそ

の教養を高めること等を目的とする公的な場ということができる[40]。

これに照らせば、図書館職員は「公正に図書館資料を取り扱うべき職務上の義務を負う」ことになる。そして、独断的な評価や個人的な好みによる資料の廃棄は、当該義務に反するものであると指摘した。

次に、最高裁は、本訴訟の争点である著作者との関係に即して、「公的な場」に言及した。

> 他方、公立図書館が、上記のとおり、住民に図書館資料を提供するための公的な場であるということは、そこで閲覧に供された図書の著作者にとって、その思想、意見等を公衆に伝達する公的な場であるということができる[41]。

ここから、閲覧に供されている図書が不公正な取扱いによって廃棄されることは、著作者の利益を不当に損なうものであるとした。これに加えて、思想の自由や表現の自由が憲法によって保障された基本的人権であることに鑑みれば、著作者の持つものは「法的保護に値する人格的利益」であると述べた。以上のことを踏まえ、次のように、判決の要旨をまとめた。

> 公立図書館の図書館職員である公務員が、図書の廃棄について、基本的な職務上の義務に反し、著作者又は著作物に対する独断的な評価や個人的な好みによって不公正な取扱いをしたときは、当該図書の著作者の上記人格的利益を侵害するものとして国家賠償法上違法となるというべきである[42]。

このように、本件の司書の無断廃棄は、著作者との関係でも違法なものであったと結論付けられたのである。

3.2 最高裁判決の射程と「公的な場」の性質

船橋市西図書館蔵書廃棄事件において、最高裁判決の判決文そのものは簡潔である。同時に、その内容は法学的に画期的であった。例えば、柴田憲司は、この判決について、「従来の裁判例が認めてこなかった新たな『権利』を承認したものとして、画期的な意義を有する」としている。あわせて、下級審判決へ

の評釈がほとんど発表されていなかったことについて、「図書館の蔵書の取扱いにかかわる著作者の『権利』なるものの不存在が、法学界においてある程度自明視されていたことを例証しているようにも思われる」(傍点、原文)と述べている[43]。

その簡潔な判決文と画期的な意義のために、当該最高裁判決には、多様なアプローチから評釈や検討がなされている。

まず、最高裁判決の射程について、判決当時に最高裁調査官であった松並重雄は「私立図書館等については、本判決の射程外というべきである」と解説している[44]。さらに、今村哲也によると、「公的な場」の対象となる住民とは、地方自治法10条の定める「住民」であり、単に利用者を指しているのではない[45]。このことから、法的根拠の異なる大学図書館や国会図書館、議会図書館、もしくは普通地方公共団体の設置によらない私立図書館は該当することはなく、公立図書館のみが「公的な場」であると解されるという[46]。ただし、この見解は、他の館種の公的な場としての可能性を否定しているわけではない。なぜならば、今村は国会図書館の条件等を勘案し、「著作者にとって、国会図書館の『公衆に伝達する公的な場』としての程度は、公立図書館のそれよりも甚大である」[47]ということに言及している。

また、最高裁判決で認定された、著作者の「法的保護に値する人格的利益」の観点から論じるなら、ひとたび閲覧に供されるようになった著作者の利益が認められているのであり、図書館の資料収集の段階は本判決の射程ではないという認識が一般的である。その理由として、公立図書館の物理的、経済的制約を根拠に、資料収集段階には図書館側に裁量を認めざるを得ないということが挙げられる[48]。この理解は、最高裁判決の「そこで閲覧に供された図書の著作者にとって(中略)公的な場である」[49]という表現や、差戻審判決[50]の「公立図書館において、その著作物が閲覧に供されることにより、著作者は、その著作物について、合理的な理由なしに不公正な取扱いを受けないという上記の利益を取得する」(傍点、福井)という表現にも合致するものである。

さらに、資料収集時に図書館の裁量権を認めなければならないということ

は、裏返せば、著作者が図書館に自著の購入を請求する権利が存在しないということである。これは、請求権と自由権に関する議論にも関係している。この論点について、窪田は、著作者が公的な場としての公立図書館の活動に対して口出ししうることは妥当性を欠くことを理由に、請求権的な理解を論難している[51]。さらに、購入段階の請求権については、上記のように、公立図書館側の裁量権の必然性によって否定されるところ、閲覧に供されている段階における請求権についても、両権利の比較検討を明示的に行っている山中倫太郎[52]や柴田憲司[53]によって否定されている。このことから、不公正な取扱いを受けないという自由権として把握するのが妥当であろう。

以上の先行研究で言及された論点は、「公立図書館において閲覧に供された著作物が不公正な取扱いによって廃棄されたという限定された事案」（傍点、原文）[54]とまとめられる、船橋市西図書館蔵書廃棄事件に沿ったものである。つまり、公立図書館との間で生じる、著作者の権利性の程度に関するものであり、本書全体の論点である、利用者の権利性についてではない。そもそも、最高裁判決において、「公的な場」は、第一義的に、住民と図書館との関係性において提示されていた。これを扱う法的判断が下されたのが、次項の熊取図書館相互貸借拒否事件判決であった。

3.3 熊取町立熊取図書館相互貸借拒否事件
3.3.1 事件の概要

熊取図書館相互貸借拒否事件は、大阪府泉南郡熊取町の住民のひとりが、熊取図書館の図書除籍冊数が、近隣の図書館の除籍冊数と比べて多いと感じたことを発端とする。不要な図書を購入して、予算を無駄に使っているのではないかという疑念を持ったこの住民は、2004年11月頃から、除籍内容の説明を受けるために何度も熊取図書館に訪れるようになった。さらに、図書館費用の削減を呼びかけるビラを街頭で配布するなどの批判活動も始めた[55]。

熊取図書館は、1994年11月に開館したものであり、そのサービスに関して、貸出冊数の多さで紹介されたことがある[56]。熊取図書館の蔵書冊数や、「全国

の町村ではトップレベル」[57]とされる延床面積を、この住民の疑念に関係した除籍冊数と併せて、表5-1に示す。

表5-1 熊取図書館と近隣公立図書館の規模及び除籍冊数[58]

		熊取町立熊取図書館	貝塚市民図書館	泉佐野市立中央図書館	泉南市立図書館	阪南市民図書館
延床面積（㎡）		3,906	2,599	3,025	1,600	1,797
蔵書数冊（千冊）		333	250	371	301	225
除籍図書数（冊）	2000年度	16,751	6,197	14,395	3,579	14,645
	2001年度	12,310	4,682	10,806	1,078	6,667
	2002年度	11,963	3,125	7,875	4,779	6,460
	2003年度	15,122	2,055	11,512	2,354	6,540

さて、2005年2月、疑念を持った住民は、熊取町監査委員に対して、2000年度から2003年度に図書を除籍した行為を対象とする住民監査請求を行った[59]。そこで、除籍になんらかの違反があったのではないかということについて監査が行われたが、除籍手続きは除籍基準に則り、適正に行われたとして請求は棄却された。さらにこの住民は、6月には、2004年度の除籍図書のうち、除籍基準に違反した図書が選定されているとして再度住民監査請求を行ったが、請求の対象となる行為が特定されていないという理由で却下された。このような経緯で、この住民は、除籍された図書が除籍基準に合致するものかどうか、自ら確認する必要があると考えるに至った。

そこで、7月末に2004年度除籍図書リストから選定した図書37冊の予約貸出の手続きを行った。このとき、図書館側は受理したものの、他図書館からの図書取り寄せには冊数の制限があるので、申込みの冊数は次回からは10冊程度にしてほしいという説明を行っている。なお、提供された37冊のうち27冊は大阪府立図書館から取り寄せられ、残りの10冊は大阪市立図書館から貸出を受けた。大阪府立図書館から貸出を受ける場合には、週に一度来る、府の巡回用図書自動車で届けられる。しかし、それ以外の図書館から貸出を受ける場

合には、職員自らが取りに行くことになり、このとき発生する交通費は熊取図書館の負担となる。

　この後、図書館の対応が変化した。熊取図書館の館長は、8月初旬にこの住民から電話連絡を受けた際に、除籍図書リストに記載された図書の予約貸出の申込みは今後拒否する旨を伝えた。その理由として、図書館側の業務に支障が生じることを挙げた。ただし、費用負担が増大したという事実、および、増大が見込まれるという理由は伝えられていない。

　この連絡を受けてからも、この住民は予約貸出の申込みを二度試みたが、拒否された。そこで、2005年末、この対応を不服として、熊取町を相手取り、大阪地方裁判所に提訴した。原告住民が、被告である熊取町に対して、図書貸出拒否行為（以下、拒否行為）が違法であると主張し、公権力の行使による損害に対する賠償を定めた国家賠償法1条1項に基づいて、損害賠償金10万円と、不法行為日から支払済みまでの遅延損害金を支払うように求めた。

3.3.2　大阪地裁判決

　訴訟内容から、裁判の主な争点は、拒否行為の違法性と被告の責任の2点となった。争点に関する双方の主張[60]は次の通りであった。

　原告である住民側は、図書館が地方自治法244条の定める「公の施設」であることを根拠に、住民の利用が正当な理由なしに断られることはなく、不当な差別的取扱いをされないことを指摘した。その上で、除籍図書が廃棄基準を満たしていたかどうかを調査することは正常な図書館利用であり、拒否行為を「原告の口封じを目的としてなした違法行為である」と主張した。また、熊取図書館が大阪府立図書館から相互貸借の提供を受ける場合、電子メールで貸出申込みを行い、週に1度来館する巡回用図書自動車を用いて資料を借り受け、返却する。このことから、図書館側の業務負担は大きくはないとした。これらの2点から、原告は、公立図書館利用の趣旨及び目的を逸脱しておらず、拒否行為には正当な理由がなかったと主張した。

　さらに、相互貸借の申込みを「大阪府立図書館に所蔵する図書の貸出を熊取

図書館を通じて申込むもの」と捉え、熊取図書館は取り次ぐべきであって、図書館側の自由裁量の問題ではないとした。

一方、被告である熊取町側は、図書館が「公の施設」であることに同意しながらも、本件には、次の2点によって、拒否行為に正当な理由があると主張した。1点目は、除籍処分の適否を調査するために、短期間で広範に多数の除籍図書を対象とするのは、相互貸借の本来の利用とはいえず、通常・一般の正常な公立図書館の利用の趣旨及び目的を逸脱していることである。そして2点目は、貸出申込みがインターネット処理だけで簡単に処理できるのものではないことや、大阪府立図書館以外の図書館から借り受ける図書もあり、図書館側の業務負担の増加が明らかなことである。なお、図書館利用の対価を徴収しないことを定めた図書館法17条の観点から、図書館側の費用負担増加に関する説明を住民に行わなかったという。また、仮に、正当な理由に関する判断が誤っていたとしても、図書館側の持つ「裁量の範囲内のものであって、直ちに違法性を帯びることになるとはいえない」と述べた。

さらに、相互貸借が、「取り次ぎによる申込みであることを規定した条項は存在しない」ことを挙げ、「貸出しを受ける図書館の業務を代行するものではない」と原告の主張に反論した。そこから、相互貸借を行って利用者に貸出すかどうかは熊取図書館またはその館長の判断に委ねられるもので、「無条件で応じなければならない法的義務は存在しない」と主張した。

2007年3月に一年半にわたった口頭弁論が終結し、同年6月8日に判決が言い渡された。その主文は、被告が原告に5万円を支払えという内容であり、熊取町側の敗訴であった。本項では、裁判所の行った、この結論に至る論理展開[61]を、判決文を基にして詳細にたどる。

始めに、判決の基礎となる争いのない事実として、本章の3.3.1「事件の概要」で示したような、拒否行為に至る経緯を整理した。さらに、熊取図書館そのものや相互貸借に関連した、図書館の規則や運用状況を提示した。図書館の規則として示されたものは、具体的には、熊取町の「図書館規則」[62]と「大阪府立図書館利用規則」[63]、「大阪府立中央図書館館外貸出取扱要領」[64]、大阪府

立図書館の「協力貸出のてびき」[65]であった。また、運用状況に関連して、熊取図書館の図書貸出業務手続きのプロセスと、熊取図書館における協力貸出による貸出状況の数値データ[66]が挙げられた。

続けて、本件固有の争点を判じるに先立ち、図書館一般に関わる見地に言及した。まず、図書館法と地方自治法、「地方教育行政の組織及び運営に関する法律」を根拠に、図書館は、地方公共団体が設置した「公の施設」であることを確認した。そのため、地方公共団体は、正当な理由がない限り、住民の図書館利用を拒んではならない。それゆえ、図書館側は、管理運営に関する規定を定めているとした。

次に、判決は、相互貸借制度の運用について、その根拠となる規定を確認していく。判決は、先に示した熊取図書館の図書館規則には、相互貸借に関する細目規定は置かれていないことを確認した。しかし、図書館奉仕の努力内容を定めた図書館法3条では、その4号に、相互貸借の実施が記されている。さらに、「大阪府立図書館規則」や「大阪府中央図書館館外貸出取扱要領」、「協力貸出のてびき」は、相互貸借を実施するために制定・作成されたものと考えられる。これらのことから、熊取図書館が「大阪府立図書館や他の図書館との間で行う図書の協力貸出しに関する運用も、上記図書館法第3条4号の趣旨を実現するために行われていると解するのが相当」であるとした。このことは、熊取図書館の図書館規則が、事業の項目で、「図書館間の相互協力」及び「その他図書館活動を推進するために必要な事業」を目的としていることからも看取できる、と判決は述べている。

さらに、船橋市西図書館蔵書廃棄事件の最高裁判決から、「公立図書館が住民に対して思想、意見その他の種々の情報を含む図書館資料を提供してその教養を高めること等を目的とする公的な場」であることも指摘した。

以上の論理展開を踏まえて大阪地裁は、住民が「図書館資料の提供を受けることにつき法的保護に値する人格的利益を有する」と判示し、相互貸借についても次のように述べた。

　　利用者から所蔵していない図書について利用者からの図書貸出の申し込

みを受けた場合、大阪府立図書館又は他の図書館から当該図書の協力貸出しを受けて利用者に貸し出すかどうかは、その判断につき館長の自由裁量に委ねられているものではなく、熊取図書館において所蔵している図書について利用者から図書貸出しの申込みを受けた場合に準じ、図書館法その他の法令規定に基づいて決せられる必要があり、正当な理由がなく利用者の上記申込みを拒否するときには、利用者の上記人格的利益を侵害するものとして国家賠償法上違法となるというべきである[67]。

以上のような事件の事実と図書館一般に関わる見地を基にして、熊取事件固有の論点は最終的に、次のように判じられた。

そもそも、協力貸出の制度は、利用者から申込みがあった図書を所蔵していない場合があることを想定して設けられた制度であって、原告が調査目的で図書の申込みを行ったことは、図書館法第1条の趣旨に違反しているとは言いがたいことである。このことから、被告が主張したような、「通常・一般の正常な公立図書館の利用の趣旨及び目的を逸脱している」ものではなく、「本来の協力貸出しを通じて行う貸出しと明らかに相違した、特殊・限定された異常なもの」でもない。

そのうえで、熊取図書館側の業務負担に関しては、「社会通念上受忍できない程度まで至っていたものとは、にわかに認めることができない」とした。また図書館側は、申込み冊数の提案を除けば、業務負担の増大に関する説明をまったく行っておらず、可能な限り大阪府立図書館所蔵の図書を申込んでもらうことなどを提案することもなかった。このことから、図書館側が「他のより制限的ではない手段の有無につき、特に検討した様子はうかがえない」という。

これらのことから、大阪地裁は、本件拒否行為に正当な理由があったとは認められず、国家賠償法上違法であると結論付けた。なお、他の図書館に赴いて対象図書の貸出を受けるなど、原告の側にも代替手段が存在していた。このことから、人格的利益の侵害は重大なものとは言えず、損害額は5万円が相当だと認定した。

3.3.3 その後の展開：控訴と和解

2007年6月、熊取町は大阪地方裁判所の判決を不服として、大阪高等裁判所に控訴した。その理由として、図書館には広範な裁量権が認められるべきだという熊取町側の認識があった[68]。

そして、控訴から3ヶ月経過した11月初旬に大阪高等裁判所から両者に和解条項案が提示された。和解条項は、下記の内容である。なお、条項の第5項目以外については熊取町議会の会議録[69]に収録されているものを用いたが、第5項目については記載がなかったため、山本順一による解説[70]を参照した。ちなみに、この条項案の控訴人は図書館側を指し、被控訴人は住民を示す。

1、控訴人は、被控訴人の図書館利用申込みに応じないことが不適切であったことに対し遺憾の意を表明し、今後とも被控訴人を初め熊取町民の図書館利用に対し適切に対応する。

2、被控訴人は、控訴人の上記の表明を了解し、本件訴えを取り下げ、かつ、本件に関し、今後名目、相手方のいかんを問わず、請求及び措置を求める等、一切の行為はしない。

3、控訴人は、訴えの取下げに同意する。

4、被控訴人は、控訴人に対し、被控訴人が原判決の仮執行宣言によって控訴人から支払いを受けた5万4,965円を支払う。

5、当事者双方は、本和解条項に定めるほか、本件に関し、なんら債権債務のないことを相互に確認する。

6、訴訟費用、和解費用は、第1、2審とも各自の負担とする。

両者が、この和解案を受け入れ、熊取図書館相互貸借拒否事件は終結した。

4節 図書館裁判の系譜と権利保障の思想

4.1 公立図書館をめぐる権利義務関係と判例の展開

本章でみてきた判例の展開について、そこに示された公立図書館の性格や、権利義務関係に着目しながら総括する。

まず、公立図書館の運営や利用に関する裁判の起点となったのは、東大和市

立図書館雑誌閲覧禁止事件の判決であった。当該事件の判決から、船橋市西図書館蔵書廃棄事件の下級審判決まで、公立図書館の性格について、地方自治法上の「公の施設」に基づいて法的判断が下されていた。そこでは、図書館側の裁量権が相対的に大きく認められていた。それに対応して、公立図書館にまつわる権利義務関係はほとんど認められなかった。

最初の、東大和市立図書館雑誌閲覧禁止事件は、図書館と利用者の間で争われたものであった。原告の住民側の主張には、請求権としての「知る権利」の侵害が含まれていた。これは、第3章で詳述したように、「図書館の自由に関する宣言」と論理構成を同じくする。しかしながら、法廷では、請求権的「知る権利」が認められることはなかった。そのため、利用者は、図書館側の裁量の範囲内で資料を利用するにとどまり、図書館に何らかの請求を行い得る地位にないと判じられた。

次に、船橋市西図書館蔵書廃棄事件は、図書館と著作者との間で争われた。当該事件の下級審判決も、「公の施設」としての公立図書館側の裁量権を重視した。無断廃棄を行った司書の行為は、市との関係で違法であることは明らかである。しかし、資料の取り扱いは、市の裁量の範囲内であることを理由に、図書館資料の著作者の法的権利は否定された。すなわち、そのような著作者の持つものは、公立図書館の裁量によって自著が市民に閲覧に供されたことによって反射的に生じた事実上の利益に過ぎず、法的に保護された権利や利益ではないということである。

このような判例の流れの中で、転換点となったのが、同事件の最高裁判決であった。最高裁は、図書館関係行政法規などを踏まえて、まず、住民と利用者との関係において、「公的な場」としての公立図書館を導き出した。ここから、図書館職員に、公正に資料を取り扱うべき職務上の義務が課されていることを指摘することで、図書館側の裁量権の一部を制限した。さらに、図書館資料の著作者との関係でも、「公的な場」を指摘した。そこから、著作者が公衆に思想、意見等を伝達するという、法的保護に値する人格的利益が認められた。

そして、この最高裁判決の延長に位置するのが、熊取図書館相互貸借拒否事

件判決であった。この事件は、図書館と利用者の間で争われた。そして、判決では、「公的な場」としての公立図書館を重視して、住民には、図書館資料の提供を受けるという法的保護に値する人格的利益を認めた。さらに、争点となった相互貸借の運用が館長の自由裁量に委ねられているわけではないことを明言し、所蔵している図書について、利用者から図書貸出の申込みを受けた場合に準じた扱いを行うように判じたのである。

このように、船橋市西図書館蔵書廃棄事件の最高裁判決以降、公立図書館には、地方自治法上の「公の施設」だけではなく、判例上の新たな概念である「公的な場」という性格が加わった。そして、資料の取り扱いや、相互貸借の運用などの、図書館側の裁量権は一定の制限を受けた。それに応じて、著作者が自著の不公正な取り扱いを受けないことや、住民が資料の提供を受けることに、法的な保護が与えられるようになったのである。

これによって、図書館利用者に資料へ接近する権利を保障するという図書館界の思想について、法的な保護が高まったといえる。次項では、現時点での、図書館思想と「公的な場」の権利保障の距離を、より詳細に検討する。

4.2 図書館思想と法的判断の距離

船橋市西図書館蔵書廃棄事件の最高裁判決では、「公的な場」に関して、詳細な説明が行われたわけではない。ここで、第一義的な「公的な場」が住民である利用者との関係で提示されていたことに注目すれば、最高裁のいう「公的な場」の範囲について、複数の解釈の余地があることを指摘しておきたい。それは、本章2.2.1「公の施設の概要」で示した地方自治法を踏まえれば、「公的な場」としての公立図書館の範囲は、住民にとって、自らの属する地方公共団体に限定されるのか否かということである。換言すれば、「公的な場」では、そこで閲覧に供されているということが重要となるが、他の図書館の資料は（自館では）閲覧に供されているといえないという判断になるのか否か、ということである。

この指摘は、利用者の権利の保障に関係する。図書館の規範に基づくと、

1979年版「図書館の自由に関する宣言」の前文の副文において、「知る自由」の理論構成に関する記述の後に配置された第3項には、次のように記されている。

> 図書館は、権力の介入または社会的圧力に左右されることなく、自らの責任にもとづき、図書館間の相互協力をふくむ図書館の総力をあげて、収集した資料と整備された施設を国民の利用に供するものである[71]。

この後半部分の記述に従えば、ある資料を自館で閲覧に供しているか否かは、利用者の権利を保障しようという思想に照らして、決定的に重要なことというわけではない。むしろ、他館との協力も含めて、利用者の「知る自由」を保障しようというのが、原則的な立場なのである。このことを踏まえれば、「公的な場」の範囲の把握は、判例法と図書館思想との距離の理解に関係するものといえよう。

さらに、より法的な観点からみれば、それぞれ一館のみが個別に「公的な場」を構成していると考えた場合に、さらなる論点が想起される。すなわち、図書館員が仮に個人的思想や信条などの、不公正な目的で、住民に資料を提供したくないと考えたならば、購入しないことによって閲覧に供さないという方法で、この目的を達成しうる。だからといって、これを防ぐために、資料の購入に関する裁量権を制限することはできない。このことは、本章3.2「最高裁判決の射程と『公的な場』の性質」で示したように、多くの先行研究が指摘するとおりである。これは、もちろん図書館員の倫理に反することであるが、外面的に「公的な場」の趣旨を逃れ、不公正な目的を達成する手段が残されていることを意味する。

それが、熊取図書館相互貸借拒否事件判決が示すところでは、相互貸借を申込まれた資料は、自館の所蔵する資料への申込みに準じて扱われる必要がある。つまり、他館の資料も、自館の属する「公的な場」を構成するのである。この「公的な場」は、自館を窓口にして、相互貸借ができるすべての図書館の蔵書を潜在的に含む。そして、どの公立図書館もこの立場にあることを考慮すると、当該判決の立場を採用する限り、相互貸借で結びついた図書館総体が「公的な場」だといえる。この公的な場では、自館と同様、他館の所蔵物に対

第5章　権利保障の思想と判例法との接近　**189**

する資料要求によっても、利用者に人格的利益が生じる。また、著者は、その著作物を公平に扱われ、相互貸借依頼を通じて、より広い範囲の公衆に思想、意見等を伝えることができる。そして、この相互貸借で結びついた図書館総体による「公的な場」には、すべての図書館資料が含まれているのである。

　この「公的な場」は、図書館の原則的立場に合致するとともに、前述の不公正な目的の達成の回避を可能にする。たとえ、前述の例のような不公正な選書が行われた場合であっても、相互貸借を通じて、資料に対する住民のアクセスは保障される。資料購入の裁量権を制限することなく、「公的な場」は、その趣旨が保全され、より適切に機能するのである。

　つまり、自ら属する地方公共団体の図書館に所蔵されていない資料に対しても、相互貸借によって提供を受けることが保障されていることは、住民の「知る自由」を広く保障することにつながる。住民の「知る自由」の保障に対して、一館ごとの範囲ではなく、相互貸借で結びついた図書館総体の蔵書を以って、より広く寄与することができるのである。なお、相互貸借で結びついた図書館総体は、図書館ネットワークである必要はない。一見すると、他の普通地方公共団体の図書館所蔵の資料を利用することは、他の普通地方公共団体の公の施設の利用に該当するように思える。しかし、1990年に自治省は、「A町の住民がA町の町立図書館を通じて、B市の市立図書館の図書を利用しても、それはあくまで図書の利用であり、地方自治法第二四四条の三第二項で言う公の施設の利用には該当しないものと考えられる」[72)]という見解を示している。このことから、地方自治法244条の3による協議は不要である。図書館ネットワークを結んでいなくても、相互貸借を行うことができる。

　このように、熊取図書館相互貸借拒否事件判決には、資料提供を受けるという利用者の有する利益をより大きく保証することができる論理が内包されていることを指摘した。すなわち、総体としての「公的な場」では、もし図書館員が、倫理や規則に反して不公正な選書を行った場合であっても、選書の裁量権を制限するという現実的とはいえない手段をとることなく、利用者の資料提供を受けるという利益を保証することができるのである。ただし、熊取図書館相

互貸借拒否事件判決が地裁判決にとどまっており、先例としての拘束性が低いということには注意を要する。

また、熊取図書館相互貸借拒否事件判決から導かれ得る、総体としての「公的な場」が、利用者の権利保障により大きく寄与する一方で、「図書館の自由に関する宣言」は、船橋市西図書館蔵書廃棄事件の下級審までとは異なり、「公的な場」の判例法パラダイムの中で、直接に言及されたことはない。さらに、「公的な場」の根拠条文は、図書館関係行政法規から構成されており、そこに表現の自由や思想・良心の自由は含められていない。それらの憲法規定は、あくまで、著作者の人格的利益が法的保護に値するか否かの判断に関係して提示されたのであり、公立図書館が「住民に対して思想、意見その他の種々の情報を含む図書館資料を提供してその教養を高めること等を目的とする公的な場」であるということに、直接的なかかわりが示されているわけではないのである。なお、この指摘は、「公的な場」としての公立図書館が思想・表現の自由に対して、実質的な意義を有することまでも否定しているわけではない。

ここまで述べてきたように、判例法の展開を通じて、公立図書館の利用者の持つ権利性に関する法的保護が高められた。これは、判例法が図書館思想に接近したといえる。ただし、権利保障の思想を提示する図書館界の自律的規範「図書館の自由に関する宣言」そのものが法的地位を得たわけではない。さらに、表現の自由を根拠にして、請求権的性格を持つ「知る自由」の理論構成が全面的に採用されたわけでもない。法的判断と図書館思想との関係性は、今後の判例の蓄積を通じて解明されよう。

終章

1節　はじめに

　本章では、図書館の倫理的価値「知る自由」を軸とした、図書館利用者に対する権利保障の思想の歴史的展開について、総括する。まず、第2節において、これまでの章で得た知見をまとめる。そして、第3節では、序章で着目すると述べた、図書館（員）の規範を表明する文書そのものや、その理論構成、そこで示された規範と社会との関係性といった観点から、歴史的展開をまとめる。

2節　権利保障の思想の歴史的展開：これまでの章で得た知見

　第1章では、図書館の倫理的価値である「知る自由」を初めて表明した、「図書館の自由に関する宣言」（1954年採択）の成立過程を詳細に検討した。この作業を通じて、当該宣言の制定において中心的な役割を果たした有山崧（日本図書館協会事務局長）の思想と、それが反映された「図書館の自由に関する宣言」の採用した立場が明らかになった。有山は、破防法（1952年）の反対決議を出そうとする図書館界の動きに苦言を呈し、政治的問題に対して特定の立場をとれば図書館の中立性を害すると主張した。この発言を受けて、『図書館雑誌』では、図書館の中立性に関する誌上討論が特集として掲載されるようになった。そして、この誌上討論にみられる中立性論争から、「図書館の自由に関

する宣言」の採択に関する動きが生じた。しかしながら、制定の当事者や議論の視座に着目してみれば、これまで連続的に捉えられてきた中立性論争と「図書館の自由に関する宣言」は、必ずしも連続していたというわけではない。まず、中立性論争の主たる参加者が若手図書館員であったのに対し、指導者層によって制定作業が進められた「図書館の自由に関する宣言」は、当事者が異なっていた。加えて、政治的文脈に依拠した主張が中心であった中立性論争に対して、「図書館の自由に関する宣言」は、資料の問題を第一義的な対象としていた。なお、制定過程の、資料の取り扱いに限定した議論でも、ジャーナリズムとアメリカ図書館協会の2つの文脈が登場した。有山をはじめとする制定者は、資料の提供に関して、規制よりも公開を志向し、アメリカ図書館協会のLBRとの親和性を明確にしていた。

また、1954年版の「図書館の自由に関する宣言」は、制定の申し入れから採択に至るまで、図書館関係者の「倫理綱領」としての性質も付与されるものであった。さらに、いわゆる逆コースに象徴される、喫緊の社会情勢への対応として生じたのであり、一部にみられる、戦前の思想善導への反省のために制定されたという主張は、的確な理解であるとはいえないことを指摘した。

その後、1960年代から1970年代前半には、「図書館の自由に関する宣言」にまつわる動きはほとんど生じなかった。しかし、権利保障の思想という点では、異なる二つの文脈から、関連する動きが生じていた。すなわち、当該宣言と親和的な記述を有し、図書館のあり方に強い影響を及ぼす文書が上梓されたり、教育学の影響を受け、「学習権」が図書館界に導入されたりしたのである。第2章では、それらの動きを明らかにするために、図書館問題研究会を検討対象とした。中立性論争を提起した若手図書館員の呼びかけによって結成された図書館問題研究会は、1960年代後半から、教科書裁判で人口に膾炙した「学習権」を取り入れ、図書館活動の目的に据えるようになった。当時の教育法学の論争のうち、「学習権」が属する国民教育権説は、国家への抵抗を志向する運動論的側面を有しており、図書館問題研究会の立場と親和的であった。

また、図書館問題研究会の主要構成員が作成に協力し、図書館のあり方に強

い影響力を有した『中小都市における公共図書館の運営』(1963年) は、教育機能か情報提供機能かという、図書館の目的に関する路線の対立を内包しながら成立した。当該書籍の基本的主張を継承した『市民の図書館』(1970年) が情報提供機能を前面に押し出すのに対して、図書館問題研究会は「学習権」の観点から批判した。このように、「学習権」の導入は、図書館の目的に関する路線の対立を引き継ぐものであるかのようである。しかし、この頃には、両陣営とも、教える立場からの自由や権利を主張することはなくなっており、見解の相違は、図書館の目的に関するものであった。そして、この見解の相違は、前景化することなく、両者ともに重視する、運動論としての貸出に収斂していった。また、図書館界における「学習権」は、理論的深化に向かわなかったが、障害者の資料へのアクセスの保障など、具体的な取り組みに結びついた。

第3章では、1979年の「図書館の自由に関する宣言」の改訂を機に、図書館界が、法学的「知る権利」論を図書館の文脈に最適化しながら受容したことを解明した。「知る権利」に関する法学の議論の理論的基礎を構築する動きは、1960年代前半の、次のような現状認識から始まる。資本主義の高度化とマスメディアの発達は、意見の発表主体と享受主体を分離せしめた。その結果、一般大衆は、マスメディアの一方的な受け手の地位にとどまらざるを得なくなった。伊藤正巳や芦部信喜などの憲法学者は、それを批判的に捉え、表現の自由には「表現する自由」のみならず、「表現を受け取る自由」をも包含するのかを検討するようになった。ただ、この段階では、情報の受領を妨げられない、という自由権が論じられていた。これに続いて、公開の法的義務を伴う、情報受領の請求権を主張するものとして、2つの異なる実践目標 (当為) を持つ議論が現れる。先行したのは、1960年代後半から活発になった、国民の「知る権利」の名において、報道の自由を確立しようとする議論であった。そして、この考え方を批判しながら1970年代初頭に現れたのが、政府情報へのアクセスのための「知る権利」であり、後の情報公開制度へと結びついていった。

このような法学的「知る権利」論の展開の中で、「図書館の自由に関する宣言」が改訂された。改訂版の宣言には、「知る自由が、表現の送り手に対して

保障されるべき自由と表裏一体をなすもの」という記述が盛り込まれた。ただし、改訂の過程で、案文の作成を担当した委員会は、法学的「知る権利」が報道の自由や政府情報へのアクセスを志向していることを踏まえた上で、図書館はそれらよりも広く、情報一般に対する請求権を満たしていかなければならないという認識を示していた。よって、1979年版「図書館の自由に関する宣言」における「知る自由」とは、法学的「知る権利」論の理論構成を受容したが、志向する情報の範囲では、図書館環境に最適化されたものであった。

第4章では、「図書館員の倫理綱領」(1980年採択)の成立過程を詳述した。この綱領は、司書職の専門職制度確立を「めざす」立場を意識的に採用した「図書館員の問題調査研究委員会」によって作成された。そのため、単なる倫理規範の表明ではなく、専門職論における倫理綱領として制定された。一方、図書館員の地位の問題を扱わない「図書館の自由に関する宣言」について、委員会は「倫理綱領」とみなしてはいなかった。ただし、同宣言の趣旨は重視していたため、「知る自由」の保障に対応する規定は、綱領案の中の倫理規定として、一貫して中核的なものとして扱われていた。

また、綱領案には、一時期、図書館の目的として、「知る権利」と「学習権」が併記されていた。最終的に、「学習権」という文言は削除され、「知る自由」という表現だけが残された。ここでは、第2章で言及した教育の捉え方や、第3章の「知る権利」論の認識を踏まえれば、いかなる判断のもとで行われたのかが問われる。内部資料を検討した結果、委員会は対立する概念の一方を選択したというわけではなかった。むしろ、学校教育を念頭においた狭義の教育を拒否しながらも、情報提供(知る権利)の中に教育(学習権)が含まれるという思想に基づいて、文言の削除がなされたのであり、両者は重複するというのが委員会の基本的な考え方であった。

第5章では、21世紀になって生じた図書館裁判を検討することで、それまで倫理の領域にとどまっていた権利保障の思想に、判例法が接近したことを明らかにした。資料の取り扱いに関して、利用者と図書館が争った東大和市立図書館雑誌閲覧禁止事件判決や、著作者と図書館が争った船橋市西図書館蔵書廃棄

事件の下級審判決では、地方自治法の「公の施設」としての公立図書館のあり方が判示された。そこでは、図書館側の裁量権が比較的広く認められ、利用者や著作者が図書館に対して何らかの請求を行い得る地位にあるとはみなされなかった。

　しかしながら、船橋市西図書館蔵書廃棄事件の最高裁判決は、「公的な場」という判例上の概念を新たに提示し、下級審判決を覆した。これによって、図書館の裁量権の一部は制限され、図書館職員には、資料を公正に取り扱う職務上の義務が課せられた。それに対応して、著作者には、自らの著作物が図書館において公正に取り扱われることに関して、法的保護が与えられた。また、最高裁の提示した「公的な場」は、第一義的に、利用者と図書館間で成立するものであった。この点を継承したのが、利用者と図書館が協力貸出の是非をめぐって争った、熊取町立熊取図書館相互貸借拒否事件判決であった。当該判決は、先の最高裁判決の趣旨を踏まえて、図書館利用者には、資料の提供を受けることに関して、法的保護に値する人格的利益があると判じた。このように、最高裁判決を機に、図書館職員、利用者、著作者の権利義務関係は変容したのであり、利用者は、資料の受領に関する一定の権利が認められるようになったのである。ただし、「公的な場」の根拠条文に憲法21条（表現の自由）が含められていないことから、図書館界における権利保障の思想が全面的に法的地位を得たというわけではないことも指摘した。

3節　図書館の自律的規範と権利保障の思想に関する考察

　これまでの議論によって、図書館の倫理的価値「知る自由」を中心に、戦後の図書館界における権利保障の思想に関する展開の全体像が明らかになった。ここで、特に検討対象とした、(1)「図書館の自由に関する宣言」や「図書館員の倫理綱領」といった、図書館界の自律的規範の生成過程及び、(2) そこで表明される思想と図書館外部との関係性に着目すれば、以下のような構図を導くことができる。

3.1 図書館の自律的規範を表明する文書の系譜

1954年に採択された時点での「図書館の自由に関する宣言」は、図書館の社会的役割の宣誓であると同時に、「図書館人」の自律的規範という側面も持ち合わせていた。それが、1979年の改訂によって、社会的役割の表明という役割のみを担うこととなった。そのかわり、「図書館の自由に関する宣言」の改訂と同時並行して制定作業が進められた「図書館員の倫理綱領」が、図書館員の自律的規範を管轄するようになった。

このように、図書館という組織ではなく、そこで働く「人」を管轄するという観点では、1954年の「図書館の自由に関する宣言」の延長にあるのは1980年の「図書館員の倫理綱領」である。しかし、両文書は単純に連続したものと捉えることはできない。つまり、1954年の「図書館の自由に関する宣言」は、職員の地位の問題を取り扱わないという立場を明確にしていた。それに対して、「図書館員の倫理綱領」は、専門職制度確立を目指すということが強く意識されているのであり、地位の問題を主眼においているのである。

ただし、そのような差異がありながらも、利用者の「知る自由」の保障が図書館（員）の遵守すべき価値であるということは、一貫して表明され続けてきた。「図書館の自由に関する宣言」は、「知る自由」の保障を趣旨としており、「図書館員の倫理綱領」でも、その趣旨に相当する部分が倫理規定に位置付けられていたのである。

3.2 権利保障の思想と図書館外部との関係性

利用者に権利を認めようとする思想は、図書館の自律的規範において、一貫して表明されてきた。しかし、その理論構成が、常に一定であったわけではない。

1950年代に意識されていたのは、喫緊の社会情勢への対応として、読書に関する自由権であった。1960年代には、2つの文脈から、権利保障の思想が説明されていた。まず、「図書館の自由に関する宣言」の立場と近い概念である「知的自由」を用いていたのは『中小都市における公共図書館の運営』であった。

そこでは、学問の自由や、表現の自由、生存権、教育を受ける権利など、憲法規定が多用されていた。一方、図書館問題研究会は、教育権論争から、「学習権」を導入した。この「学習権」は、「読書権」と共に、障害者サービスの理論的基礎として寄与した。ただ、図書館員の自律的規範では、「図書館員の倫理綱領」の作成過程で、「知る権利」の下位概念と把握されることで、姿を消した。一方、法学的「知る権利」論の影響を受けた改訂版「図書館の自由に関する宣言」は、「知る自由」を、憲法規定としての表現の自由から導き出す理論構成を採用したのである。それによって、「知る自由」には、1950年代からの自由権のみならず、資料にアクセスする請求権まで含められるようになった。

　ここで、教育学や法学の理論構成を、適宜図書館の文脈に最適化しつつ取り入れることで、図書館界における権利保障の思想が展開していたという現象に注目したい。これは、図書館界というミクロな範囲でみれば、図書館論が他の学問分野の影響を受けていたことを意味する。

　ただ、第2章や第3章で述べた各分野の動向を踏まえれば、より広範な結論を導けよう。まず、「学習権」論を含む国民教育権説は、国家へのカウンター理論として展開しながら、教員の自由を主張していた。また、法学的「知る権利」論は、国民の持つ「知る権利」を媒介に、マスメディアの報道の自由を得るための理論として使用されることがあった。これらはいずれも、1960年代から本格化しており、第一義的に、国民一般の権利の保障を主張することで、ひいては自らの職業集団の社会的地位が高まることを期待するものといえる。

　そして、図書館界における権利保障の思想も、同じ構造である。すなわち、1954年の制定時から、「図書館の自由に関する宣言」のねらいは、第一義的に、「民衆」（改訂後は「国民」）の権利の保障であった。図書館関係者の権利や特権の主張が第一にあったわけではない。このことを前提に、改訂版の「図書館の自由に関する宣言」とも共通して、「図書館の自由」という自律的な図書館活動を主張した。『中小都市における公共図書館の運営』や「図書館員の倫理綱領」といった、高い規範性を有する文書でも、図書館の普及や図書館員の専門職としての地位向上が言及されるようになったのである。

このように、よりマクロな視点から検討すれば、国民一般の権利の保障を主張することで、自らの職業集団の社会的地位を高めようとする、共通の現象が見出される。図書館利用者への権利保障の思想に関する動きは、その一部を構成し、また、それと連動していたのである。

　最後に、教育、マスメディア、図書館の各領域で行われた、権利をめぐる闘争の意義は、各自のオーソリティを高めることにとどまるものではなかったことを指摘しておく。上記の、共通の現象として、いずれの領域でも、具体的事件が法廷で争われるようになった。そこで示された法的判断は、教育学や、ジャーナリズム、図書館情報学の範囲に終始するものではなく、共通して、憲法判例として重視されるものである[1]。それぞれの当事者の期待が完全に認められたというわけではないにせよ、各領域に共通する権利保障を志向する動きは、国民一般に関わる権利の所在を明らかにする営為でもあったのである。

注

序章

1) デイヴィッド・ヒューム『人間本性論：第3巻道徳について』法政大学出版局, 2012, p. 23。
2) 大場博幸の「図書館の公的供給：その理論的根拠」のように、「規範的なアプローチ」という表現を用いる論考もあるが、特に公的資金に関わる経済的観点から検討を加えることに主眼をおいている。これは、石橋進一が指摘するような、行政評価や政策評価などの、図書館外部に対する戦略的な働きかけにつながるものといえよう。大場博幸「図書館の公的供給：その理論的根拠」『常葉学園短期大学紀要』43, 2012, pp. 21-43。石橋進一「公立図書館の評価指標に関する考察と提言：『登録』に係わる数字を中心に」『日本図書館研究会第54回研究大会予稿集』2013.3, pp. 1-5。
3) 裏田武夫・小川剛『図書館法成立史資料』日本図書館協会, 1968。
4) 西崎恵『図書館法』（新法文庫）羽田書店, 1950。なお、同書は1970年に再版され、1991年に新装版が出版された。
5) 森耕一編『図書館法を読む』日本図書館協会, 1990。
6) 塩見昇・山口源治郎編著『図書館法と現代の図書館』日本図書館協会, 2001。塩見昇・山口源治郎編著『新図書館法と現代の図書館』日本図書館協会, 2009。
7) このことについて、『新図書館法と現代の図書館』に概要がまとめられている。同書, pp. 145-149。
8) 文部省地域電子図書館構想協力者会議「2005年の図書館像：地域電子図書館の実現に向けて（報告）」2000.12. <http://www.mext.go.jp/b_menu/shingi/chousa/shougai/005/toushin/001260.htm>（最終アクセス日：2015/1/27）。図書館をハブとしたネットワークの在り方に関する研究会「地域の情報ハブとしての図書館：課題解決型の図書館を目指して」, 2005.1. <http://www.mext.go.jp/a_menu/shougai/tosho/houkoku/05091401/all.pdf>

（最終アクセス日：2015/1/27）。なお、「図書館をハブとしたネットワークの在り方に関する研究会」は、文部科学省生涯学習政策局参事官の委託によるものである。

9）これからの図書館の在り方検討協力者会議「これからの図書館像：地域を支える情報拠点をめざして（報告）」2006.3. <http://warp.ndl.go.jp/info:ndljp/pid/286794/www.mext.go.jp/b_menu/houdou/18/04/06032701/009.pdf>（最終アクセス日：2015/1/27）。

10）松本直樹「研究文献レビュー公共図書館政策の研究動向」『カレントアウェアネス』294, 2007.12, pp. 30-36。

11）藤田宙靖『行政法入門』第5版, 有斐閣, 2006。

12）同上, pp. 54-59。

13）真渕勝『現代行政分析』改訂版, 放送大学教育振興会, 2008, p. 177。

14）西尾勝『行政学』新版, 有斐閣, 2001, p. 208。

15）日本図書館協会図書館の自由委員会「特定秘密保護法案に関する声明」。<http://www.jla.or.jp/portals/0/html/jiyu/tokuteihimitsu_appeal.html>（最終アクセス日：2014/12/29）。

16）日本図書館協会図書館の自由委員会「中沢啓治著「はだしのゲン」の利用制限について（要望）」。<http://www.jla.or.jp/portals/0/html/jiyu/hadashinogen.html>（最終アクセス日：2014/12/29）。

17）例えば、下記の文献を参照。図書館の自由に関する調査委員会編『図書館の自由に関する事例33選』（図書館と自由第14集）日本図書館協会, 1997, p. i。塩見昇『知的自由と図書館』（青木教育叢書）青木書店, 1989, p. 160。

18）「図書館の自由に関する宣言：1979年改訂」『図書館雑誌』73（8）, 1979.8, pp. 418-419。

19）同上, p. 418。

20）芦部信喜『憲法』第5版, 岩波書店, 2011, p. 10。

21）なお、主文の副文の第6項によれば、「図書館の自由に関する宣言」に掲げられる原則は、基本的にすべての館種に妥当するものとして提示されている。前掲18), p. 418。

22）Samuel D. Warren and Louis D. Brandeis. "The Right to Privacy." *Harvard Law Review.* 4（5）, 1890.12, pp. 193-220.

23）昭和36年（ワ）第1882号損害賠償請求事件。判例情報は、例えば次の文献参照。「損害賠償請求事件：判示事項いわゆるモデル小説による私生活の公開と不法行為の成否」『下級裁判所民事裁判例集』15（9）, 1975.9, pp. 2317-2370。

24）渡辺重夫『図書館の自由と知る権利』青弓社, 1989。

25）同書, p. 16。

26）同書, p. 25。

27）同書, p. 28。

28）同書, p. 151。

29）中村克明『知る権利と図書館』関東学院大学出版会発行, 丸善発売, 2005。

30）同書, p. 33。

31) 同書, p. 61。
32) 前掲24), p. 19。
33) 前掲20), p. 171。
34) 堀部政男「図書館の自由と知る権利（特集：図書館法の30年）」『法律時報』52 (11), 1980.11, pp. 27-32, 引用はp. 32。
35) 前掲24), p. 9-10。
36) 堀部政男「図書館法の法学的検討：図書館の自由を中心として」日本図書館協会編『図書館法研究』日本図書館協会, 1980, pp. 119-142。
37) 日本図書館協会図書館ハンドブック編集委員会編『図書館ハンドブック』第6版補訂版, 日本図書館協会, 2010, pp. 24-25。
38) 1990年代までの研究動向は、次にまとめられている。三浦太郎「図書館史研究にとってエビデンスとは何か？」エビデンスベーストアプローチによる図書館情報学研究の確立第5回ワークショップ。<http://www.jslis.jp/eba/workshop/5/event070728_5.html>（最終アクセス日：2015/1/27）。
39) 神奈川県図書館協会図書館史編集委員会編『神奈川県図書館史』神奈川県立図書館, 1966。
40) 石井敦『日本近代公共図書館史の研究』日本図書館協会, 1972。
41) 永末十四雄『日本公共図書館の形成』日本図書館協会, 1984。
42) 三浦太郎「日本図書館史研究の特質：最近10年間の文献整理とその検討を通じて」『明治大学図書館情報学研究会紀要』3, 2012, pp. 34-42。
43) 草野正名『図書館の歴史：日本および西洋の図書と図書館史』学芸図書, 1966。
44) 小野則秋『日本図書館史』補正版, 玄文社, 1973。
45) 前掲40)。
46) なお、同書の編集、執筆を担当したのは、石井敦、久保輝巳、清水正三、浪江虔、前川恒雄であった。日本図書館協会編集『図書館白書1980：戦後公共図書館の歩み』日本図書館協会, 1980。
47) 薬師院はるみ『名古屋市の1区1館計画がたどった道：図書館先進地の誕生とその後』八千代出版, 2012, pp. 10-11。
48) なお、近年では、『市民の図書館』の歴史的評価や貸出中心サービスの評価をめぐる論争があり、例えば、『図書館界』の誌上討論として展開された。『図書館界』2004年9月号の問題提起では、(1)『市民の図書館』の歴史的評価、(2)貸出中心サービスへの考え、(3)資料購入のあり方の3点が、論点として提示された。そして、2007年11月号まで、計5回、特集が組まれ、単独で掲載されたものも含め、25の記事が掲載された。日本図書館研究会編集委員会「問題提起および論点整理（特集：現代社会において公立図書館の果たすべき役割は何か）」『図書館界』56 (3), 2004.9, pp. 158-160。
49) ここに示すもの以外では、『公共図書館サービス・運動の歴史』が、図書館の戦後史を

重点的に記述している。小川徹・奥泉和久・小黒浩司『公共図書館サービス・運動の歴史1』（JLA 図書館実践シリーズ4）日本図書館協会, 2006。小川徹・奥泉和久・小黒浩司『公共図書館サービス・運動の歴史2』（JLA 図書館実践シリーズ5）日本図書館協会, 2006。

50) オーラルヒストリー研究会編『『中小都市における公共図書館の運営』の成立とその時代』日本図書館協会, 1998。

51) 前掲47)。

52) 今まど子・髙山正也編著・小出いずみ・佐藤達生・佃一可・春山明哲・三浦太郎・村上篤太郎『現代日本の図書館構想：戦後改革とその展開』勉誠出版, 2013。

53) 根本彰「書評『現代日本の図書館構想：戦後改革とその展開』」『日本図書館情報学会誌』59（4）, 2013.12, pp. 157-158。

54) 同上, p. 157。

55) 「障害の「害」の字の表記について」岩手県。<http://www.pref.iwate.jp/fukushi/shougai/shogaishashien/002029.html>（最終アクセス日：2015/1/26）。

56) 障がい者制度改革推進会議「「障害」の表記に関する検討結果について」。<http://www8.cao.go.jp/shougai/suishin/kaikaku/s_kaigi/k_26/pdf/s2.pdf>（最終アクセス日：2015/1/27）。

第1章　図書館の倫理的価値としての「知る自由」の成立

1) 「図書館の自由に関する宣言」『図書館雑誌』48（7）, 1954.7, pp. 4-5。

2) 後に取り上げる文献以外では、次のような文献にこの傾向がみられる。森耕一「図書館の自由に関する宣言：成立までの経過」図書館の自由に関する調査委員会編『図書館の自由に関する宣言の成立』（図書館と自由1）日本図書館協会, 1975, pp. 9-16。馬場俊明「『自由宣言』と図書館活動」青弓社, 1993。森崎震二「『図書館の自由に関する宣言』の成立事情（特集：50 年を迎えた『図書館の自由に関する宣言』）」『図書館雑誌』98（10）, 2004.10, pp. 716-718。

3) 塩見昇「第1章『図書館の自由に関する宣言』の成立と進展」塩見昇・川崎良孝編著『知る自由の保障と図書館』京都大学図書館情報学研究会発行, 日本図書館協会発売, 2006, pp. 3-74。

4) 谷口智恵「『図書館の自由に関する宣言』1954 年の成立とその過程」平成23 年度京都大学大学院教育学研究科修士論文, 2012。

5) 北嶋武彦編著『図書館概論』（新現代図書館学講座2）東京書籍, 1998, p. 209。

6) 図書館の自由委員会編『「図書館の自由に関する宣言1979 年改訂」解説』第2 版, 日本図書館協会, 2004, p. 10。

7) 「図書館の自由に関する宣言」Wikipedia。<http://ja.wikipedia.org/wiki/ 図書館の自由に関する宣言>（最終アクセス日：2015/1/27）。

8) 有川浩『図書館戦争』メディアワークス, 2006。
9) 安里のり子／アンドリュー・ウエルトハイマー／根本彰「小説『図書館戦争』と『図書館の自由に関する宣言』の成立」『日本図書館情報学会誌』57 (1), 2011.3, pp. 19-32。
10) なお、当該引用部分の直前の一文は、「そもそも『図書館の自由に関する宣言』は1954年に、太平洋戦争前、戦中、戦争直後に行われた検閲や、図書館における資料の収集・提供を国家権力によって阻害されたことへの反省に立って、全国図書館大会で採択された」とあるように、須永も「反省」としての宣言観を有する。須永和之「ちょっと待った！『図書館戦争』『図書館内乱』(特集：『図書館戦争』刊行をどうみるか)」『図書館雑誌』100 (12), 2006.12, pp. 816-817。
11) 前掲9)。
12) 山下信庸『図書館の自由と中立性』鹿島出版会, 1983, p. 22。初出は次の通りである。山下信庸「いわゆる『図書館の自由』について」『獨協大学教養諸学研究』10, 1976.3, pp. 95-118。
13) 書籍版を参照した。前掲12), p. 21。
14) 図書館の自由に関する調査委員会編『図書館の自由に関する事例33選』(図書館と自由第14集) 日本図書館協会, 1997, p. 4。
15) 堀部政男「図書館法の法学的検討：図書館の自由を中心として」日本図書館協会編『図書館法研究』日本図書館協会, 1980, pp. 119-142, 引用は p. 124。
16) 『官報』6665, 1949.4。<http://dl.ndl.go.jp/info:ndljp/pid/2963207>（最終アクセス日：2014/11/9)。
17) 奥平康弘は、「運用する者の同一性」が保たれたことについて、施行日が同じ公安調査庁設置法（1952年法律241号）から説明している。奥平康弘『これが破防法』花伝社, 1996, pp. 17-18。
18) 大原社会問題研究所編『日本労働年鑑第26集 1954年版』労働旬報社, 1953, pp. 705-706。
19) 講和に関する政党や知識人の動きを詳述するものとして、次の文献を参照。五十嵐武士『対日講和と冷戦：戦後日米関係の形成』東京大学出版会, 1986。
20) 永原慶二監修・石上英一ほか編『岩波日本史辞典』岩波書店, 1999, p. 795。
21) 同書, p. 676。
22) 南原繁「世界の破局的危機と日本の宿命：卒業式における演述」南原繁『文化と国家：南原繁演述集』東京大学出版会, 1957, pp. 369-381。
23) 佐藤卓己『物語岩波書店百年史2：「教育」の時代』岩波書店, 2013, pp. 235-281。
24) 平和問題談話会「講和問題についての平和問題談話会声明」『世界』51, 1950.3, pp. 60-64。
25) 平和問題談話会「三たび平和について：平和問題談話会研究報告」『世界』60, 1950.12, pp. 21-52。

26) 前掲 23), p. 272。
27) 久野収『平和の論理と戦争の論理』岩波書店, 1972, p. 392。
28) 有山輝雄『占領期メディア史研究：自由と統制・1945 年』(ポテンティア叢書 42) 柏書房, 1996, pp. 71-72。また、有山は、当時の新聞が日本政府と占領軍の二重統制下にあった状況を示し、「新聞の自由樹立は、占領軍の検閲統制と表裏の関係にあった」と指摘している。同書, p. 153。
29) 同書, p. 169。
30) 「輿論の指導に責任を痛感せよ：帰国のダ代将新聞人に要望」『日本新聞報』1946 年 6 月 10 日, 第 1 面。
31) 『日本新聞協会十年史』日本新聞協会, 1956, pp. 107-108。
32) 同書, p. 111。
33) 同書, p. 112。
34) 同書, p. 290。
35) 同書, pp. 291-292。なお、一般紙における表現は微妙に異なる場合もあったことを指摘しておく。例えば、1948 年の新聞週間は、アメリカからの参加の招待を受けたということであり、スローガンは「知る権利は貴方のすべての自由のかぎである」となったとある。「新聞の自由を擁護」『読売新聞』1948 年 8 月 31 日朝刊, 第 1 面。「あらゆる自由は知る権利から：きょうから新聞週間」『読売新聞』, 1948 年 10 月 1 日朝刊, 第 1 面。
36) 「報道の自由が守る"知る権利"：新聞週間の標語など当選決る」『読売新聞』1953 年 9 月 6 日朝刊, 第 7 面。
37) 日本新聞協会編『新聞の自由』岩波書店, 1952。
38) 木田宏監修『証言戦後の文教政策』第一法規出版, 1987, pp. 277-278。
39) 藤田祐介・貝塚茂樹『教育における「政治的中立」の誕生：「教育二法」成立過程の研究』ミネルヴァ書房, 2011。
40) 森田尚人「旭丘中学事件の歴史的検証（下・第 2 部）教育二法案をめぐる国会審議と『事件』の政治問題化」『教育学論集』51, 2009.3, pp. 37-111, 引用は pp. 56-57。
41) 「日本図書館協会総会全国図書館大会」『図書館雑誌』46 (7), 1952.7, pp. 8-46。
42) 有山崧「破防法：Editorial Forum」『図書館雑誌』46 (7), 1952.7, p. 47。
43) なお、有山の見解や全国大会とは異なった文脈から、破防法に触れた投稿もあった。豊橋市立図書館の中村光雄は、警察が閲覧証を調べに来た場合の対処について、自館での討議があったことを紹介している。そこでは、この調査の是非は、基本的人権を守るか否か、憲法を守るか否かということになるという。そして、中村自身は、閲覧証を見せることは基本的人権の侵害であると主張した。さらに、破防法が成立すればこの種の調査がなされる可能性が大きくなる旨を指摘し、全国的に歩調を合わせるべきであると結論付けた。中村光雄「閲覧証をめぐる問題（特集：自由論壇）」『図書館

雑誌』46 (8), 1952.8, pp. 22-23。
44) 彼らの名前は編集委員として記載されてはいない。当時の編集長は武田虎之助、編集委員は、青野伊豫児、服部金太郎、酒井悌、松尾弥太郎、森清、佐藤真、高橋泰四郎であった。委員の構成員は、『図書館雑誌』の最初のページに記載がある。
45) 日外アソシエーツ編『作家・小説家人名事典』新訂, 日外アソシエーツ発行, 紀伊国屋書店発売, 2002, p. 451。
46) 石井の略歴は、下記参照。「石井敦先生略年譜（特集：石井敦先生追悼）」『図書館文化史研究』27, 2010, p. 145。
47) 「『図書館の自由に関する宣言』成立の頃」図書館年鑑編集委員会編『図書館年鑑1984年』1984, pp. 273-278, 引用は p. 273。
48) 「図書館と中立についての討論を提案する」『図書館雑誌』46 (8), 1952.8, pp. 6-7。
49) 前掲 47), p. 273。
50) 前掲 48)。
51) 同上。
52) 両者のペンネームであることについて、次の文献における石井敦の回想を参照。前掲 47), pp. 273-274。
53) 阿羅厳「中立を守る権利がある（特集：自由論壇）」『図書館雑誌』46 (9), 1952.9, p. 22。
54) 諸尾露夫「平和擁護と図書館（特集：自由論壇）」『図書館雑誌』46 (9), 1952.9, pp. 22-23。
55) 前掲 47), p. 274。
56) 後に示すアメリカ図書館協会の LBR の存在は把握していなかったという。同上。
57) 菅原峻「助言者という選択（特集：境界人, 菅原峻の途中総括）」『図書館とメディアの本ずぼん』6, 1999.12, pp. 84-105, 引用は pp. 87-88。
58) 「図書館の抵抗線：中立についての意見」『図書館雑誌』46 (10), 1952.10, p. 6。
59) 同特集は、次の号に始まり、1948 年に4度にわたって掲載された。編集部「なぜ暗黒時代の分析に還るか（特集：日本ファシズムとその抵抗線—第1回 暗黒時代の生み出したもの）」『潮流』3 (1), 1948.1, pp. 2-4。
60) 前掲 47), p. 273。
61) 同上, p. 274。
62) 「朝日新聞紙上にて取り上げられた論説ふたつの再録（特集：図書館の抵抗線）」『図書館雑誌』47 (2), 1953.2, pp. 21-23。
63) 「警察の雑誌読者調査：1952 年 12 月 25 日朝日新聞投書欄より（特集：図書館の抵抗線）」『図書館雑誌』47 (3), 1953.3, p. 14。
64) 林崎三郎「担い手は誰か（特集：図書館の抵抗線：中立についての意見）」『図書館雑誌』46 (12), 1952.12, p. 16。

65) らいぶらりあん生「編集者への手紙：図書館と中立性（特集：図書館の抵抗線：中立についての意見）」『図書館雑誌』46 (10), 1952.10, pp. 8-9。
66) 永芳弘武「中立についての立場（特集：図書館の抵抗線：中立についての意見）」『図書館雑誌』46 (11), 1952.11, pp. 13-14。
67) 安藤正信「再軍備資料の不買を（特集：図書館の抵抗線：中立についての意見）」『図書館雑誌』46 (10), 1952.10, pp. 13-14。
68) 山本行男「今こそ全図書館人の抵抗を（特集：図書館の抵抗線：中立についての意見）」『図書館雑誌』46 (12), 1952.12, pp. 17-20。
69) 池口勝三「中立について（特集：図書館の抵抗線）」『図書館雑誌』47 (3), 1953.3, pp. 11-12。
70) 中村光雄「民衆の自主的な中立を（特集：図書館の抵抗線：中立についての意見）」『図書館雑誌』46 (10), 1952.10, pp. 6-7。
71) 南諭造「公共図書館と中立性（特集：図書館の抵抗線：中立についての意見）」『図書館雑誌』46 (10), 1952.10, pp. 14-16。
72) 雲野散歩「図書館と中立（特集：図書館の抵抗線：中立についての意見）」『図書館雑誌』46 (11), 1952.11, pp. 14-15。
73) 宮原賢吾「自主性と使命（特集：図書館の抵抗線：中立についての意見）」『図書館雑誌』46 (11), 1952.11, p. 16。
74) 雨宮祐政「図書館と中立について（特集：図書館の抵抗線：中立についての意見）」『図書館雑誌』46 (11), 1952.11, p. 17。
75) 前掲69）。
76) 「原子兵器禁止に関する各国図書館界への訴え」『図書館雑誌』48 (7), 1954.7, p. 6。
77) 吉岡俊亮（千葉大学図書館）は、原子兵器の禁止という立場の採用は、偏りのない資料の提供に照らして、ある程度の矛盾を生じさせるとした。そして、原子兵器がいかに悲惨なものであるのかを記した文献を提供するという方法を採用してはどうかと提案した。この見解について、「図書館人なるが故に図書館の職域を如何にして、今の課題を生かして行かなければならないか」という武田虎之助の問題提起を念頭に、藤盛正記（秋田市立大）は「図書館人のあり方として、至極妥当ではないか」と賛同している。「第7回全国図書館大会・第8回日本図書館協会総会議事録」『図書館雑誌』48 (7), 1954.7, pp. 8-44,72, 引用は p. 11。
78) 安里／ウエルトハイマー／根本は、埼玉県立図書館副館長の草野正名が「『K生』あるいは『そうや生』というペンネームを用いて活発な意見を主張していた」と明記している。しかしながら、以下の理由から、この見解を採用することはできない。まず、K生の「図書館の自由と責任」の末尾に記載されている所属は「中部地方某図書館」となっている。これは、1950年に文部省から埼玉県立図書館に転職した草野とは所属が異なる（草野、1987年）。また、後の「図書館憲章（委員会案）に寄せられた意見」

という特集（『図書館雑誌』47巻12号）では、草野正名の「代案」が掲載された同一コーナーに、草野のものとは内容の異なった、K生による「意見と代案」が掲載されている。なお、この草野の「代案」について、本人の発表の意思のないものが掲載されたのであり、次号において編集部の謝罪と共に正式なものが掲載されている。それもK生のものとは内容が異なる。よって、K生は草野ではないと考えるのが自然である。加えて、安里らが根拠として出典を提示している、草野自身の文献（草野、1987年）を参照したところ、自らが「そうや生」という筆名を用いていたことは記してあるが、K生であったという記述は皆無である。前掲9）, p. 24。K生「図書館の自由と責任（特集：図書館の抵抗線：中立についての意見）」『図書館雑誌』46 (10), 1952.10, pp. 9-11, 引用は p. 11。草野正名「『図書館の自由に関する宣言』採択の頃：埼玉県立図書館を中心にしての考察」『人文学会紀要』19, 1987.1, pp. 147-159, 引用は p. 148。草野正名「代案（特集：図書館憲章（委員会案）に寄せられた意見）」『図書館雑誌』47 (12), 1953.12, p. 8。「図書館憲章（委員会案）に寄せられた意見」『図書館雑誌』48 (1), 1954.1, p. 9。

79) K生（1952年）が表明した内容を具体的に示せば、「ジャーナリズムの上に現れている『二つの世界の対立』とその間における不安定な『中立論』を予想させ、従って問題の焦点を政治的な課題にすりかえてしまう危険がある」というものであった。前掲78), p. 9。

80) 同上。

81) 伊藤旦正「図書館倫理要綱について」『図書館雑誌』46 (12), 1952.12, pp. 14-15。

82) これは、草野（1987年）が当時のことを回想する中で言及したことである。前掲78), p. 152。

83) そうや生「図書館の主体性が根本問題（特集：図書館の抵抗線：中立についての意見）」『図書館雑誌』46 (12), 1952.12, pp. 13-14。

84) 川崎良孝「アメリカの図書館界と知的自由：『図書館の権利宣言』(Library Bill of Rights) の歴史と現状（特集：50年を迎えた『図書館の自由に関する宣言』）」『図書館雑誌』98 (10), 2004.10, pp. 728-731。

85) なお、草野の訳文には東京大学図書館の裏田武夫が誤りを指摘し、そうや生が原文および議論の意図を説明しながら強く反論を行うなど、一定の論争に発展した。そのため、1951年版LBRの訳文は、『図書館の原則』によった。裏田武夫「図書館人の客観性が根本問題（特集：図書館の抵抗線）」『図書館雑誌』47 (3), 1953.3, pp. 13-14。そうや生「裏田武夫氏へ」『図書館雑誌』48 (2), 1954.2, pp. 7-8。アメリカ図書館協会知的自由部編纂『図書館の原則：図書館における知的自由マニュアル（第8版）』改訂3版, 川崎良孝・川崎佳代子・久野和子訳, 日本図書館協会, 2010, pp. 64-65。

86) 図書館員の問題調査研究委員会「倫理綱領の具体化のために」『図書館雑誌』67 (2), 1973.2, pp. 73-74, 引用は p. 73。

87）前掲 47），p. 275。
88）埼玉県図書館協会「日本図書館憲章（仮称）制定の機運」『埼玉県図書館協会報』2・3, 1952, p. 3。
89）「事務局通信」『図書館雑誌』47（2），1953.2, p. 31。
90）年齢は、次の職員録から算出した。日本図書館協会公共図書館部会編『全国図書館職員録：昭和 30 年 10 月 1 日現在』日本図書館協会公共図書館部会, 1956, p. 50。所属に関しては、例えば次の文献を参照。竹田平「言いたいこと」『図書館雑誌』46（9），1952.9, pp. 20-21, 引用は p. 21。
91）「第 6 回全国図書館大会・第 7 回日本図書館協会総会議事録」『図書館雑誌』47（7），1953.7, pp. 209-274, 引用は p. 234。
92）同上。
93）同上。
94）図書館員の遵守について、その場で伊藤旦正も発言しており、「図書館倫理要綱について」で述べた内容を繰り返している。同上, pp. 235-236。
95）「事務局通信」『図書館雑誌』47（8），1953.8, p. 30。
96）「事務局通信」『図書館雑誌』47（9），1953.9, p. 32。
97）佐藤忠恕「図書館憲章委員会報告」『図書館雑誌』47（10），1953.10, p. 10。
98）「『図書館憲章』の制定進む」『埼玉新聞』1953 年 9 月 6 日, 第 1 面。
99）「図書館憲章（委員会案）」『図書館雑誌』47（10），1953.10, p. 10。
100）「アメリカ図書館協会・アメリカ出版者協議会共同宣言『読書の自由』」『図書館雑誌』47（10），1953.10, pp. 11-13。
101）「UNESCO・民衆教育の生きた力」『図書館雑誌』47（10），1953.10, pp. 13-14。
102）前掲 99）。
103）前掲 47），p. 278。
104）同上。
105）前掲 77），p. 8。
106）「教育の中立性に関する雑誌記事索引」『図書館雑誌』48（4），1954.4, pp. 31-32。「教育の中立性に関する新聞・雑誌記事索引（特集：資料室・特報）」『図書館雑誌』48（4），1954.4, p. 25。
107）前掲 77），p. 21。
108）前掲 3），pp. 25-28。
109）『平成 16 年度全国図書館大会（第 90 回香川大会）記録』2005, p. 345。
110）前掲 77），p. 20-23。
111）前掲 3），p. 27。
112）前掲 77），p. 37。
113）前掲 3），p. 28。

114）「事務局通信」『図書館雑誌』48（8），1954.8, p. 32。
115）「評議員会議事要録」『図書館雑誌』49（5），1955.5, pp. 19-20，引用は p. 20。
116）「昭和 30 年度社団法人日本図書館協会総会」『図書館雑誌』49（8），1955.8, pp. 9-56，引用は p. 9。
117）同上，p. 12。
118）「理事会会議録：昭和 29 年 8 月 6・7 日」『図書館雑誌』48（10），1954.10, pp. 23-27，引用は p. 23。
119）同上，p. 25。
120）前掲 3），p. 29。
121）有山崧「図書館憲章」『図書館雑誌』48（1），1954.1, p. 25。
122）蒲地正夫「図書館の危機」『図書館雑誌』48（2），1954.2, pp. 14-15。
123）猪元藤一「図書館憲章について」『図書館雑誌』48（3），1954.3, pp. 6-9,19。
124）この時期に掲載されたものとして例外を挙げるとすれば、「問題は、本質的にイデオロギーの問題」であり、中立は抵抗であるとする佐藤一行の投稿がある。ただし、ここでも「図書選択の自由」への言及はある。佐藤一行「中立と抵抗：その性格」『図書館雑誌』47（9），1953.9, pp. 2-3。
125）大分県立図書館職員「賛成（特集：図書館憲章（委員会案）に寄せられた意見）」『図書館雑誌』48（1），1954.1, p. 9。鹿児島県図書館協会「賛成（特集：図書館憲章（委員会案）に寄せられた意見）」『図書館雑誌』48（1），1954.1, p. 9。
126）熊本県公共図書館長会議「意見（特集：図書館憲章（委員会案）に寄せられた意見）」『図書館雑誌』47（12），1953.12, p. 8。
127）大分県公共図書館長会議「代案（特集：図書館憲章（委員会案）に寄せられた意見）」『図書館雑誌』47（12），1953.12, p. 8。
128）草野正名「代案（特集：図書館憲章（委員会案）に寄せられた意見）」『図書館雑誌』48（1），1954.1, p. 9。
129）関正「意見（特集：図書館憲章（委員会案）に寄せられた意見）」『図書館雑誌』47（12），1953.12, pp. 8-9。
130）福岡県公共図書館協議会「意見（特集：図書館憲章（委員会案）に寄せられた意見）」『図書館雑誌』48（1），1954.1, p. 9。
131）具体的な批判は、以下のようである。まず、憲章委員会には、憲章無用論者すら含まれ、欠席を表明しており、出席した委員の中にも憲章の重要性を理解していない者もいる。さらに、憲章の内容には具体性がなく、社会を無視しており、特に関係団体との協力には実効性がないという。K 生「意見と代案（特集：図書館憲章（委員会案）に寄せられた意見）」『図書館雑誌』47（12），1953.12, p. 9。
132）同上。
133）森耕一「自由を守るために」『図書館雑誌』48（8），1954.8, pp. 5-6。

134) 具体的には、知的自由委員会の後押しで開かれた知的自由協議会（Conference on Intellectual Freedom）を紹介し、「図書選択はいかになさるべきか、自由なる報道を妨げる今日の主な障壁は何か、図書館やその他の媒介機関が自由なる報道を持続するには何を支えとすべきか等について討論された」と伝えている。「海外 news」『図書館雑誌』46 (11), 1952.11, pp. 4-5, 引用は p. 5。
135) 埴岡信夫「問題になったボストン公共図書館の『中立性』」『図書館雑誌』47 (4), 1953.4, pp. 14-16。
136) 男沢淳「『マッカーシー旋風』をどうする：アメリカ版『図書館の中立性』」『図書館雑誌』47 (9), 1953.9, pp. 7-9。
137) 前掲 100)。
138) 有山崧「火中の栗をいかにすべきか」『図書館雑誌』48 (5), 1954.5, pp. 6-7。
139) ジョン・J・ボル（裏田武夫訳）「ALA と知的自由」『図書館雑誌』48 (5), 1954.5, pp. 8-18。
140) オケージョナル・ペーパーとして、次のように公表されている。John J. Boll. "The American Library Association and Intellectual Freedom." *University of Illinois Library School Occasional Papers*. 35, 1953, pp. 2-16. <https://www.ideals.illinois.edu/bitstream/handle/2142/3964/gslisoccasionalpv00000i00035.pdf?sequence=1>（Last Accessed: 2014/11/10）。
141) 前掲 139), p. 8。
142) 前掲 138)。
143) 前掲 1), p. 4。
144) 同上。
145) 前掲 77), p. 9。
146) 同上。
147) 前掲 1), p. 5。
148) 図書館関係者の戦争責任が問われなかったことは、当時の図書館関係者も認識するところであった。例えば、次章で取り上げる図書館問題研究会の『会報』には、1958 年の時点で、「戦後の図書館界では、戦争責任ということばが一度も聞かれなかった」とある。図問研委員会「1958 年度運動方針」『会報』30, 1958.9, p. 4。
149) 裏田武夫「図書館員の立場」『図書館雑誌』47 (6), 1953.6, pp. 2-6。
150) 前掲 3), pp. 22-23。
151) 裏田のもの以外に戦争に言及するものとしては、1954 年全国図書館大会における森崎の発言であろう。森崎は「学生時代に、天皇のために、八紘一宇のためにと騙されて、兵隊にかり出された」のであり、「こういった事実が突如として来るのではなく、眼に見えない力で徐々に発展して来る」という。しかし、続けて「今、図書館という日本にとって非常に大事な職場に働いている 1 人として、こういうようなことを何故

宣言することがおかしいのか」と、着眼点はやはり「今」にある。前掲 77), p. 20。
152) 前掲 9), p. 27。

第 2 章　図書館問題研究会と権利保障の思想の展開

1) 塩見昇「第 1 章『図書館の自由に関する宣言』の成立と進展」塩見昇・川崎良孝編著『知る自由の保障と図書館』京都大学図書館情報学研究会発行, 日本図書館協会発売, 2006, pp. 3-74, 引用は p. 29。
2) 日本図書館協会編『中小都市における公共図書館の運営：中小公共図書館運営基準委員会報告』日本図書館協会, 1963, p. 19。
3) 塩見昇「国民の学習権と図書館理論の形成」小林文人編『公民館・図書館・博物館：講座・現代社会教育 6』亜紀書房, 1977, pp. 179-207, 引用は p. 180。
4) 薬師院はるみ『名古屋市の 1 区 1 館計画がたどった道：図書館先進地の誕生とその後』八千代出版, 2012。薬師院はるみ『名古屋市の図書館設置計画に関する歴史的再検討：1 区 1 館計画の意義と功罪』京都大学博士論文, 2011。
5) 前掲 2), p. 21。
6) 同書, p. 103。
7) 同書, p. 111。
8) 日本図書館協会図書館ハンドブック編集委員会編『図書館ハンドブック』第 6 版補訂版, 日本図書館協会, 2010, p. 24。
9) 例えば、図書館問題研究会に関連する議論としては、薬袋秀樹が次の文献において、東京都の専門職制度に関する動きを批判的に論じる中で、図書館問題研究会の東京支部に触れている。薬袋秀樹『図書館運動は何を残したか：図書館員の専門性』勁草書房, 2001。
10) 佃一可「図書館問題研究会の成立と展開」今まど子・髙山正也編著・小出いずみ・佐藤達生・佃一可・春山明哲・三浦太郎・村上篤太郎『現代日本の図書館構想：戦後改革とその展開』勉誠出版, 2013, pp. 271-304。
11) これは、石井の証言に基づくものであり、石井の没後にまとめられた略年表とは異なる。公式には、略年表のように、養成所卒業後の 1952 年 4 月から事務局に入ったということになっており、事実上、卒業前から事務局で働いていた。「『図書館の自由に関する宣言』成立の頃」図書館年鑑編集委員会編『図書館年鑑 1984 年』, 1984, pp. 273-278, 引用は p. 273。「石井敦先生略年譜（特集：石井敦先生追悼）」『図書館文化史研究』27, 2010, p. 145。
12) 「結成大会」『会報』1, 1955.6, pp. 1-2, 引用は p. 1。
13) 同上。
14) 桜井正臣「図問研の歴史：特に大阪支部会員の経験を元にして」『大阪支部報』26, 1969.12, pp. 11-12。

15) 次の文献でも、「当初に民科や歴研のような研究団体が想定された」とされる。木村武子・森崎震二「図書館問題研究会のあゆみ（特集：戦後社会教育実践史・37）」『月刊社会教育』14 (9), 1970.9, pp. 90-101, 引用は p. 92。
16) 前掲 14)。
17) 木村武子「図問研 10 年のあゆみ：その 1　1959 年まで」『会報』76, 1966.8, 引用は p. 16。
18) 前掲 12), p. 1。
19) 神野清秀「図書館問題研究会綱領の生い立ちについて：結成当時の文書から」『大阪支部報』30, 1970.4, pp. 10-12。
20) 前掲 12)。
21) 前掲 19), p. 2。
22) 「綱領」『会報』31, 1959.7, p. 4。
23) 青年図書館員聯盟（1927 年発足）を引き継ぎ、1943 年 9 月に日本図書館研究会は創立が告げられている。しかし、実質的な活動は戦後から始まり、1946 年 9 月に、有志図書館員の友好機関から全国的な会員組織として拡充することとなった。日本図書館研究会編『日本図書館研究会の 50 年』日本図書館研究会, 1996, p. 5。
24) 前掲 15), p. 92。
25) 同上。
26) 有山崧事務局長と諸館長であり、具体的には、蒲地（徳島県立）、叶沢（長野県立）、市村（石川県立）、北条（魚津市立）である。前掲 12), p. 2。
27) 同上。
28) 前掲 15), p. 92。
29) 諸尾露夫「平和擁護と図書館（特集：自由論壇）」『図書館雑誌』46 (9), 1952.9, pp. 22-23。なお、第 1 章でも示したとおり、諸尾露夫は石井のペンネームのひとつである。
30) 木村武子「図問研 10 年のあゆみ：その 2　回顧 1960 年〜1965 年」『会報』100, 1969.5, pp. 8-11, 18, 引用は p. 8。
31) 前掲 10), p. 281。
32) 前掲 30), p. 8。
33) 同上, pp. 9-10。
34) 前掲 10), p. 282。
35) 「第 2 回大会」『会報』11, 1956.6, pp. 1-5, 引用は p. 4。
36) 「1956 年運動方針（第 2 次案）」『会報』12, 1956.7, pp. 6-10, 引用は pp. 9-10。
37) 同上。
38) 伊藤旦正によれば、目録はサービスの向上であり、レファレンスの十分な用意がされていない現状にあって図書と利用者を結ぶ媒介である。「整理は奉仕のためにあると言う思想を強めるべきであって、良心的な目録法研究者や実務家までも図書館思想の持

主と誤解させるような表現はさけるべきである」とする。伊藤旦正「図書館運動はこれで良いのか：図問研新運動方針案への若干の疑義」『会報』25, 1957.8, pp. 9-10, 引用は p. 10。

39) 山口源治郎「1950年代における図書館法『改正』論争について：図書館法理念の担い手の問題を中心として」『図書館界』42 (4), 1990.11, pp. 234-245。
40) 同上, p. 239。
41) 同上。
42) 渡辺進「立法の基本方針に混乱がありはしないか（特集：われわれは図書館法改正草案をこう読んだ）」『図書館雑誌』52 (2), 1958.2, pp. 37-39。
43) 図問研委員会「1958年度運動方針」『会報』30, 1958.9, p. 4。
44) 「1959年度運動方針」『会報』32, 1959.8, p. 2。
45) 同上。
46) 同上。
47) 同上。
48) 「図書館法改正草案の反対署名を訴える」『会報』34, 1959.10, p. 2。
49) 「法改正運動の結節点」『会報』37, 1960.4, pp. 1-2。
50) 同上。
51) なお、その他の方針は「民衆との結びつきを強めよう」と「自治体の研究を強めよう」である。「1960年度運動方針」『会報』41, 1960.10, pp. 2-3。
52) 同上。
53) 山口は、「1950年代末においては、法『改正』反対という消極的な形で図書館法を擁護していたにとどまっていたが、その後の実践の中で図書館法理念の積極的な担い手となってゆく層であった」と述べている。ただし、この部分の注記では、「しかしそれは、1970年前後に図書館法廃止の動きが社会教育法改正に絡んで起こったときまで待つ必要があった。図書館法はそのときはじめて自覚的に『守りぬくに値するもの』（『図書館雑誌』1971.7）となった」という認識を示している。前掲39), p. 241, 244。
54) 石井敦「反学生闘争（？）の経験1」『会報』19, 1957.2, pp. 2-3, 引用は p. 2。
55) 同上, p. 3。
56) 石井敦・立川晃二「反学生闘争（？）の経験2」『会報』20, 1957.3, pp. 2-3, 引用は p. 2。
57) 同上。
58) 中村光雄「読書運動と図書館」『会報』5, 1955.12, pp. 3-4。
59) 石井敦「大衆小説は図書館活動にプラスか？」『会報』8, 1956.3, pp. 3-4。
60) 「1956年度運動方針（案）」『会報』10 付録, 1956.5, pp. 2-5, 引用は p. 4。
61) 「闘争宣言」『日教組教育新聞』1956年2月24日, 第2面。
62) 「良識は抵抗する相つぐ撤回声明：文教二法案に反撃続く」『日教組教育新聞』1956年4月1日, 第1面。

63) 「教育十四団体共同声明」『日教組教育新聞』1956年4月6日, 第3面。
64) 法案反対教育団体「教育二法案が成立すれば教育の実際はこうなる：教育二法案研究資料」『教育評論：日本教職員組合機関誌』5 (5), 1956.5, pp. 55-65。
65) 前掲35)。
66) 「昭和31年度全国図書館大会議事録」『図書館雑誌』50 (7), 1956.7, pp. 2-53, 引用はp. 29。
67) 同上, p. 20。
68) 同上。
69) 図書館問題研究会の構成員が日本図書館協会にも所属していることに鑑みて、より正確にいえば、日本図書館協会の主流派の立場とは異なるということになろう。
70) 永原慶二監修・石上英一ほか編『岩波日本史辞典』岩波書店, 1999, p. 45。
71) 「図書館員の立場から安保条約に反対する」『会報』39, 1960.6, pp. 1-2。
72) このような流れについては、例えば次の文献を参照。小熊英二『＜民主＞と＜愛国＞：戦後日本のナショナリズムと公共性』新曜社, 2002。
73) 前掲71), p. 2。
74) 「昭和35年度全国図書館大会議事録」『図書館雑誌』54 (8), 1960.8, pp. 239-306。
75) 高橋弘「図書館人も政治への発言を (特集：北から南から)」『図書館雑誌』54 (6), 1960.6, pp. 169-170。
76) 石川正知「沈滞を破るもの」『図書館雑誌』54 (9), 1960.9, pp. 358-359。
77) 有山崧「図書館は何をするところか：国会デモに思う」『図書館雑誌』54 (9), 1960.9, pp. 360-361。
78) 同上, p. 361。
79) 同上。
80) なお、破防法から安保への、有山の議論の連続性については、すでに塩見によって指摘されている。塩見昇『知的自由と図書館』(青木教育叢書) 青木書店, 1989, p. 162。
81) 「大衆文学とわれわれの態度」『会報』36, 1959.12, pp. 1-2, 引用はp. 1。
82) 前掲10), p. 281。
83) 「基調報告地域全体の中で公共図書館を発展させるために：1968年度大会討議資料」『会報』95, 1968.8, pp. 2-18, 引用はp. 13。
84) 前掲2), p. 22。
85) 同書, p. 21。
86) オーラルヒストリー研究会編『『中小都市における公共図書館の運営』の成立とその時代』日本図書館協会, 1998。
87) 是枝英子「公共図書館の誕生を支える：図書館長清水正三のあゆみ4」『みんなの図書館』183, 1992.8, pp. 48-57, 引用はp. 52。
88) 前掲86), p. 331。

89) 有山崧「36年度の事業計画と予算について」『図書館雑誌』55 (5), 1961.5, pp. 151-154, 引用は p. 152。
90) 前掲 86), p. 331。
91) 同書, pp. 155-156, 205。
92) 同書, p. 60。
93) 全部で 10 点であり、順に、(1) 序論における中小公共図書館の機能と役割、(2) 館外奉仕と館内奉仕、(3) 個人貸出と団体貸出、(4) 集会活動と読書会の問題、(5) 児童奉仕の問題、(6) ユニットの問題、(7) 数量基準の問題、(8) 資料整理の問題、(9) 職員の問題、(10) 図書館協議会である。同書, pp. 352-364。
94) 「奉仕を第一に (特集:座談会中小公共図書館運営基準委員会の作業を終えて)」『図書館雑誌』57 (6), 1963.6, pp. 264-272, 引用は p. 268。
95) 前川恒雄「『中小レポート』をふりかえって」『図書館雑誌』67 (4), 1973.4, p. 134。
96) 前掲 86), p. 420。
97) 同書, p. 354。
98) 同書, p. 353。
99) 同書, pp. 354-355。
100) 日本図書館協会編『市民の図書館』日本図書館協会, 1970, p. 3。
101) 前川によれば、「昭和四十五年五月、『市民の図書館』と題して日本図書館協会の名で刊行されたが、清水の書いた児童サービスの項を除いて、実質的には私の著作であった」。前川恒雄『移動図書館ひまわり号』筑摩書房, 1988, p. 168。このほかには、例えば次の文献参照。前川恒雄・石井敦『図書館の発見』新版 (NHK ブックス 1050) 日本放送出版協会, 2006, p. 174。
102) 成嶋隆「国家の教育権と国民の教育権 (特集:第二部日本国憲法理念の定着と変容 (4) 人権)」『ジュリスト』1089, 1996.5, pp. 230-236, 引用は p. 231。
103) 芦部信喜『憲法』第 5 版, 岩波書店, 2011, pp. 265-266。
104) 高乗智之『憲法と教育権の法理』成文堂, 2009, p. 9。
105) ただし、芦部は、国は教育の大綱について決定できるが、教育への過度な介入は教育の自主性を損なうという立場をとる。前掲 103), p. 266。
106) 文部省『学制百二十年史』ぎょうせい, 1992。
107) 福嶋寛之「エポックとしての戦争末期 (上):進歩的教育学者宗像誠也における戦後の出発」『福岡大学人文論叢』42 (1), 2010.6, pp. 315-362, 引用は p. 322。
108) 宗像誠也・伊ケ崎暁生編『国民と教師の教育権:全書国民教育第 1 巻』, 1967, p. 20。
109) 宗像誠也「教育行政権と国民の価値観:教育行政のオフ・リミッツについて」『世界』167, 1959.11, pp. 272-280。
110) 宗像誠也「教育行政権と国民の価値観:教育行政のオフ・リミッツについて」『国民教育研究所論稿』2, 1960.3, pp. 20-25。

111) 前掲 109), p. 280。
112) 前掲 108), pp. 31-47。
113) 宗像誠也『教育と教育政策』(岩波新書) 岩波書店, 1961, p. 91。
114) 同書, p. 92。
115) 兼子一編『注解日本国憲法上巻 (2)』有斐閣, 1953, pp. 459-560。
116) 前掲 113), pp. 102-103。
117) 兼子仁『教育法』(法律学全集 16) 有斐閣, 1963, pp. 124-125。
118) 奥平康弘「教育を受ける権利」芦部信喜『憲法 3 人権 (2)』有斐閣, 1981, pp. 361-425, 引用は pp. 411-412。
119) 大西斎「教育権論争をめぐる学説の変遷とその法的検討」『国際公共政策研究』13 (1), 2008.9, pp. 307-321, 引用は p. 309。
120) 前掲 104), pp. 97-98。
121) 堀尾輝久『現代の教育思想と構造』岩波書店, 1966。
122) 前掲 117)。
123) 有倉遼吉『憲法理念と教育基本法制』成文堂, 1973。
124) 永井憲一『憲法と教育基本権:教育法学のために』勁草書房, 1970。
125) 「昭和 42 年 (行ウ) 第 85 号検定処分取消請求事件」最高裁判所。<http://www.courts.go.jp/app/files/hanrei_jp/330/018330_hanrei.pdf> (最終アクセス日:2015/1/26)。
126) 同上。
127) 同上。
128) 同上。
129) 我妻栄・宮沢俊義・蠟山政道・小林直樹「教育・教科書を考える (特集:ジュリストの目)」『ジュリスト』461, 1970.9, pp. 2-18, 引用は pp. 2-3。
130) 「日本教育法学会会則 (特集:教育権保障の理論と実態)」『日本教育法学会年報』1, 1972.3, p. 215。
131) 「昭和 43 年 (あ) 第 1614 号建造物侵入, 暴力行為等処罰に関する法律違反昭和 51 年 5 月 21 日最高裁判所大法廷判決」最高裁判所。<http://www.courts.go.jp/app/files/hanrei_jp/016/057016_hanrei.pdf> (最終アクセス日:2014/12/20)。
132) 同上。
133) 同上。
134) 広瀬義徳「教育権論における『文化』」『教育制度学研究』10, 2003, pp. 234-250, 引用は p. 235。
135) 前掲 104), pp. 5-13。
136) 君塚正臣「社会権としての『教育を受ける権利』の再検討:その過拡大再考の提言」『横浜国際社会科学研究』15 (5), 2011.1, pp. 523-548。
137) 森崎震二「教科書裁判を傍聴して:国の権力が教育の内容を規制できるか?」『会報』

101, 1969.6, pp. 3-4。

138) ただ、技術面の議論において、「貸出しの伸びを予約制度の実施によって、質的なものとして深めていくと、この制度を住民の知る権利に発する要求として理解し、住民の立場に立って図書館の発展を考えていくことの2点が必要ということになった」とあるように、次章で扱う「知る権利」が用いられる場合もあった。しかし、図書館問題研究会による権利保障の主張は、大半が「学習権」によるものであった。「分科会記録：第2日9月8日第1～5分科会」『会報』104, 1969.12, pp. 10-22, 引用は pp. 18-19。

139) 図書館問題研究会東京支部政策委員会『住民の権利としての図書館：東京の公共図書館について』, 1970, p. 23。なお、中間報告の概要は、次の文献に掲載されている。福島宏子「『東京都の図書館政策』を作って」『月刊社会教育』14 (9), 1970.9, pp. 37-41。

140) 「1970年度基調報告」『会報』111, 1970.8, pp. 2-23, 引用は pp. 10-11。

141) この年度の大会討議では、予約制度と、後述の『市民の図書館』との関係で学習権が取り上げられている。障害者サービスでは、録音テープや展示図書の貸出に触れており、「公共図書館が身体障害者サービスをすることは『あらゆる住民』が対象であるから当然なすべき重要なこと」という指摘がある。大会宣言とは対照的に、『会報』に記載された議事録の範囲では、1970年大会における障害者サービスと学習権と結びつきに関する議論を具体的に跡付けることはできない。「第17回全国大会記録」『会報』114, 1970.11, pp. 1-24。

142) 「大会宣言」『会報』113, 1970.10, p. 3。

143) 多田秀子・森崎震二「国民の教育権と公共図書館事業」『図書館学会年報』16 (1), 1970.12, pp. 10-12。

144) 天満隆之輔「『学習権』を成り立たせるもの：図書館の実践理論形成のためのノート」『図書館評論』10, 1971.9, pp. 1-11, 引用は p. 2。

145) なお、(1) では、まず、持田栄一の生涯学習論を基にして、権力の側から提起される生涯学習を批判し、「生涯学習の組織化を下から考えるべき」と述べており、これは前述の第17回大会での議論に通じる主張である。該当する歴史的事例にも触れつつ、目下の住民運動に通じるものがあるとして、「学習の権利と結びつける堂々たる図書館要求が顕在化しつつあることも周知のとおり」と述べた。(3) には、住民要求と図書館の乖離について、フランス革命を事例に論じ、公害問題にも触れた。同上, pp. 5-7。

146) 同上, pp. 8-9。

147) 同上, p. 9。

148) 堀尾輝久「住民の学習権と公共図書館の役割（特集：戦後日本の公共図書館運動を考える）」『図書館評論』17, 1977, pp. 3-13。

149) 兼子仁「読書と人権」『みんなの図書館』1, 1977.8, pp. 2-11。

150) 図書館とのかかわりを意識した議論は、講演の主題にひきつけた形で表れていた。堀尾の文献は、配置転換問題に関連した「蔭山さんを支援する会」の学習会（1976年7

月15日）での講演を収録したものである。兼子の文献は、図書館問題研究会と視読協の共催である「公開講座読書と人権：視覚障害者の場合にかかわって」（1977年5月13日）での講演を収録したものであった。前掲148), p. 13。前掲149), p. 2。

151) 天満隆之輔「視力障害者と図書館の課題」『会報』126, 1972.2, pp. 11-14。天満隆之輔「読書の権利をかちとるために!!：視力障害者読書権保障協議会の運動」『会報』129, 1972.5, pp. 9-11。

152) 市橋正晴・関根浩司「対談『視読協』を語る」『読書権』10, 1980.7-15, pp. 7-15。

153) 視読協の成り立ちや図書館問題研究会との関係については、下記の文献を参照。なお、ここには、1985年のユネスコ国際成人教育会議の「学習権宣言」との関連で、読書権と学習権との関係性についての記述も含まれる。前田章夫「『読書権』の成立とその法的性格」森耕一追悼事業会編『公立図書館の思想と実践』森耕一追悼事業会, 1993, pp. 85-99。

154) 矢野有「『東京都の図書館政策・1970』図問研・東京支部政策委員会編を読んで」『こどもの図書館』17 (3), 1970.4・5, pp. 10-12。

155) 同上。

156) あわせて示された認識は、両機能は連携すべきであることや、また、集会活動よりもむしろ貸出を基礎においた児童サービスやレファレンスを重視すべきということであった。同上, p. 10。

157) 前川恒雄『われらの図書館』筑摩書房, 1987, p. 234。

158)「分科会：9月13日午後6時半～9時半」『会報』114, 1970.11, pp. 3-10, 引用はp. 8。

159) 前掲100), p. 37。

160) 同時に、職員に関する内容の不在、現実とのギャップ、当該図書のターゲット（市町村の第1線の図書館）以外の図書館の受け止め方と両者の断絶の懸念といったものが指摘されていた。前掲158), pp. 8-9。

161) 前掲141), p. 5。

162) 塩見昇「学習社会における図書館：図書館の教育機能」『教育学論集』20, 1991.7, pp. 5-15, 引用はp. 8。

163) 小川利夫編『生涯教育と公民館』筑摩書房, 1987, p. 124。

164) 前掲162), p. 8。

165) 近年の文献として、次を挙げておく。種村エイ子『学習権を支える図書館』南方新社, 2006。

166) 序章の脚注でも取り上げた、『市民の図書館』の歴史的評価や貸出中心サービスの評価をめぐる『図書館界』の誌上討論で行われた論争は、その証左である。日本図書館研究会編集委員会「問題提起および論点整理（特集：現代社会において公立図書館の果たすべき役割は何か）」『図書館雑誌』56 (3), 2004.9, pp. 158-160。

第 3 章 「図書館の自由に関する宣言」の改訂と法学的「知る権利」論の受容

1) T.I. エマースン『表現の自由』(UP 選書) 小林直樹・横田耕一訳, 東京大学出版会, 1972, pp. 2-22.
2) 例えば、次の文献参照。奥平康弘『なぜ「表現の自由」か』(東京大学社会科学研究所研究叢書第 71 冊) 東京大学出版会, 1988, p. 20。
3) 芦部の説明によれば、「表現の自由を中心とする精神的自由を規制する立法の合憲性は、経済的自由を規制する立法よりも、とくに厳しい基準によって審査されなければならない、という理論」である。芦部信喜『憲法』第 5 版, 岩波書店, 2011, p. 187。
4) 同書, p. 170。
5) 「図書館の自由に関する宣言」『図書館雑誌』48 (7), 1954.7, pp. 4-5。
6) 森耕一「自由を守るために」『図書館雑誌』48 (8), 1954.8, pp. 5-7。
7) 日本図書館協会編『中小都市における公共図書館の運営：中小公共図書館運営基準委員会報告』日本図書館協会, 1963。
8) 日本図書館協会編『市民の図書館』日本図書館協会, 1970。
9) 図書館の自由に関する調査委員会編『「図書館の自由に関する宣言 1979 年改訂」解説』日本図書館協会, 1987, p. 12。
10) 渡辺重夫『図書館の自由と知る権利』青弓社, 1989, p. 16。
11) 同書, pp. 25-26。
12) 同書, p. 28。
13) 渡辺は、この図書館資料請求権について、利用者が「図書館に対して自己の求める図書の収集を要求する根源的権利を有していることは否定することができない」と説明している。同書, p. 41。この渡辺の主張は、資料収集に対して利用者の請求権を認め、図書館側の裁量権を制限することを意味するのであり、本書第 5 章の図書館裁判に関する研究と対立している。また、渡辺の議論には、他の図書館に所蔵されている資料を提供する相互貸借制度の検討はない。
14) 同書, p. 19。
15) 中村克明『知る権利と図書館』関東学院大学出版会発行, 丸善発売, 2005, p. 33。
16) 同書, p. 61。
17) そこで取り上げられているもののうち、図書館の「知る自由」を論じているのは堀部政男のみである。同書, pp. 30-32。
18) 芦部信喜「第 1 章『知る権利の理論』」内川芳美・岡部慶三・竹内郁郎・辻村明編『講座現代の社会とコミュニケーション 3 言論の自由』東京大学出版会, 1974, pp. 3-23, 引用は p. 11。
19) 河井弘志「山口図書館問題と図書館界内外の動き：現代図書館思想史の一資料として」『中部図書館学会誌』17 (3), 1975, pp. 35-45。

20）「8 山口県立図書館図書抜き取り放置事件」図書館の自由に関する調査委員会編『図書館の自由に関する事例33選』（図書館と自由第14集）日本図書館協会, 1997, pp. 52-60。このほか、当該事件を一定の分量で論じたものとして、次の文献を挙げておく。馬場俊明『「自由宣言」と図書館活動』青弓社, 1993, pp. 77-92。
21）塩見昇『知的自由と図書館』（青木教育叢書）青木書店, 1989, pp. 167-185。
22）小西誠『反戦自衛官：権力をゆるがす青年空曹の造反』合同出版, 1970。
23）トム・ヘイドン『反戦裁判：アメリカ・ニューレフトの戦い』宮原安春・梅谷昇訳、三崎書房, 1972。
24）上野裕久『仁保事件：別件逮捕と拷問』敬文堂出版部, 1970。
25）林健二「暗い時代への予徴：『好ましくない本』54冊課長がかくす」『人間であるために』8, 1973.9。当該雑誌は、山口信愛会が刊行であり、一般に流通した資料ではないと思われる。そこで、やむを得ず、次の資料に転載された記事を参照した。「文献 6-1 暗い時代への予徴」日本図書館協会図書館の自由に関する調査委員会編『「図書館の自由」に寄せる社会の期待』（図書館と自由第6集）日本図書館協会, 1984, pp. 29-32。
26）トパチョール・ハサン「明治百年祭（1968年）と『京都』イメージの確立」平成26年度京都大学大学院教育学研究科修士論文, 2014。
27）日本図書館協会編『近代日本図書館の歩み地方編：日本図書館協会創立百年記念』日本図書館協会, 1992, p. 631。
28）阿部葆一「山口図書館の『図書封印事件』と『図書館の自由』」播磨信義編著『続・憲法をいかす努力』四季出版, 1988, pp. 153-197, 引用は p. 162。
29）同上, p. 176。
30）同上, p. 168。
31）同上, pp. 165-178。
32）前掲25）。
33）村瀬和徳「山口図書館の資料事故について」『図書館雑誌』68（5）, 1974.5, p. 161。
34）前掲25）。
35）その他、マスコミや、文化教育団体、そして、社会党や共産党などの政党の反応については、河井弘志の総括を参照。前掲19）。
36）「みんなでつくった第20回全国大会」『会報』144, 1973.10, pp. 69-85, 引用は p. 69。
37）「グループ集会から」『会報』144, 1973.10, pp. 85-86。なお、この記事では「山口県立図書館の安部」になっているが、これは単なる誤記である。大会の参加者名簿には、山口県からの参加者に「阿部葆一」とある。「参加者名簿」『会報』144, 1973.10, pp. 86-87。
38）「山口県立図書館図書封印事件にあたって『図書館の自由宣言』を守る決議」『会報』144, 1973.10, p. 79。
39）森崎震二「"住民の図書館"への試金石：山口県立図書封印事件と図書館大会」『会報』

145, 1973.11, pp. 89-92, 引用は pp. 89-90。

40) 冊子体の大会記録では、この論点について、宣言の主文が記載されているのみである。昭和48年度全国図書館大会実行委員会『昭和48年度全国図書館大会記録：高知県』日本図書館協会発行、1974。『図書館雑誌』では、日本図書館協会事務局の菅原峻が簡潔に、宣言の再確認を求める強い声があがったことと、「きっかけとなった問題についての応しゅうもかなり具体的であった」ことを指摘する程度である。菅原峻「住民に信頼される図書館：第1部会公共図書館（特集：昭和48年度全国図書館大会ハイライト）」『図書館雑誌』68 (1), 1974.1, p. 6。そこでの議論のまとめは、図書館問題研究会の『会報』で森崎震二によるものがある。それによれば、アメリカ図書館協会の知的自由委員会の紹介との関係でも、事件が図書館員にとって重大なものという認識が示された。一方で、取り上げるのも恥ずかしい問題という意見や、単なる新聞報道で処罰するのは考えものであるという意見もだされたという。前掲39), pp. 91-92。

41) 大会記録を参照。前掲40), p. 62。

42) 酒川玲子"図書館の自由"について訴える」『会報』148, 1974.3, pp. 117-118, 引用は p. 117。

43) 同上。

44) 前掲33)。

45) 「協会通信」『図書館雑誌』68 (5), 1974.5, p. 179。

46) 前掲20), p. 59。

47) 前掲45)。常務理事3名（久保輝巳、浪江虔、森耕一）、各部会の代表5名、提案者1名、図書館員の問題調査研究委員会からの推薦者2名、提案に意見のある者2名となった。

48) 「昭和49年度社団法人日本図書館協会定期総会議事録」『図書館雑誌』68 (8), 1974.8, pp. 332-352, 引用は p. 351。

49) 同上。なお、評議会では、委員会の設置に関する可否の委員会であったにもかかわらず、必ずしもその発端ではなかったはずの同和問題を検討したことに批判的な意見が三上強二によって出された。しかし、検討委員会の一員である浪江虔理事は、客観的情勢がそれを許さないとして、問題の性質上、検討委員会がやむをえないという認識の下に同和問題を扱った旨を回答した。

50) 「協会通信」『図書館雑誌』69 (2), 1975.2, p. 82。

51) その他には、図書館の自由の侵害に関する情報の収集や、調査研究の成果の提供が示されている。同上。

52) 図書館の自由に関する調査委員会編『図書館の自由に関する宣言の成立』（図書館と自由第1集）日本図書館協会, 1975。

53) 図書館の自由に関する調査委員会「シリーズ『図書館と自由』の刊行」『図書館雑誌』69 (10), 1975.10, p. 463。

54) 同上。
55) 日本図書館協会図書館の自由に関する調査委員会編『図書館と自由をめぐる事例研究 その1』(図書館と自由第2集) 日本図書館協会, 1978。
56) 図書館の自由に関する調査委員会「『図書館の自由に関する宣言』解説文作成について：1954年『副文』案の改訂のために」『図書館雑誌』70 (9), 1976.9, pp. 377-379。
57) そこで取り上げられたのは、副文に関する記事以外では、アメリカ図書館協会における知的自由保護に関わる組織や、図書館の自由をテーマにした東京都の公立図書館職員研修、同和問題に対する市の方針と図書館運営に関わる事例の報告であった。大滝則忠「図書館員による知的自由の擁護組織：アメリカ図書館協会の活動にみる（特集：図書館の自由）」『図書館雑誌』70 (9), 1976.9, pp. 364-369。吉田隆夫「東京都公立図書館職員研修レポート（特集：図書館の自由）」『図書館雑誌』70 (9), 1976.9, pp. 370-373。図書館の自由に関する調査委員会近畿地区小委員会「『新着だより』の削除事件をめぐって：事例研究報告（特集：図書館の自由）」『図書館雑誌』70 (9), 1976.9, pp. 374-376。なお、後者の事例報告については、後に、取り上げられた図書館から、事実の把握に不十分な面があるという指摘がなされ、委員会側もそのことを認めた。図書館の自由に関する調査委員会近畿地区小委員会「事例研究報告『"新着図書だより"の削除事件をめぐって』その後」『図書館雑誌』72 (2), 1978.2, pp. 84-85。
58) 図書館の自由に関する調査委員会「『図書館の自由に関する宣言』副文案（1977年）：図書館大会第4分科会資料」『図書館雑誌』71 (9), 1977.9, pp. 420-422, 引用は p. 420。
59) 同上。
60) 図書館の自由に関する調査委員会「『図書館の自由に関する宣言』副文第2草案：全国の図書館関係者の討論と意見を期待します」『図書館雑誌』71 (12), 1977.12, pp. 549-551, 引用は p. 549。
61) 「総会資料昭和52年度報告」『図書館雑誌』72 (8), 1978.8, pp. 384-397, 引用は p. 395。
62) 「協会通信」『図書館雑誌』72 (3), 1978.3, pp. 102-103, 引用は p. 102。
63) 「部会通信」『図書館雑誌』72 (5), 1978.5, p. 211。
64) 「評議員会」『図書館雑誌』72 (5), 1978.5, pp. 216-221, 引用は pp. 220-221。
65) 図書館の自由に関する調査委員会「図書館の自由に関する宣言改訂第1次案：広範な討論と意見表明を望む」『図書館雑誌』72 (8), 1978.8, pp. 403-405。
66) 「昭和54年度社団法人日本図書館協会定期総会議事録」『図書館雑誌』73 (8), 1979.8, pp. 420-480, 引用は p. 468。
67) 図書館の自由に関する調査委員会「図書館の自由に関する宣言1979年改定案」『図書館雑誌』73 (2), 1979.2, pp. 71-73。
68) 前掲66), p. 468。
69) 前掲67)。採択された宣言への、特筆すべき修正点を挙げるとするなら、本章第1節で示した渡辺が重視していたように、知る自由という文言に付されていた括弧が取り

除かれたことである。

70) 「図書館の自由に関する宣言：1979年改訂」『図書館雑誌』73 (8), 1979.8, pp. 418-419。
71) 戒能通孝・伊藤正己編『プライヴァシー研究』日本評論新社, 1962。
72) 根森健「プライバシーと表現の自由：『宴のあと』事件」長谷部恭男・石川健治・宍戸常寿編『憲法判例百選Ⅰ：別冊ジュリスト217』有斐閣, 2013, pp. 138-139。
73) 「22 練馬テレビ事件・『凶水系』をめぐって」図書館の自由に関する調査委員会編『図書館の自由に関する事例33選』（図書館と自由第14集）日本図書館協会, 1997, pp. 140-147, 引用は p. 145。
74) 前掲58), p. 421。前掲60), p. 550。
75) 前掲58), p. 225。
76) 同上。
77) 前掲7), p. 19。
78) 前掲65), p. 404。
79) 同上。
80) 奥平康弘「知る権利の保障と社会教育（特集：現代の人権と社会教育）」『月刊社会教育』24 (5), 1980.5, pp. 13-20, 引用は p. 15。
81) 伊藤正己『言論の自由を守るために』（文化新書）有信堂, 1961, p. 56。
82) 芦部信喜「表現の自由」清宮四郎・佐藤功編『憲法講座2：(国民の権利及び義務」有斐閣, 1963, 引用は pp. 142-143。
83) マルキ・ド・サド『悪徳の栄え続：ジュリエットの遍歴』澁澤龍彦訳, 現代思潮社, 1959。
84) 「昭和39年（あ）305 猥褻文書販売, 同所持」最高裁判所。<http://www.courts.go.jp/hanrei/pdf/js_20100319115651689554.pdf>（最終アクセス日：2015/1/15）。
85) 奥平康弘『表現の自由とはなにか』（中公新書）中央公論社, 1970, p. 112。
86) 千葉雄次郎「新聞人の『知る権利』運動について」『東京大学新聞研究所紀要』7, 1958, pp. 1-16, 引用は p. 7。
87) 前掲82), pp. 143-144。
88) 石村善治「知る権利とマスコミ（特集・とりのこされた基本的人権：現代社会の新しい人権侵害）」『ジュリスト』422, 1969.5, pp. 58-65, 引用は pp. 59-60。
89) 「取材フィルム提出命令に対する抗告棄却決定に対する特別抗告」最高裁判所。<http://www.courts.go.jp/hanrei/pdf/js_20100319115814155282.pdf>（最終アクセス日：2015/1/15）。
90) 「提出命令に対する特別抗告事件」『最高裁判所刑事判例集』23 (9), 1969, pp. 1146-1153, 引用は pp. 1149-1152。
91) 奥平康弘「『知る権利』の法的構成（特集：マスコミと表現の自由）」『ジュリスト』449, 1970.5, pp. 45-53, 引用は p. 49。

92） 阪本昌成「『知る権利』の意味とその実現」『ジュリスト』884, 1987.5, pp. 207-218, 引用は p. 210。
93） 記者の起訴を報じた紙面では、弁護団や野党が「知る権利」を主張していることも併せて掲載されている。「国公法適用して起訴」『毎日新聞』1972年4月15日夕刊。
94） この立論自体は、次の文献でもすでに提示されている。前掲91）。
95） ただし、ここでは、報道機関の果たす役割に鑑みて、一定の特権の必要性についても議論されている。奥平康弘・佐藤幸治・清水英夫・堀部政男「研究会『知る権利』の法的構造（特集：国民の『知る権利』）」『法律時報』44 (7), 1972.6, pp. 27-47, 引用は pp. 33-39。
96） 同上, p. 41。
97） 前掲3), p. 171。
98） 奥平康弘『知る権利』（現代法叢書）岩波書店, 1979, p. 1。
99） 同書, p. 4。
100） 同書, p. 18。
101） 前掲21), p. 201。
102） 石塚栄二「自由宣言1979年改訂と残された課題（特集：50年を迎えた『図書館の自由に関する宣言』）」『図書館雑誌』98 (10), 2004.10, pp. 719-721, 引用は p. 719。
103）「図書館の自由に関する宣言1979年改定案総括説明」『全国委員会通信』28, 1979.4, 引用は pp. 2-3。
104） 同上, p. 3。
105） なお、1950年の成立時から、図書館法第3条の図書館奉仕の項目には、収集して一般公衆の利用に供する資料のひとつに、地方行政資料が含まれていた。また、「図書館の自由に関する調査委員会」は、1978年に行政資料の公開に関する事例報告を行っている。図書館の自由に関する調査委員会「行政資料の公開と図書館の自由：主権者住民の知る権利を保障する責務」『図書館雑誌』72 (9), 1978.9, p. 451。
106）「図書館の自由に関する調査委員会」の一員であった根本彰は、図書館における行政情報の提供について、「図書館利用者の請求権的権利を保障するための制度上の模索」と位置付けている。根本彰「図書館の自由と情報公開について考えるために」図書館の自由に関する調査委員会編『情報公開制度と図書館の自由』（図書館と自由第8集）日本図書館協会, 1987, pp. 2-7, 引用は p. 4。

第4章 「図書館員の倫理綱領」における志向性

1） 図書館員の問題調査研究委員会編『「図書館員の倫理綱領」解説』増補版, 日本図書館協会, 2002。
2） 薬袋秀樹「日本図書館協会『図書館員の倫理綱領』(1980) の考察」『図書館学会年報』42 (1), 1996.03, pp. 32-48。

3) 久保輝巳「『倫理綱領』制定 20 年（特集：『図書館員の倫理綱領』制定 20 年）」『図書館雑誌』94（7），2000.7, pp. 474-475。
4) 前掲 1), pp. 50-52。
5) 前掲 2)。
6) それまでには、佐々木乾三が、アメリカにおける倫理綱領に関する動きとして、ボルトンの倫理規定の試案とアメリカ図書館協会の倫理綱領を紹介している。佐々木乾三「図書館倫理」京都図書館協会十周年記念論集編集委員会編『図書館の学と歴史：京都図書館協会十周年記念論集』京都図書館協会，1958, pp. 15-20。
7) 室伏武「司書職論に関する序説」『図書館学会年報』12（1），1965, pp. 22-35。
8) 裏田は、profession にはそれぞれ、成立過程で同様の側面が看過されるが、日本の図書館員の集合体が低水準に留まっていることを指摘した。裏田武夫「図書館員の社会的役割：その巨視的側面から」『図書館雑誌』60（6），1966.6, pp. 221-223。
9) 福田歓一「専門職業をめぐって」『展望』103, 1967.6, pp. 95-105。
10) 石塚栄二「プロフェッションとして協会を（特集：日本図書館協会への提言）」『図書館雑誌』61（11），1967.11, pp. 479-481, 引用は p. 479。
11) 同上。
12) 石塚栄二「図書館員の倫理（特集：図書館教育・続）」『図書館界』22（1），1970.5, pp. 2-8。
13) 宮崎俊作「図書館員の倫理について（特集：図書館教育・続）」『図書館界』22（1），1970.5, pp. 9-15, 引用は p. 12。
14) 図書館員の問題調査研究委員会編『「図書館員の倫理綱領」解説』増補版，日本図書館協会，2002, p. 50。
15) 図書館員の問題調査研究委員会編『図書館員の専門性とは何か：委員会の記録』日本図書館協会，1976, p. 13。
16) 日本図書館協会「昭和 44 年度定期総会議事録」『図書館雑誌』63（8），1969.8, pp. 407-410, 引用は p. 409。
17) 6 月の常務理事会では小河内芳子理事が選任されたが、同人の辞退をうけて、8 月の常務理事会で、田中隆子理事が選任されることとなった。「協会通信」『図書館雑誌』63（7），1969.7, pp. 358-360, 引用は p. 359。「協会通信」『図書館雑誌』63（9），1969.9, pp. 502-503, 引用は p. 502。
18) 図書館員の問題調査研究委員会「図書館員の専門性とは？」『図書館雑誌』64（4），1970.4, p. 181, 引用は p. 181。
19) 田中隆子「『倫理綱領』事始め（特集：いま、職員問題は……図書館員の倫理綱領 10 年を迎えて）」『図書館雑誌』84（11），1990.11, pp. 739-741, 引用は p. 739。
20) 図書館員の問題調査研究委員会「専門性を保った司書職制度の調査研究：図書館員の問題調査研究委員会の経過報告」『図書館雑誌』64（6），1970.6。

21）「第 13 部会　図書館員の問題研究」『全国図書館大会記録. 昭和 45 年度』昭和 45 年度全国図書館大会実行委員会事務局, 1971, pp. 100-107, 引用は p. 100。
22）図書館員の問題調査研究委員会「図書館員の専門性とは何か（最終報告）」『図書館雑誌』68（3）, 1974.3, pp. 104-111, 引用は pp. 109-110。
23）薬師院はるみ「司書をめぐる専門職論の再検討（1）」『図書館界』52（4）, 2000.11, pp. 190-202, 引用は p. 196。
24）前掲 18）。
25）図書館員の問題調査研究委員会「図書館員の専門性とは何か：いまこそ協会の出番」『図書館雑誌』64（5）, 1970.5, p. 213。
26）なお、薬袋は「倫理綱領は、最初は図書館員の精神的よりどころを意図していたが、途中から社会に対する誓約によって専門職制度の確立をめざす手段に変わった」としているが、委員会の目的や前述の記事を踏まえれば、最初から、単なる精神的よりどころではなく専門職制度が視野にあったと捉える方が妥当であろう。最低でも、倫理が社会的な評価や待遇という地位の問題と結びつけられていたのである。前掲 2）, p. 45。
27）図書館員の問題調査研究委員会「図書館員の専門性とは何か：委員会の中間報告（特集：図書館員の専門職）」『図書館雑誌』64（11）, 1970.11, pp. 528-530。
28）同上, p. 530。
29）図書館員の問題調査研究委員会「図書館員の専門性とは何かその現実と課題：社会教育法改正に関連して（続・委員会の中間報告）」『図書館雑誌』65（11）, 1971.11, pp. 582-587, 引用は p. 585。
30）同上。
31）同上, p. 586。
32）なお、アメリカ図書館協会の倫理綱領については、「すでに図書館職能がプロフェッションとして確立され、館界の関心が、財政、サービス改善、州立の役割、退職手当、養成などに集中していた時期の産物」という委員会の認識を示し、状況の相違を根拠に、単純に模範としては把握できない旨の解説を付している。同上, p. 587。
33）図書館員の問題調査研究員会「配転など図書館員の日常問題を重点に：昭和 47 年度事業計画」『図書館雑誌』66（4）, 1972.4, p. 186。
34）図書館員の問題調査研究委員会「図書館員の専門性とは何か：委員会の中間報告・3」『図書館雑誌』66（11）, 1972.11, pp. 548-551。
35）図書館員の問題調査研究委員会「倫理綱領の具体化のために」『図書館雑誌』67（2）, 1973.2, pp. 73-74。
36）同上。
37）同上。
38）同上。

39) 同上, p. 26。
40) 図書館員の問題調査研究委員会「『倫理綱領の具体化のために』（本誌 2 月号）を読んで」『図書館雑誌』67 (6), 1973.6, pp. 246-249。
41) 室伏武「『倫理綱領』制定の基本的問題（特集：図書館員の問題調査研究委員会『倫理綱領の具体化のために』（本誌 2 月号）を読んで)」『図書館雑誌』67 (6), 1973.6, pp. 246-247。
42) 宮崎俊作「倫理綱領と協会の役割（特集：図書館員の問題調査研究委員会『倫理綱領の具体化のために』（本誌 2 月号）を読んで)」『図書館雑誌』67 (6), 1973.6, pp. 247-248。
43) 男沢淳「倫理ということ（特集：図書館員の問題調査研究委員会『倫理綱領の具体化のために』（本誌 2 月号）を読んで)」『図書館雑誌』67 (6), 1973.6, p. 248。
44) 石塚栄二「市民に対する誓約としての綱領を（特集：図書館員の問題調査研究委員会『倫理綱領の具体化のために』（本誌 2 月号）を読んで)」『図書館雑誌』67 (6), 1973.6, p. 249。
45) 前掲 41)。前掲 44)。
46) 久保輝巳「公共図書館司書の職業倫理」『関東学院大学文学部紀要』37, 1982, pp. 1-30, 引用は p. 16。
47) 前掲 22)。
48) 若干の変更も見られ、「図書館学の確立」が削除されていたことには後に批判を受けた。図書館員の問題調査研究委員会「『図書館員の問題』検討集会の報告：関西地方、中国地方、東京地方、東北・北海道地方 -2-」『図書館雑誌』69 (7), 1975.7, pp. 304-305, 引用は p. 305。
49) すなわち、委員会の提案する倫理綱領とは、専門性を日々の職務で生かしていく裏打ちとなるものであり、個人の座右の銘であると同時に、職能団体によって確立された、指導力と規制力を有するものである。さらに、日本図書館協会がいまだ専門職集団には至っていないことを認識しながら、作成されるものである。提示する試案についても、公共性、公開性のある図書館の図書館員を対象とし、図書館員が自主的に自律するためのより所となり、専門性の侵害に立ち向かう武器になるという意図を有するものである。以上のようなことが、再度述べられているのである。
50) 前掲 22), p. 110。
51) なお、表記の一部は変化しており、綱領の主語に図書館と図書館員が混在することはなくなり、最終カテゴリー（「組織体の一員として」）で「協会は」という主語が出てくる他は、「図書館員は」という主語で統一されている。同上, pp. 110-111。
52) 同上, p. 111。
53) 「第 10 部会　図書館員の問題」『全国図書館大会記録昭和 49 年度』昭和 49 年度全国図書館大会運営委員会事務局, 1975, pp. 76-80, 引用は p. 80。

54) 「全体会議」『全国図書館大会記録昭和 49 年度』昭和 49 年度全国図書館大会運営委員会事務局, 1975, pp. 93-97, 引用は pp. 96-97。
55) 図書館員の問題調査研究委員会「倫理綱領の制定促進等を中心に：昭和 50 年度事業計画」『図書館雑誌』69 (3), 1975.3, p. 150。
56) 「協会通信」『図書館雑誌』69 (3), 1975.3, pp. 151-152, 引用は p. 151。
57) 前掲 55)。
58) 弁護士法、日本弁護士連合会（日弁連）の会則、東京弁護士会の会則等に言及したうえで、日弁連の倫理綱領の詳録を示した。図書館員の問題調査研究委員会「弁護士の倫理綱領について」『図書館雑誌』69 (9), 1975.9, p. 425。
59) 図書館員の問題調査研究委員会「医師の倫理について」『図書館雑誌』69 (11), 1975.11, p. 489。
60) 図書館員の問題調査研究委員会「図書館員の専門性に関する最終報告を中心に：昭和 49 年度事業計画」『図書館雑誌』68 (4), 1974.4, p. 145。
61) 日本図書館協会「昭和 50 年度定期総会議事録」『図書館雑誌』69 (8), 1975.8, pp. 322-376。
62) 図書館員の問題調査研究委員会「『公共図書館の職員採用制度調査』と『倫理綱領の性格と内容』：全国図書館大会・部会討議資料」『図書館雑誌』69 (10), 1975.10, pp. 464-465。
63) 図書館員の問題調査研究委員会「『図書館員の問題』検討集会の報告：関西地方、中国地方、東京地方、東北地方 -1-」『図書館雑誌』69 (6), 1975.06, pp. 263-266, 引用は p. 266。
64) 前掲 48), p. 304。
65) 前掲 62), p. 465。
66) 前掲 1), p. 51。
67) 久保輝巳「倫理綱領制定の頃」『神奈川県図書館学会誌』75, 2000, pp. 8-15, 引用は p. 12。
68) 前掲 1), p. 51。
69) 第 1 次案は、前文から始まり、(1) 図書館員の基本的な職務、(2) 利用者に対する倫理、(3) 資料に対する倫理、(4) 研修の責任と権利、(5) 組織体の一員として、(6) 文化環境醸成のために、という 5 つのカテゴリーからなる全 13 条で構成されていた。日本図書館協会「図書館員の倫理綱領（案）（第 4 分科会資料）」『図書館雑誌』70 (11), 1976.11, pp. 451-452。
70) 「協会通信」『図書館雑誌』71 (6), 1977.6, pp. 270-271, 引用は p. 271。
71) 図書館員の問題調査研究委員会「図書館員の倫理綱領（案）」『図書館雑誌』71 (7), 1977.7, pp. 295-296。
72) 「こくばん・編集手帳」『図書館雑誌』71 (11), 1977.11, p. 520。

73) 菅井光男「図書館員の倫理綱領（案）を読んで」『図書館雑誌』72（1），1978.1, pp. 15-16。多田克之「図書館員の倫理綱領（案）をこう思う」『図書館雑誌』72（4），1978.4, pp. 153-154。
74) 図書館員の問題調査研究委員会「図書館員の倫理綱領（案）：第3次案」『図書館雑誌』72（10），1978.10, pp. 517-518。
75) 図書館員の問題調査研究委員会「倫理綱領案について」『図書館雑誌』72（10），1978.10, p. 516。
76) 「部会通信」『図書館雑誌』72（5），1978.5, p. 211。
77) 「図書館の自由に関する宣言：1979年改訂」『図書館雑誌』73（8），1979.8, pp. 418-419。
78) 図書館の自由委員会編『「図書館の自由に関する宣言1979年改訂」解説』第2版，日本図書館協会，2004, p. 12。
79) 図書館の自由に関する調査委員会編『図書館の自由に関する宣言1979年改訂』日本図書館協会，1979, p. 16。
80) 日本図書館協会「昭和53年度定期総会議事録」『図書館雑誌』72（8），1978.8, pp. 351-402。
81) 「協会通信」『図書館雑誌』73（5），1979.5, pp. 229-232。
82) 図書館員の問題調査研究委員会「『倫理綱領案』について」『図書館雑誌』73（3），1979.3, p. 135。
83) 図書館の自由に関する調査委員会「図書館の自由に関する宣言1979年改訂案」『図書館雑誌』73（2），1979.2, pp. 71-73。
84) 図書館員の問題調査研究委員会「図書館員の倫理綱領（第4次案）」『図書館雑誌』73（10），1979.10, pp. 564-565。
85) 「問題別第3分科会読書の自由と図書館員の倫理」『全国図書館大会記録昭和54年度』1980, pp. 65-71，引用は pp. 70-71。
86) 日本図書館協会「図書館員の倫理綱領（案）」『図書館雑誌』74（5），1980.5, pp. 194-195。
87) 前掲46), p. 23。
88) 第1次案では、「研修の責任と権利」及び「組織体の一員として」のカテゴリーの各条項の末尾に「管理者」の責務が記された。第2次案では「図書館長」という表記になった。第4次案から、その部分が削除され、前文（1）目的の最後に図書館長の理解と指導力を求める一文にまとめられた。
89) 前掲75）。
90) 各項目に表題が振られているわけではないが、久保の解説による。久保輝巳「図書館員の専門性と図書館員の倫理綱領について：昭和55年度第3回全道公共図書館研究集会講演より」『北海道立図書館報』101, 1981, pp. 3-6，引用は pp. 5-6。
91) 前掲69), p. 451。

92) 前掲 84)。
93) 前掲 46), p. 19。
94) 正確には、引用の最後の部分が、最終案では「そうした方向へわれわれ図書館員全体が進む第一歩がこの倫理綱領の制定である」と書き換えられている。前掲 86), p. 194。
95) 前掲 84), p. 564。
96) 前掲 69), p. 451。
97) 前掲 75)。
98) 前掲 46), p. 21。
99) 同上。
100) 同上。議事録によると、森崎震二が「『図書館員』という言葉はなじみがない。『司書』に置換えられるのでこまる。『図書館に働く職員』あるいは『図書館職員』がよいと思う」（原文ママ）と述べ、久保が「前文の解説の中に言葉を挿入する」ことを確約した。「役員会議事録」『図書館雑誌』74 (5), 1980.5, pp. 220-229, 引用は pp. 227-228。
101) 前掲 46), p. 21。
102) 後藤暢「図書館の自由と職員の倫理：図書館の任務規定をめぐる問題」『図書館評論』21, 1980, pp. 71-75。
103) 前掲 86)。
104) 図書館員の問題調査研究委員会編『『図書館員の倫理綱領』解説』日本図書館協会, 1981。
105) 前掲 2), p. 37。
106) 前掲 46), pp. 26-27。
107) 前掲 2), p. 45。
108) 前掲 46), p. 24。
109) 同上, p. 25。
110) 同上, p. 28。
111) 竹内悊「倫理綱領にこめた情念」『図書館界』35 (2), 1983.7, pp. 47-53, 引用は pp. 51-52。
112) 高山正也・岩猿敏生・石塚栄二『図書館概論：講座図書館の理論と実際第 1 巻』雄山閣出版, 1992, p. 163。
113) 前掲 19)。
114) 山田邦夫「『図書館員の倫理綱領』第 4, 第 5＜資料に関する責任＞について（特集：『図書館員の倫理綱領』制定 20 年)」『図書館雑誌』94 (7), 2000.7, p. 481。
115) 梨本和彦「図書館と利用者に対する責任について思うこと（特集：『図書館員の倫理綱領』制定 20 年)」『図書館雑誌』94 (7), 2000.7, p. 480。栗田淳子「図書館員と研修：専門図書館の立場から（特集：『図書館員の倫理綱領』制定 20 年)」『図書館雑誌』94 (7), 2000.7, p. 482。樋渡えみ子「組織の一員としてなすべきこと：『図書館員の倫理綱

領』第 7, 8, 9 について（特集：『図書館員の倫理綱領』制定 20 年）」『図書館雑誌』94 (7), 2000.7, p. 483。児玉優子「『図書館員の倫理綱領』と相互協力（特集：『図書館員の倫理綱領』制定 20 年）」『図書館雑誌』94 (7), 2000.7, p. 484。西尾肇「『図書館員の倫理綱領』文化創造への寄与：人間を幸福にできる図書館というシステム（特集：『図書館員の倫理綱領』制定 20 年）」『図書館雑誌』94 (7), 2000.7, p. 485。

116) 久保輝巳「図書館職員をめぐる状況と『倫理綱領』：いま, 職員問題は……図書館員の倫理綱領 10 年を迎えて」『図書館雑誌』84 (11), 1990.11, pp. 727-729。

117) 前掲 3)。

118) 後藤暢「社会への誓約から専門職制度まで：『図書館員の倫理綱領』前文と第 1 から（特集：『図書館員の倫理綱領』制定 20 年）」『図書館雑誌』94 (7), 2000.7, pp. 478-479, 引用は p. 479。

119) 前掲 2), p. 33。

120) なぜ,「倫理」の綱領であるにもかかわらず, 抽象的性質が批判されるのであろうか。薬袋も「倫理綱領は本来抽象的なもの」と認めるが, 論の目的は専門職制度への寄与を検討することであり, 彼が必要と考える職務区分表などの具体的基準を欠く状態では, 抽象的で規制力のない倫理綱領が専門職制度確立に効果を発揮しないと主張しているのである。解説を付したのは, 専門職制度を主眼に置く薬袋の主張を明らかにするためであり, 是非の判断ではない。同上, p. 41。

121) 同上, pp. 41-42。

122) 同上, p. 45。

123) 久保輝巳は, 薬袋の業績について, 引用文献の多さを踏まえて「倫理綱領について総括した論文」という評価を与えている。そして, 参考になったり反省を促されたりした部分もあり, 指摘のいくらかを「示唆に富むもの」であったと述べるにとどめている。前掲 3)。

124) 久保が, 薬袋の批判を受け止めながら, 1980 年の時期には「こういう形でまとめる以外になかったとしか言えないと思う」と述べている。そこではまた, 後藤と共に積極的な改訂を求めた議論を喚起したり, 普及の必要性を説いたりしている。全国図書館大会実行委員会編『平成 12 年度（第 86 回）全国図書館大会記録』2001。

125) 20 周年特集の後に薬袋は, 久保の引用が不十分で,「後藤氏は, 筆者の批判に触れることなく, 第 3 項を引用し, その意義を説いている」など, 自らの「主張が十分明らかにされているとは言えない」として, 久保・後藤の記事への意見を述べるとともに, 自らの考え方に再度言及している。薬袋秀樹「『図書館員の倫理綱領』をどう評価すべきか」『図書館雑誌』94 (11), 2000.11, pp. 920-921, 引用は p. 920。さらに, 図書館員の専門性を扱う自身の文献を収録した単行書のあとがきにおいて, その専門職論に関する文献全般に対して,「図書館員の問題調査研究委員会」や図書館関係雑誌の関係者からのアプローチがなかったことを指摘している。薬袋秀樹『図書館運動は何を残した

か：図書館員の専門性』勁草書房, 2001, p. 242。
126) 前掲 67)。
127) 薬袋によれば、倫理規定とは「その職業の基本的職務を実行する際に守るべき倫理的立場を定めた規定」であり、任務規定とは「任務に関する規定であり、その多くは専門的な職務内容とそのための学習内容の規定」である。前掲 2), p. 40。
128) 前掲 67), pp. 11-12。
129) 第 5 条以降の条文の主文は、資料を知ることにつとめる、研修につとめる、運営方針や奉仕計画の策定に参画する、集団としての専門的能力の向上につとめる、適正な労働条件の確保につとめる、図書館間の理解と協力につとめる、社会の文化環境の醸成につとめる、読者の立場に立って出版文化の発展に寄与するようにつとめる、といったものである。
130) 具体的に示せば、第 5 条の「資料を知る」とは最終報告で明らかにされた専門性の要件のひとつであるし、第 6 条の研修の責任の副文では、その専門性の要件が 3 点、そのままの形で記述されている。さらに、「組織体のチームワーク」の重要性や研修の必要性、人事配転への懸念など、重複する部分が多い。
131) 基本的なよりどころは社会の期待と利用者の要求であり、利用者を差別しない、利用者の秘密を漏らさない、そして、図書館の自由を守るというものである。
132) この対応自体は薬袋がすでに指摘している。前掲 2), p. 40。
133) 前掲 29), p. 586。
134) 前掲 85), p. 69。
135) 前掲 46), p. 17。
136) 「図書館員の倫理綱領第 4 次案：1979.8.26」竹内悊所蔵資料。
137) 前掲 102)。

第 5 章　権利保障の思想と判例法との接近

1) 図書館の自由に関する調査委員会編『図書館の自由に関する事例 33 選』日本図書館協会, 1997.6, 引用は p. iii。
2) 日本図書館協会図書館の自由委員会編『図書館の自由に関する事例集』日本図書館協会, 2008.9。
3) アメリカの判例の転換点に至るまでの研究は、次の文献を参照。川崎良孝『図書館裁判を考える：アメリカ公立図書館の基本的性格』京都大学図書館情報学研究会発行, 日本図書館協会発売, 2002。転換点となった、アメリカ図書館協会事件合衆国最高裁判決は次の論文で詳細に扱われている。森脇敦史「図書館に対するフィルタリングの義務づけと今後のインターネット上における表現規制の態様：CDA, COPA, CIPA の事例から」『阪大法学』53 (3・4), 2003.11, pp. 1015-1041。高鍬裕樹「『子どもをインターネットから保護する法律』最高裁判決と公立図書館：図書館でのインターネット・アクセ

ス提供に関して」『大阪教育大学紀要第 4 部門, 教育科学』53 (1), 2004.9, pp. 123-134。それ以降の動向を、図書館思想との関係で扱うものとして、次の論文がある。川崎良孝・福井佑介「公立図書館のフィルターソフトをめぐる法的判断と図書館思想：ブラッドバーン事件における『意見確認』を中心に」『京都大学大学院教育学研究科紀要』60, 2014, pp. 1-23。

4) 山家篤夫「六章図書館の自由と図書館法」塩見昇・山口源治郎編著『新図書館法と現代の図書館』日本図書館協会, 2009, pp. 332-346。

5) 松井は、情報を受け取るという市民の権利を図書館が実質的に保障していることに言及し、続けて、「それゆえ、図書館には、市民に情報を受け取る場を与えるという意味で重要な役割が期待される。図書館の利用者には、その利用の制限を憲法二一条の保障する表現の自由に含まれる、図書館で情報を受け取る自由の侵害として争うことができると考えるべきである。とすれば、たとえば、法律や条例などによって、図書館が収集できる図書等に制限をおいたり、利用者の入館や利用を制限したり、その所蔵する図書等に対し利用制限措置等を認めた場合には、利用者は図書館で情報を受け取る自由の侵害としてその法律又は条令の規定の合憲性を争うことが許されるべきである」(傍点、福井) と述べる。松井茂記『図書館と表現の自由』岩波書店, 2013, p. 19。

6) 高鍬裕樹「書評松井茂記著『図書館と表現の自由』」『図書館界』65 (5), 2014.1, pp. 332-333。

7) 大場博幸「図書館の公的供給：その理論的根拠」『常葉学園短期大学紀要』43, 2012, pp. 21-43, 引用は p. 41。

8) 高山文彦「『幼稚園児』虐殺犯人の起隊」『新潮 45』17 (3), 1998.3, pp. 122-137。

9) 新潮 45 編集部「小誌はなぜ "十九歳少年" を『実名報道』し顔写真を掲載したのか」『新潮 45』17 (3), 1998.3, p. 137。

10) 双方の主張は、判決文を参照した。「月刊誌に少年 (当時 19 歳) の犯罪行為を記事とし、その実名、顔写真を掲載したことが違法であるとして、同誌の発行元等に、名誉棄損による損害賠償責任が認められた事例」『判例時報』1679, 1999.9, pp. 54-61。

11) 大阪地裁平成 10 年 (ワ) 第 4322 号損害賠償請求事件。判決文は、次の文献に掲載されている。同上。

12) 大阪高裁平成 11 年 (ネ) 第 2327 号損害賠償請求事件。判決文は、下記参照。「少年犯罪の実名報道を違法として報道機関側に損害賠償責任を認容した原判決が取消され請求が棄却された事例：堺通り魔殺人事件名誉棄損訴訟控訴審判決」『判例時報』1710, 2000.7, p.121-125。

13) 坂田仰「少年の実名報道と少年法 61 条：堺通り魔殺人事件訴訟」堀部政男・長谷部恭男『メディア判例百選：別冊ジュリスト』有斐閣, 2005, pp. 102-103。

14) 以下に示す事件の経緯は、地裁判決で示されたものである。東京地裁平成 12 年 (行ウ) 第 175 号雑誌閲覧禁止処分取消請求事件 (判例集未搭載)。判決内容は、高裁判決と共

に、次の講演録の末尾に記載されている。奥平康弘「講演録日本図書館協会図書館の自由委員会主催セミナー図書館を利用する権利の法的位置づけ：図書館所蔵資料の閲覧請求を中心に」『現代の図書館』41（2），2003.6, pp. 101-118。
15) そこでは、特集として「『少年実名報道』裁判で何が問われたか」を設定し、次の4つの記事を掲載している。柳田邦男「裁判所が示した『時代の変わり目』（特集：『少年実名報道』裁判で何が問われたか）」『新潮45』19（4），2000.4, pp. 44-53。佐木隆三「新聞記者は『高山作品』を読め（特集：『少年実名報道』裁判で何が問われたか）」『新潮45』19（4），2000.4, pp. 54-58。脚ノゆかり「反省もせずに、どこが『更生』（特集：『少年実名報道』裁判で何が問われたか）」『新潮45』19（4），2000.4, pp. 58-60。木村洋「『妻と娘の命』は戻らない（特集：『少年実名報道』裁判で何が問われたか）」『新潮45』19（4），2000.4, pp. 60-61。
16) 前掲14), pp. 113-116。
17) 同上, p. 115。
18) 平成13年（行コ）第212号損害賠償請求事件（判例集未搭載）。これも、奥平の講演録の末尾に付されている。同上., pp. 113-116。
19) 同上, p. 117。
20) 松本英昭『新版逐条地方自治法』第7次改訂版, 学陽書房, 2013。
21) 同書, pp. 1033-1034。
22) 「平成15（行ツ）35　給水条例無効確認等請求事件」最高裁判所。<http://www.courts.go.jp/hanrei/pdf/20060714170334.pdf>（最終アクセス日：2015/1/6）。
23) 前掲20), p. 1049。
24) 同書, p. 1036。
25) 同書, p. 1049。
26) 同書, p. 1035。
27) 櫻井敬子・橋本博之『行政法』第4版, 弘文堂, 2013, p. 109。
28) 佐藤幸治ほか編『コンサイス法律学用語辞典』三省堂, 2003, p. 617。
29) このことについては、次の文献に解説がされている。松岡要「地方自治と図書館」塩見昇・山口源治郎編著『新図書館法と現代の図書館』日本図書館協会, 2009, pp. 53-75, 引用は pp. 56-58。
30) 『図書館用語集』によると、図書館ネットワークとは「多数の図書館が、個々の館のサービス改善や経費節約を目的として、相互協力を行うために結成する図書館の連合体。また、その連合体の相互協力活動そのもの。図書館網、図書館協力組織ともいう。（中略）これらの図書館ネットワークには参加図書館の所在範囲（地域的か、全国的か、国際的かなど）、館種や担当する主題、相互協力の対象業務などによってさまざまな種類や段階があり、一般的には近隣の図書館、あるいは同一の館種・主題の図書館同士が協定を結んで計画されることが多いが、全国的な政策に基づいて設置されるこ

ともあり、最近では公共図書館の県域ネットワークが実現されつつある」と説明されている。日本図書館協会用語委員会編『図書館用語集』4 訂版, 日本図書館協会, 2013, p. 233。

31) 前掲 14), p. 101。
32) 「教科書論議高まった昨年 8 月西部, 渡部両氏の著書 68 冊市立図書館が破棄」『産経新聞』2002 年 4 月 12 日朝刊, 第 1 面。
33) 事件の経緯は、東京地裁の判決文によった。「平成 14 年（ワ）第 17648 号損害賠償請求事件判決」最高裁判所。<http://www.courts.go.jp/hanrei/pdf/DD06547C7E66194949256DAC0034BA26.pdf>（最終アクセス日：2015/1/13）。
34) 東京地裁平成 14 年（ワ）第 17648 号損害賠償請求事件。同上。
35) 同上。
36) 同上。
37) 平成 15 年（ネ）第 5110 号損害賠償請求事件。判決内容は、次の文献を参照。「公立図書館の職員が図書の廃棄について不公正な取扱いをすることと当該図書の著作者の人格利益の侵害による国家賠償法上の違法」『最高裁判所民事判例集』59（6）, 2005, pp. 373-420, 引用は pp. 408-420。
38) 同上。
39) 「平成 16（受）930 損害賠償請求事件平成 17 年 7 月 14 日最高裁判所第一小法判決」最高裁判所。<http://www.courts.go.jp/hanrei/pdf/js_20100319120815261582.pdf>（最終アクセス日：2015/1/13）。
40) 同上。
41) 同上。
42) 同上。
43) 柴田憲司「公法判例研究公立図書館の職員が図書の廃棄について不公正な取扱いをすることが, 当該図書の著作者の人格的利益を侵害し, 国家賠償法上違法となると判断された事例：船橋市西図書館蔵書廃棄事件」『法学新報』113（5・6）, 2007.3, pp. 171-237, 引用は p. 180。
44) 松並重雄「公立図書館の職員が図書の廃棄について不公正な取扱いをすることと当該図書の著作者の人格的利益の侵害による国家賠償法上の違法」『法曹時報』60（4）, 2008.4, pp. 1233-1260, 引用は p. 1254。なお、同一の指摘が次の文献でもなされている。「公立図書館の職員が図書の廃棄について不公正な取扱いをすることと当該図書の著作者の人格的利益の侵害による国家賠償法上の違法」『判例時報』1910, 2006.1, pp. 94-99, 引用は p. 95。
45) 今村哲也「公立図書館の職員が図書の廃棄について不公正な取扱いをすることと当該図書の著作者の人格的利益の侵害による国家賠償法上の違法」『判例時報』1937, 2006.10, pp. 178-183, 引用は p. 180。

46) 他に公立図書館のみに射程を限定するものに次の文献がある。窪田充見「公立図書館職員の図書廃棄と著作者の人格的利益の侵害による国家賠償責任」『法律時報別冊私法判例リマークス』34, 2007.2, pp. 50-53。
47) 前掲 45), p. 180。
48) 例えば、下記の文献参照。同上, pp. 180-181。山崎友也「公立図書館職員による蔵書廃棄と表現の自由」『法学教室別冊判例セレクト』, 2006, p. 9。中川律「子ども、教育と裁判判例研究 2 公立図書館での司書による蔵書廃棄と著者の表現の自由：船橋市西図書館蔵書廃棄事件最高裁判決」『季刊教育法』149, 2006.6, pp. 77-83。曽我洋介「判例評釈公立図書館職員による図書館資料廃棄とその著作者の人格的利益」『東北学院法学』69, 2010.3, pp. 90-67。馬場俊明「船橋市西図書館蔵書廃棄事件と図書館裁判を総括する 思想の寛容がなければ図書館の自由は守れない」『図書館とメディアの本ずぼん』12, 2006.10, pp. 128-163。荏原明則「判例解説 1 船橋図書館蔵書廃棄事件」『法令解説資料総覧』290, 2006.3, pp. 89-91。
49) 前掲 39)。
50) 東京高裁「平成 17（ネ）3598 損害賠償請求」最高裁判所。<http://www.courts.go.jp/hanrei/pdf/D9D8E1AF36573AB6492570ED000D6D06.pdf>（最終アクセス日：2015/1/13）。
51) 前掲 46), p. 53。
52) 山中倫太郎「公立図書館司書による閲覧図書の不公正な廃棄が著作者の人格的利益の侵害に該当するものとして国賠法上違法とされた事例」『法学論叢』160 (1), 2006.10, pp. 91-111。
53) 前掲 43)。
54) 中林暁夫「公立図書館において図書廃棄と著作者の表現の自由（特集：憲法判例百選）」『別冊ジュリスト』43 (2), 2007.2, pp. 154-155, 引用は p. 155。
55) 大阪地裁平成 17 年（ワ）第 10224 号損害賠償請求事件（判例集未搭載）。
56) 「私が選んだ図書館見学お薦め館：大阪の図書館」『みんなの図書館』244, 1997.8, pp. 37-39。
57) 日本図書館協会図書館年鑑編集委員会『図書館年鑑 1995』日本図書館協会, 1995, p. 178。
58) 本表は、次の資料をもとにして、判決中に示された表及び数値に、近隣自治体図書館の除籍冊数を加えて作成したものである。なお、蔵書数は事件当時である 2003 年度の数値である。前掲 54)。日本図書館協会図書館調査事業委員会『日本の図書館：統計と名簿』2001, 日本図書館協会, 2002。日本図書館協会図書館調査事業委員会『日本の図書館：統計と名簿』2002, 日本図書館協会, 2003。日本図書館協会図書館調査事業委員会『日本の図書館：統計と名簿』2003, 日本図書館協会, 2004。日本図書館協会図書館調査事業委員会『日本の図書館：統計と名簿』2004, 日本図書館協会, 2005。
59) 山本順一「熊取図書館問題（特集：図書館の自由、いまとこれから――新たな図問研自

由委員会のスタートにあたって）」『みんなの図書館』370, 2008.2, pp. 27-31。
60）前掲 55)。
61）同上。
62）熊取町「図書館規則」熊取町例規集。<http://www.town.kumatori.lg.jp/static/reiki_int/reiki_honbun/k239RG00000301.html>（最終アクセス日：2015/1/13）。
63）大阪府立図書館「大阪府立図書館利用規則」大阪府立図書館規則・条例。<http://www.library.pref.osaka.jp/site/kisoku/lib-kisoku-l3.html>（最終アクセス日：2015/1/13）。
64）図書館内部の規則に該当し、基本的に公開していない。概要としては、相互貸借の方法を定めている。大阪府立図書館利用規則の 16 条に基づき、相互貸借の手続きをより詳細に定めたものである。
65）この「てびき」は、判例によると、大阪府立中央図書館と大阪府立中之島図書館が行う相互貸借が、円滑に実施されることを目的として、制度及び手続きの概要がまとめられているものである。その内容の一部に、「貸出冊数の制限はない旨の記載がある」とも述べられている。前掲 54）。
66）後述の、熊取図書館の業務負担に対する裁判所の判断からも把握できるように、このデータからは、原告の貸出請求が相当な割合を占めているとは判断できない内容であった。
67）前掲 55)。
68）前掲 59)。
69）熊取町「第 3 回熊取町議会臨時会会議録（11 月 15 日）」熊取町議会。<http://www.town.kumatori.lg.jp/ikkrwebBrowse/material/files/group/12/H1911R3-honkaigi.pdf>（最終アクセス日：2015/1/13）。
70）前掲 59)。
71）「図書館の自由に関する宣言：1979 年改訂」『図書館雑誌』73（8）, 1979.8, pp. 418-419, 引用は p. 418。
72）日本図書館協会図書館年鑑編集委員会『図書館年鑑 1991』日本図書館協会, 1991, p. 329。

終 章

1）このことについて、教科書裁判や、知る権利および情報公開に関する裁判、そして、船橋市西図書館蔵書廃棄事件最高裁判決のいずれもが、『憲法判例百選』に収録されていることを確認すればよい。長谷部恭男・石川健治・宍戸常寿編『憲法判例百選Ⅰ：別冊ジュリスト 217』有斐閣, 2013。

あとがき

1

　本書は、筆者が2015年に京都大学大学院教育学研究科に提出した博士論文「図書館の倫理的価値『知る自由』の歴史的展開」を加筆修正したものである。各章と筆者のこれまでの研究との関連は、次に示すとおりであり、その典拠を示すとともに、転載を許可してくださった学会にお礼を申し上げる。

- 第3章　「『図書館の自由に関する宣言』の改訂と法学的『知る権利』論の受容」　本章は、下記論文を結合し、展開を加筆した。

　　初出：福井佑介「図書館の倫理的価値としての『知る自由』と法学的『知る権利』」『京都大学大学院教育学研究科紀要』60号、2014年。

　　初出：福井佑介「図書館界における法学的知る権利の受容と最適化」『日本図書館研究会 第55回研究大会予稿集』2014年。

- 第4章　「『図書館員の倫理綱領』における志向性」　本章は、下記論文に加筆修正した。

　　初出：「図書館の倫理的価値の展開と限界：価値の対立における倫理的枠組み」『図書館界』64巻6号、2013年。

- 第5章　「権利保障の思想と判例法との接近」　本章は、下記論文を部分的に結合し、さらに展開を加筆した。

初出：福井佑介「熊取町立熊取図書館相互貸借拒否事件判決の意義と相互貸借制度に関する考察」『図書館界』62巻5号、2011年。

初出：福井佑介「『公的な場』とパブリック・フォーラム論との関係性について：図書館資料著作者の権利性の視点から」『京都大学生涯教育・図書館情報学研究』10号、2011年。

2

　ここで、本書の主題に由来する限界と、これからの研究の展望について示しておく。序章でも述べたように、本書は、「知る自由」を中心に、戦後の図書館界における権利保障の思想の展開を扱ったものであり、検討対象も公立図書館に関係した議論に限定した。戦後の図書館のあり方に関して、権利保障の思想が大きな役割を果たしていたために、結果として図書館の戦後史の多くの側面を描き出すことになった。しかしながら、権利保障の思想の展開を検討するという論旨に照らして、図書館の戦後史という観点からみれば重要な事柄や人物のうち、言及しなかったり、十分に議論を掘り下げるに至らなかったりしたものも多い。例えば、本書の第2章では、図書館界の傾向として、読書指導に代表される指導性への志向が弱まっていったことを記述している一方で、その論拠のひとつである有山崧の思想的変容については紙幅を割かなかった。啓蒙的な図書館観を払拭し、社会保障としての図書館を重視するようになる有山の思想的変容は、戦後図書館史の重要な局面であろう（山口源治郎「有山崧の『Mass library』論について」『図書館学会年報』33 (3), 1987.9, pp. 122-133）。今後は、公立図書館以外の館種を含め、様々な論点から戦後史を多角的に研究することで、現在の議論の前提を構築していきたい。

　さらに、本書では、海外からの影響について、必要最小限の記述にとどまっている。しかし、視察や、情報収集、研究などを通じて、諸外国、特にアメリカやイギリスの動向は、戦後日本の図書館界のあり方に大きな影響を及ぼしてきた。今後の比較検討の視座や、本書の具体的な論点との関係で、一点指摘しておく。

あとがき

　本書の第1章で取り上げた「知的自由」について、アメリカ図書館協会が統一意見として取り組むようになったのは、19世紀の後半からであった。ただ、アメリカ図書館協会は「知的自由」に関係した事柄に関与する一方で、「知的自由」という語に一定の定義を承認したことはなかった（アメリカ図書館協会知的自由部編『図書館の原則 改訂3版：図書館における知的自由マニュアル』川崎良孝ほか訳, 日本図書館協会, 2010.12, p. 14)。また、「知的自由」の領域の範囲そのものを検討対象とする研究もなされてこなかった。そこで、アメリカ図書館研究を牽引してきた川崎良孝は、現在のアメリカ図書館協会の方針の中核をなす「知的自由」について、4つの領域を設定して、それぞれの歴史的展開と広がりを明らかにしている。

　(1) 図書館資料と知的自由
　(2) 図書館利用者と知的自由
　(3) 図書館員と知的自由
　(4) 図書館と知的自由

　このうち、(4) 図書館と知的自由という領域は、「社会的、政治的に重要な問題それ自体について、図書館なり図書館団体が行動することの是非をめぐる問題」を扱うものである。これは、「知的自由」という言葉を用いて、合衆国憲法修正第1条が保障する表現の自由への寄与を行うという原則的立場と、社会的な争点に対して特定の立場を採用することで、思想の取り扱いの公平さへの疑念を生じかねないこととの葛藤をめぐる領域でもある。端的にいえば、「あらゆる見解の提供に尽力する図書館や図書館関係団体が、1つの政治的立場を取ることの是非をめぐる問題として提出されること」であり、純粋解釈派と社会的責任派の対立の中で、議論は明確化していた。すなわち、言論の自由を最高位に位置付けて、社会問題と距離を置く、アメリカ図書館協会の主流派の考え方と、図書館の文脈において表現の自由と人権の両方の価値を重視する、社会的責任ラウンドテーブル（SRRT）の立場との対立であり、後者は特に、ジェンダーやマイノリティの問題に関心を向けていた（川崎良孝編著・吉田右子・安里のり子・福井佑介『図書館と知的自由：管轄領域, 方針, 事件, 歴史』京都図

書館情報学研究会発行, 日本図書館協会発売, 2013)。

この領域の研究について、図書館史研究の世代区分に照らせば、学際的で多様化する第4世代の研究の特徴の一つである、社会と図書館との関係性の考察に対応する（川崎良孝・吉田右子『新たな図書館・図書館史研究：批判的図書館史研究を中心にして』京都図書館情報学研究会発行, 日本図書館協会発売, 2011, pp. 132-133)。

『図書館と知的自由』で検討対象となった具体的な出来事は、ヴェトナム戦争や、ジェンダーに関する立法、アパルトヘイト、ホロコーストを否定する文献の取り扱いなどであった。筆者は、同書の最終章において、これらの出来事へのアメリカ図書館協会の対応とそれに至る議論から帰納的に、「図書館と知的自由」の下位領域を次のように設定した。

　（1）雇用問題などの専門職団体としてのあり方を媒介とする領域
　（2）資料の提供や情報へのアクセスと関わる領域
　（3）上記以外の、雇用やアクセスの問題を経由しない領域

そして、下に行くほど、社会的立場をとる際に合意形成が困難であるという構造を明らかにした。

まず、(1)に関して、アメリカ図書館協会が社会的立場を表明するにあたって、専門職団体の構成員の雇用や職場での平等を媒介にする場合がある。この場合の社会的立場の表明の是非について、言論の自由の価値から演繹的に結論を導くことはできない。そのため、純粋解釈派は、最高位の価値を用いることなく専門職のあり方を決定することになる。そして、社会的責任派は、議論の対象が言論の自由と直接に結びつかない以上、人権の価値から専門職団体としてのあり方を決定することになり、自らが重視する価値を実現することになる。そのため、この領域では本質的な対立が顕在化することはほとんどない。社会的立場を表明する「図書館の専門職団体」のうちの「専門職団体」に関わるものであるといえよう。なお、具体的事例としての同性愛関係の立法への反対決議や、平等保護修正案（ERA）の支持決議に至る議論には、運動への動員を促す政治的な主張も多くみられた。

(2)では、図書館もしくは図書館団体が取り扱う事柄であるか否かということが問題にされることなく、「図書館の専門職団体」のうちの「図書館」に強く関係する議論が展開する。対立する陣営間において、資料そのものやそれへのアクセスに関する制限に反対する、という結論は一致することが多く、論争の妥協点ともなる。純粋解釈派からみれば、言論の自由の保護であり、社会的責任派にとっては、言論の自由は唱導のための資料提供を支えるものであり、唱導性が排除されない限り、結論にも同意することになる。具体的な事例として、アパルトヘイトと情報の流通に関するアメリカ図書館協会の対応や、特定資料への制限という懸念を含む同性愛差別法を契機とした年次大会の開催地変更がこれに該当する。

そして、(3)の領域は、「図書館の専門職団体」が取り扱うべき事柄なのか、対象が図書館と直接的に結びついているのか否かという線引きの論争を生じさせる。これには、各陣営が重視する価値が直結しており、対立が鮮明である。その代表的な事例は、ヴェトナム戦争への立場表明に関する議論であった。純粋解釈派の主張は、図書館の専門職団体として、情報の収集や提供を第一とすべきであり、立場表明によって政治団体に変化すべきではないということであった。それに対して、社会的責任派は、社会のあらゆる問題は図書館に関係しているという認識を示し、図書館は社会に参加すべきであると主張した。採択されたヴェトナム反戦決議では、財政を媒介に、図書館とヴェトナム戦争が「直接的に」結びつけられていた。すなわち、軍事費の増大が、図書館費の縮減につながっているという論理であった（福井佑介「第8章 図書館と知的自由：アメリカ図書館協会における価値の対立と社会的立場の表明」川崎良孝編著・吉田右子・安里のり子・福井佑介『図書館と知的自由：管轄領域，方針，事件，歴史』京都図書館情報学研究会発行，日本図書館協会発売，2013, pp. 253-270）。

ここで、日本の戦後図書館史の一側面を扱った本書の各所で、図書館の社会的立場の表明が論点になっていたことを思い起こしたい。アメリカ図書館協会において、この種の議論が本格化した契機は、ヴェトナム戦争への立場表明に関する、1968年のアメリカ図書館協会年次大会であった。それに対して、日

本では、第1章でみたように、1950年代前半から、すでに社会的立場の表明の是非が論じられていた。また、そこで示された言説には、軍事費と図書館費の関係性の指摘や、すべてのことは図書館につながっているという主張が含まれており、共通する論理が現れていた。

このようなことを踏まえれば、海外の動向の受容のみならず、先行していた面にも意識を向け、共通点と相違点を丹念に検討しながら戦後の図書館活動を国際比較することも求められよう。社会との関係性という観点では、アメリカ図書館協会の議論から導き出した構図が、日本の図書館界の合意形成にどの程度当てはまるのかという点からの検討も、図書館の戦後史の多角的な理解や、今後のあり方に関する知見を提供するであろう。

3

本書を完成させるにあたって、本当に多くの方に、大変お世話になった。簡単にではあるが、ここに記して、感謝の意を表明したい。

指導教員であった川崎良孝先生（京都大学大学院教育学研究科・名誉教授）への学恩は尽きることがない。図書館の基礎に関わる研究を継続され、特にアメリカ図書館史や図書館裁判など、私自身の関心に近い分野の第一線で活躍される先生からご指導いただいた。また、学生を信頼して、自主性を重んじ、テーマの設定や論の進め方など、私の好きなように、自由にやらせてくださった。同時に、先生自身がいつまでも第一線で、最先端の学術研究を継続的に発表なさっている姿には、大いに刺激を受けた。ゼミでは、的確な指摘やアドバイスをくださりつつ、日々の研究を優しく見守ってくださった。こうしたことを総合して、あらゆる意味で、京都大学の自由の校風を体現される川崎先生の教えを受けることができたのは、大学院生として、そして、これから研究者として生きていくにあたって、これ以上ない幸運なことであった。これからも、先生からの教えを守り、議論や対話の前提を構築するような研究を目指していきたい。

メディア論の佐藤卓己先生（京都大学大学院教育学研究科・教授）には、修

士論文や博士論文の副査を務めていただくと共に、継続的にゼミに参加させていただいた。そこでメディア史の視座に深く触れることができたのも得難い経験であり、広範な理論的・社会的文脈から研究を構築しようという意識が強まった。また、メディア論ゼミの伝統である「SMART原則」に象徴される、成果や締切に関する意識と、それを忠実に実行に移していく諸先輩方の姿を間近で拝見していなければ、博士課程の3年間で博士論文を書き上げることは出来なかったであろう。

同じく博士論文の副査であった服部憲児先生（京都大学大学院教育学研究科・准教授）からは、審査会において、法学の観点から、特に学習権に関して重要な示唆をいただいた。また、いくつかの論点についての位置づけや解釈に関わるご指摘もいただいた。博士論文を本書にまとめるにあたって、記述の意図をより明確に示すよう修正することにもつながり、また、今後の研究に反映させていきたい。

塩見昇先生（日本図書館協会・前理事長、大阪教育大学・名誉教授）にも、外部委員として博士論文審査に加わっていただいた。本書の随所にお名前が登場するように、「図書館の自由に関する宣言」の改訂に関する委員会や図書館問題研究会の一員であったことなど、本書で扱った時代の当事者であり、かつ、それを研究として取り上げていらっしゃった。そうした先人から、直接、ご指摘やご感想をいただくという体験をさせていただき、非常に勉強になった。例えば、本書では、図書館問題研究会を「革新陣営に親和的」とまとめているが、共産党系と社会党系で路線の差があることとの関係で、少なくとも図書館問題研究会内では、狭い業界内での党派性の違いに拘泥しないようにしていた、といった貴重なお話を伺うことができたのも収穫であった。

さらに、調査に協力していただいた、久保輝巳先生（関東学院大学・名誉教授）と竹内悊先生（日本図書館協会・元理事長、図書館情報大学・名誉教授）にもお礼を申し上げる。突然の手紙であったにもかかわらず、迅速かつ丁寧に対応していただいた。久保先生は、ご自身の所蔵されていた史料をすでに処分なさっていたことから、竹内先生を紹介していただいた。そして、竹内先生

は、貴重な一次史料を送付してくださった。

　本書にかかわる研究において、日本学術振興会特別研究員（DC2）として助成を受けた。さらに、本書の刊行に関して、京都大学総長裁量経費・若手研究者出版助成事業の助成を受けた。ここに謝意を表する。

　最後になったが、研究室の皆さま、研究会・読書会の皆さま、友人諸氏は、個別に名前を挙げることはしないが、いろいろな側面からお力添えをいただいた。そしてなにより、日々の生活や研究活動を支えてくださった家族に深く感謝申し上げる。

2015年5月1日

福井佑介

索引

[アルファベット]

CIE　27
GHQ　26
information center　31, 38, 51
LBR（「図書館の権利宣言」アメリカ図書館協会）
　16, 23, 37-45, 54, 56, 60, 65, 138, 192

[あ行]

相原信達　79
『アクセス権とは何か』（堀部）　125
『悪徳の栄え』事件最高裁判決　119
安里のり子　20-22, 62
旭丘中学校事件　29
旭川学力テスト事件最高裁判決　87, 90-92, 156
芦部信義　86-87, 119-120, 193
新しい歴史教科書をつくる会　172-173, 175
阿部葆一　108-111
雨宮祐政　37
アメリカ合衆国憲法　54
　　修正1条　103
アメリカ図書館協会　American Library Association
　16, 23, 37-43, 45, 53-56, 60-61, 65, 138, 192
有川浩　20-21

有蔵遼吉　89
有山崧　19, 30-31, 33, 35, 42, 45-46, 48-51, 53, 55-56, 58-60, 62, 80-81, 83, 86, 191-192
安藤正信　35
家永三郎　90
『怒りの葡萄』（スタインベック）　39
池口勝三　36-37
石井敦　11-12, 31-34, 60, 68, 71, 76-77, 81, 83, 85
石川正知　80
石塚栄二　131-132, 139, 148-149
市橋正晴　97
石村善治　121-122
伊藤旦正　38-41, 60, 63
伊藤正徳　27
伊藤正巳　118, 193
猪元藤一　51
今村哲也　178
インボデン，ダニエル・C.　Imboden, Daniel C.　27-28
上野裕久　108
ウォーレン，サミュエル・D.　Warren, Samuel D.　8
『宴のあと』事件第一審判決　8
裏田武夫　4, 45, 47, 56, 59, 61, 131
エマースン，T. I.　Emerson, Thomas I.　103,

126
大達茂雄　29-30
大場博幸　161
公の施設　162, 167-172, 176, 181-183, 186-187, 189, 195
オーラルヒストリー研究会　13, 84
小川剛　4
小川利夫　100
奥平康弘　118, 120, 122-123
男沢淳　54, 139
小野則秋　12

[か行]

カー・サンダース, アレクサンダー　Carr-Saunders, Alexander M.　131
貝塚茂樹　29
『会報』（図書館問題研究会）　14, 67, 77, 81, 93, 95
外務省機密漏洩事件　111, 122
学習権　11, 15, 66-68, 72, 86-89, 92-102, 112, 130-131, 139-141, 145, 152-157, 192-194, 197
学問の自由　32, 44, 52, 88-89, 91-92, 104, 117, 197
『神奈川県図書館史』（石井）　11-12
兼子仁　89, 95, 97
叶沢清介　86, 112
蒲池正夫　48, 51, 57
亀井和　47
河井弘志　107
川崎良孝　39, 67, 160
北島武彦　20
木田宏　29
君塚正臣　93
義務教育諸学校における教育の政治的中立の確保に関する法律　29, 78
木村武子　71-72
逆コース　19, 24, 29, 37, 60, 87, 192
教育基本法　78, 176
　10条　88

教育公務員特例法の一部を改正する法律　29, 78
『教育における「政治的中立」の誕生』（藤田・貝塚）　29
教育二法　28-30, 53, 62, 87, 124
教育二法案　73, 78-79
教育の自由　86, 88-92, 197
『教育評論』　78
教育を受ける権利　86, 88- 91, 95, 117, 197
教授の自由　88-89, 91-92
『凶水系』（森村）　116
行政事件訴訟法30条　171
草野正名　12, 38-40, 42, 52
窪田充見　179
久保輝巳　141-144, 148-154
熊取町立熊取図書館相互貸借拒否事件　161, 179, 185-186, 188-190
　地裁判決　181, 195
雲野散歩　36
黒田一之　83-84
刑事訴訟法107条　117
刑法193条　121
刑法195条　121
K生　37-38, 41, 52, 56, 60, 63, 138
結社の自由　117
検閲　7, 26, 39, 41, 44-45, 51-54, 58, 90, 103-104, 117, 175
『現代日本の図書館構想』（今・高山ほか）　13
『憲法』（芦部）　86
憲法（日本国憲法）　7-11, 23, 43, 63, 90, 92-93, 97, 104, 117-120, 122-123, 125-126, 129, 139, 143, 175, 197-198
　14条　169-170
　19条　37, 173-174
　21条　8, 10, 52, 119, 121, 166, 173-174, 195
　23条　37, 88-89, 91-92
　26条　86-87, 89-91
　35条　52
『憲法判例百選』　160
言論及新聞ノ自由ニ関スル覚書　26

言論の自由　23-24, 26, 35, 38, 53, 63, 78-79, 94, 117-119
公共図書館宣言　43
公貸権　175-176
公的な場　160-162, 176-179, 183, 186-190, 195
公立図書館の設置及び運営上の望ましい基準　5, 171, 176
講和問題についての平和問題談話会声明（平和問題談話会）　25
国分芳子　93
『国民教育研究所論稿』　88
国民の教育権　68, 86-87, 89-92, 94-95, 101, 156, 192, 197
国家の教育権　86, 89-91, 94, 156
国家賠償法　117, 181, 184
　1条　173, 181
後藤暢　142, 147-148, 150-152, 154
小西誠　108
『これからの図書館像』（協力者会議）　5

[さ行]

齋藤毅　34
裁判所の裁量不審理原則　171
裁量権（自由裁量）　5-6, 92, 166-168, 170-172, 174-175, 178-179, 182, 184-189, 195
裁量権の濫用　171
裁量権の逸脱　171
酒井忠志　124
酒川玲子　112
坂田仰　165
阪本昌成　122
サド、マルキ・ド　Sade, Marquis de　119
佐藤栄作　108
佐藤卓己　25
佐藤忠恕　42, 45, 60
『産経新聞』　172-173
参政権　122-123
サンフランシスコ講和条約　19, 24,
塩見昇　4, 20-21, 46, 50, 61, 100, 107, 123

視覚障害者読書権保障協議会（視読協）　17, 67, 97, 101
思想善導　20, 61-62, 192
思想の自由　7, 32, 36, 117-118, 173, 177, 190
志智嘉九郎　47-48
児童図書館研究会　93, 97
柴田憲司　177, 179
清水正三　83-84, 86
市民的及び政治的権利に関する国際規約（国際人権規約B規約）19条　167
『市民の図書館』（日本図書館協会）　12-13, 66, 86, 98-102, 104, 193
社会教育法　176
集会の自由　117
自由権　9, 63, 106, 119-120, 123, 126, 166, 179, 193, 196-197
『住民の権利としての図書館を』（図問研東京支部）　93, 98
取材の自由　119-122, 126
出版の自由　23, 38, 44, 63, 78-79, 94, 117, 119-120
障害者サービス　17, 67-68, 97, 99, 101, 197
少年法61条　163-165
情報公開法　10, 123
情報や思想のひろば　40
知る権利　8-11, 15, 23, 26, 28, 32, 38, 56, 63, 99, 102-107, 111, 118-127, 129-130, 132, 136-141, 145, 153-157, 162-163, 165-167, 186, 193-194, 197
『知る権利』（奥平）　123
『知る権利と図書館』（中村）　9, 105
知る自由　6-11, 14-15, 19-20, 22-23, 26, 45, 57-59, 62-63, 65, 101, 104-107, 113, 116 120, 123-127, 129, 138, 143, 151-156, 159, 188-191, 193-197
信条の自由　117
『新潮45』　163, 165
『新日本史』（家永）　90
神野清秀　69, 79
新聞週間　23, 28

新聞の自由　　26-28, 38
『新聞の自由』（日本新聞協会）　　28
新聞倫理綱領　　27, 38, 60
菅野青顔　　59
杉本判決（家永教科書裁判第2次訴訟第1審）
　　90-91, 93-95, 156
鈴木賢祐　　48
鈴木正次　　96
スタインベック, ジョン　　Steinbeck, John　　39
須永和之　　21
生活権　　67
請求権　　9-10, 89, 105-106, 122-123, 126, 166,
　　179, 186, 190, 193-194, 197
生存権　　99, 104, 117, 197
『世界』　　25, 38, 88
世界人権宣言　　43-44, 53, 120
　　19条　　119
『全国委員会通信』　　124
全国図書館大会　　46, 50, 134-135, 159
　　1952年　　19, 25, 30
　　1953年　　50, 60-61, 63
　　1954年　　20-21, 37, 46-47, 52, 55-57, 63
　　1956年　　78-79
　　1960年　　80, 83
　　1966年　　134
　　1973年　　111-112
　　1974年　　140
　　1975年　　141-142
　　1976年　　115, 142
　　1979年　　143, 151
　　2000年　　150
戦争と平和に関する日本の科学者の声明（平和問題談話会）　　25
相互貸借　　181-183, 187-189

[た行]

大学図書館問題研究会　　111-112
ダイク, ケン・R.　　Dyke, Kenneth R.　　27
高乗智之　　86, 89, 92

高津判決（家永教科書裁判第1次訴訟第1審）
　　91, 156
竹内悊　　142, 148-149, 152-154, 156
竹田平　　42
武田虎之助　　31, 42
武田八洲満　　31-33, 68
多田秀子　　95
田中隆子　　141, 149
谷口智恵　　20
団体等規正令　　24
知的自由　　14, 55-56, 65-66, 86, 99-101, 104, 117,
　　138, 140, 152, 154, 196
知的自由委員会（アメリカ図書館協会）
　　Intellectual Freedom Committee　　53, 56
『知的自由と図書館』（塩見）　　107
千葉雄次郎　　120
地方教育行政の組織及び運営に関する法律
　　3, 78, 87, 183
　　30条　　172
　　33条　　172
地方自治法　　3, 162, 166-168, 176, 183, 186-187,
　　195
　　10条　　169, 178
　　244条　　167-170, 181
　　244条の2　　169
　　244条の3　　170, 189
『注解日本国憲法』（兼子）　　88
『中小都市における公共図書館の運営』（日本図書館協会）　　12-13, 65-67, 72, 82-85, 100-101,
　　104, 117, 130, 193, 196-197
『『中小都市における公共図書館の運営』の成立とその時代』（オーラルヒストリー研究会）
　　13, 82, 84
中立性論争　　19-22, 25, 33-34, 38, 50-53, 59-61,
　　68, 71, 115, 138, 191-192
佃一可　　67, 71
定番の物語　　13-14, 66
『展望』　　110, 131
天満隆之輔　　95-97
ドイツ連邦共和国基本法　　120

5 条　　119
通り魔殺人事件　　164-165
　　地裁判決　　164
　　高裁判決　　164-165
土岐善麿　　44, 46, 48-49
読書週間　　44-45
読書の自由　　44-45, 52, 54-56, 61-62
「読書の自由」宣言　　45, 54-56
図書館員のメモ同好会　　74
図書館員の問題調査研究委員会　　113, 133-137, 139-143, 146-147, 149, 151-153, 155-156, 194
図書館員の倫理綱領（日本図書館協会）　　6, 15, 63, 102, 125, 129-131, 133-134, 141, 148-152, 154-156, 159, 194-197
　　第 1 次案　　141-142, 144-146, 152
　　第 2 次案　　142
　　第 3 次案　　142-144, 146
　　第 4 次案　　143-148, 153, 156
　　最終案　　143-144, 147-148, 156
『「図書館員の倫理綱領」解説』（日本図書館協会）　　130
『図書館概論』（北島）　　20
『図書館雑誌』　　14, 19, 30-31, 34, 45-46, 50-53, 55-56, 60-62, 68, 73-74, 80, 110, 112, 114-115, 130, 135, 141-143, 149, 153, 156, 159, 191
図書館史研究会　　12
『図書館戦争』（有川）　　20-21
『図書館と表現の自由』（松井）　　161
図書館ネットワーク　　172, 189
図書館の自由　　7-9, 20, 22, 38, 45, 47-48, 52, 59, 79, 104, 111, 114-115, 159-160, 197
『図書館の自由と知る権利』（渡辺）　　8, 104
『図書館の自由に関する事例 33 選』（図書館の自由に関する調査委員会）　　159
『図書館の自由に関する事例集』（図書館の自由委員会）　　160
図書館の自由に関する宣言（日本図書館協会）　　6-11, 14-15, 19-24, 28, 32, 41-42, 44, 46-50, 53, 56-63, 65-66, 74, 79, 81, 100-108, 111-112, 114-116, 123, 125-127, 129, 131-133, 138, 141-145, 151-152, 155-156, 159-160, 174-175, 186, 188, 190-197
　　改訂第 1 次案　　116-117
　　改訂第 2 次案　　116
『図書館の自由に関する宣言の成立』（図書館の自由に関する調査委員会）　　114
図書館の自由に関する調査委員会　　23, 107, 111, 113-114, 142, 159
『図書館の歴史』（草野）　　12
『図書館白書 1980』（日本図書館協会）　　12
『図書館ハンドブック』（図書館ハンドブック編集委員会）　　66
『図書館法』（西崎）　　4
図書館法　　4-5, 12, 16, 30, 32, 44, 46, 50, 72-76, 82-83, 160, 166, 171, 176, 183-184
　　1 条　　184
　　2 条　　16, 171
　　3 条　　183
　　7 条の 2　　5, 171
　　17 条　　182
　　29 条　　16
『図書館法成立史資料』（裏田・小川）　　4
『図書館法を読む』（森）　　4
図書館問題研究会　　6, 13-15, 33, 65, 67-78, 79-87, 93-95, 97-98, 100-102, 111-112, 154, 156, 192-193, 197
　　年次大会（1956 年）　　72-73, 78
　　年次大会（1965 年）　　72
　　年次大会（1969 年）　　93
　　年次大会（1970 年）　　94, 99
　　年次大会（1971 年）　　95
　　年次大会（1972 年）　　95
　　年次大会（1973 年）　　111

[な行]

永井憲一　　89
中井正一　　30
中沢啓治　　6
永末十四雄　　12

永芳弘武　35
中村克明　9-10, 106
中村光雄　36, 68, 77
中村祐吉　42
南原繁　25
西崎恵　4
西部邁　173
二重の基準論　103
日米安全保障条約（安保条約）　80
『仁保事件』（上野）　108
日本教育法学会　91
『日本近代公共図書館史の研究』（石井）　12
『日本公共図書館の形成』（永末）　12
日本新聞協会　27-28, 164
『日本新聞協会十年史』（日本新聞協会）　27
日本図書館協会　6, 14, 19, 30, 33-34, 41-42, 46, 49-50, 68-71, 74-75, 79-80, 83, 85-86, 98-99, 101, 104, 107, 112-114, 124, 129-130, 132-138, 140-141, 143-144, 146, 159, 175, 191
日本図書館協会総会　147
　　　1952年　30
　　　1953年　42-43, 45, 50
　　　1954年　20-21, 46-47, 57
　　　1955年　48
　　　1969年　134
　　　1979年　116
　　　1980年　144
日本図書館研究会　70
『日本図書館史』（小野）　12
日本労働組合総評議会（総評）　26
韮塚一三郎　42-45, 60
『人間本性論』（ヒューム）　3
『ネイション』　Nation　39
根本彰　13

[は行]

破壊活動防止法（破防法）　19, 24-25, 30-32, 36, 53, 56-57, 81, 191
博多駅テレビフィルム提出命令事件最高裁判決　121
ハサン, トパチョール　Hasan, Topaçoğlu　108-109
『はだしのゲン』（中沢）　6
廿日出逸暁　42
埴岡信夫　54
パブリック・フォーラム論　Public Forum Doctrine　161-162
浜元順悟　47
林健二　108-111
『反戦裁判』（ヘイドン）　Trial　108
『反戦自衛官』（小西）　108
東大和市立図書館雑誌閲覧禁止事件　162-163, 168, 172, 185-186, 194
　　　地裁判決　166
　　　高裁判決　167
ヒューム, デイヴィッド　Hume, David　3-4
『表現の自由とはなにか』（奥平）　120
表現の自由　7-8, 10, 23-24, 41, 52-54, 63, 103-105, 107, 117-121, 123, 125-126, 143, 159, 161-167, 173-174, 177, 190, 193, 195, 197
『表現の自由』（エマースン）　103
平野勝重　96
広瀬義徳　92
福田歓一　131
藤田祐介　29-30
婦人図書館員調査委員会　134
船橋市西図書館蔵書廃棄事件　160, 172, 177, 179, 186, 190, 195
　　　地裁判決　173-174
　　　高裁判決　175-176
　　　最高裁判決　161-162, 176-178, 183, 186-187, 195
プライバシー　7-8, 104, 116-117, 133, 143, 152, 163-164
『プライヴァシー研究』（戒能・伊藤）　116
ブランダイス, ルイス・D　Brandeis, Louis D.　8
プレス・コード（日本新聞規則に関する覚書）　26, 38

フレックスナー，エイブラハム　Flexner, Abraham　131
ヘイドン，トム　Hayden, Tom　108
『平凡』　77
平和問題談話会　25-26
報道の自由　23, 27, 38, 119-123, 126, 163-164, 193-194, 197
法の下の平等　169, 175
法律による行政の原理　5, 170
ホームズ，オリヴァー・W.　Holmes, Oliver W. Jr　36
『ボストン・ヘラルド』　Boston Herald　54
『ボストン・ポスト』　The Boston Post　54
堀尾輝久　89, 95, 97
堀部政男　10, 23, 125
ボル，ジョン・J.　Boll, John J.　55-56

[ま行]

前川恒雄　84-86, 96, 98, 100
松井茂記　161
マッカーシズム　39, 54, 138
松崎博　79
松並重雄　178
松本直樹　5
松本英昭　168-169
三浦太郎　11-12
三島由紀夫　116
三たび平和について（平和問題談話会）　26
薬袋秀樹　130, 148, 150-151
南諭造　36
美濃部達吉　119
美濃部亮吉　93
宮崎俊作　132-133, 139
宮沢俊義　28, 91, 119
宮原賢吾　37
民法709条　173
民法715条　173
椋鳩十　76
宗像誠也　87-89, 91, 101

村瀬和徳　112
室伏武　131, 139
明治百年祭　108-109
『メディア判例百選』　165
『物語岩波書店百年史2』（佐藤）　25
森耕一　4, 52-53, 63, 104, 115, 124-126
森崎震二　79, 83-84, 93, 95
森田尚人　29-30
森村誠一　116

[や行]

薬師院はるみ　13, 66, 136
矢野有　97-98
山口源治郎　4, 67, 73-75, 85
山口県立図書館図書抜き取り放置事件（山口県立図書館図書封印事件）　107-108, 111, 142
山口日記事件　29
山下信庸　22
山住正巳　93
山中倫太郎　179
山本順一　185
山本行男　35-36
弥吉光長　34, 46, 48-49, 53, 57
山家篤夫　160-161
吉野源三郎　25
読む権利（読書権）　10-11, 67, 97, 101, 197
読む自由　100

[ら行]

ラーニング・コモンズ　154
『ライブラリー・ジャーナル』　Library Journal　54
らいぶらりあん生　34
ラベリング　54
良心の自由　7, 118, 173, 190
倫理綱領（アメリカ図書館協会）　Code of Ethics for Librarians　138
蠟山政道　28

[わ行]

渡辺重夫　8-11, 104-106
渡辺昇一　173
渡辺進　74

著者紹介

福井　佑介（ふくい　ゆうすけ）Yusuke Fukui
　2015年　京都大学大学院教育学研究科助教（図書館情報学）
　主要業績：「図書館の倫理的価値の展開と限界」（『図書館界』64巻6号, 2013）;「図書館の倫理的価値としての『知る自由』と法学的『知る権利』」（『京都大学大学院教育学研究科紀要』60号, 2014）;「『情報や思想のひろば』をめぐる法的判断の思想的変容」川崎良孝編著『図書館トリニティの時代から揺らぎ・展開の時代へ』（京都図書館情報学研究会発行, 日本図書館協会発売, 2015）ほか

図書館の倫理的価値「知る自由」の歴史的展開

2015 年 8 月 10 日　初版発行　　　　　定価はカバーに表示しています

著　者　　福井　佑介

発行者　　相坂　一

発行所　　松籟社（しょうらいしゃ）
〒 612-0801　京都市伏見区深草正覚町 1-34
電話　075-531-2878　　振替　01040-3-13030
url　http://shoraisha.com/

印刷・製本　　モリモト印刷株式会社
カバーデザイン　安藤　紫野

Printed in Japan

Ⓒ Yusuke Fukui 2015　ISBN978-4-87984-337-1 C0030